# Quem Foi Hiram Abiff?

# Quem Foi Hiram Abiff?

J. S. M. Ward, M. A., F. R. Econ. S., F. S. S., P. M.
Finado Erudito Premiado de Trinity Hall, Cambridge.
Membro do Royal Anthropological Institute
Membro da Royal Asiatic Society
Etc.

*Tradução:*
Carlos Raposo, M. I. e 33° R. E. A. A.

Publicado originalmente em inglês sob o título *Who Was Hiram Afiff?*.
Direitos de tradução para todos os países de língua portuguesa.
Tradução autorizada do inglês.
© 2021, Madras Editora Ltda.

Editor:
Wagner Veneziani Costa (*in memoriam*)

Produção e Capa:
Equipe Técnica Madras

*Tradução:*
Carlos Raposo

*Revisão da Tradução:*
Marcos Malvezzi

Revisão:
Jerônimo Feitosa
Arlete Genari

---

**Dados Internacionais de Catalogação na Publicação
(CIP)(Câmara Brasileira do Livro, SP, Brasil)**

Ward, J. S. M., 1885-1949
Quem foi Hiram Abiff?/J. S. M. Ward; tradução Carlos Raposo. – 1. ed. – São Paulo: Madras, 2021.

Título original: Who Was Hiram Abiff?ISBN 978-65-5620-003-3

1. Abiff, Hiram, 1930 (Figura bíblica)
2. Maçonaria 3. Maçonaria – Simbolismo
4. Mistérios religiosos I. Título.

20-34914                    CDD-366.109

Índices para catálogo sistemático:
1. Maçonaria: História   366.109
Maria Alice Ferreira – Bibliotecária – CRB-8/7964

---

Embora esta obra seja de domínio público, é proibida a sua reprodução total ou parcial, de qualquer forma ou por qualquer meio eletrônico, mecânico, inclusive por meio de processos xerográficos, incluindo ainda o uso da internet, sem a permissão expressa da Madras Editora, na pessoa de seu editor (Lei nº 9.610, de 19/2/1998).

Todos os direitos desta edição, em língua portuguesa, reservados pela

**MADRAS EDITORA LTDA.**
Rua Paulo Gonçalves, 88 — Santana
CEP: 02403-020 — São Paulo/SP
Tel.: (11) 2281-5555 – (11) 98128-7754
www.madras.com.br

# Índice

| | | |
|---|---|---|
| Prefácio | | 5 |
| I. | Nosso Problema | 9 |
| II. | Os Cinco Hiram na Bíblia | 14 |
| III. | Adônis e Astarte na Babilônia | 31 |
| IV. | Astarte e Adônis na Síria e no Chipre | 44 |
| V. | O Deus Moribundo na Ásia Menor | 81 |
| VI. | O Deus Moribundo em Outros Países | 101 |
| VII. | Os Ritos de Adônis em Judá | 130 |
| VIII. | A Participação de Salomão nos Ritos de Adônis | 145 |
| IX. | Os Altos Graus de Tamuz | 155 |
| X. | O Relato de Luciano sobre os Ritos de Tamuz | 165 |
| XI. | Resumo dos Ritos Sírios | 172 |
| XII. | Sua Permanência sob os Essênios | 180 |
| XIII. | A Permanência do Culto de Adônis no Período Cristão | 187 |
| XIV. | Os Cavaleiros Templários e o Santo Graal | 205 |
| XV. | Hiram Abiff e o rei Hirão | 225 |
| XVI. | Quem Foi a Rainha de Sabá? | 229 |
| XVII. | O Martírio Anual dos Reis-Sacerdotes | 237 |
| XVIII. | Sacrifícios de Fundação e Consagração | 242 |
| XIX. | A Fusão do Drama Anual com as Cerimônias de Iniciação | 251 |

| XX. | Ritos de Iniciação de Morte e Ressurreição – Exemplos de Todas as Partes do Mundo .................................................. 255 |
|---|---|
| XXI. | Cerimônias de Renascimento e a Transferência da Alma do Herói: Andar sobre um Túmulo ou Cadáver: A Árvore ............................................. 290 |
| XXII. | A Permanência dos Antigos Símbolos de Adônis: Os Três Vilões: Os Três Dias ........................................... 298 |
| XXIII. | Os Filhos da Viúva ................................................................. 306 |
| XXIV. | Por que Hiram Abiff Representa Adônis e Não Osíris ...................................................... 309 |
| XXV. | A Descendência Histórica e a Permanência do Culto de Adônis ................................................... 315 |

# Prefácio

Neste livro, empenhei-me por resolver o problema que por muitos anos confundiu os maçons. Parece-me estranho que muitos antropólogos, também maçons, tenham perdido a oportunidade de aplicar em nossas próprias cerimônias e tradições os princípios aprendidos por eles ao estudarem os costumes dos povos primitivos.*

O Deus Moribundo tem sido objeto de estudo por muito tempo e até mesmo no centro de Londres, quase todos os dias da semana. Sua trágica história parcamente humanizada é interpretada. Caso eu tenha interpretado corretamente os fatos, Hiram Abiff é um dos reis-sacerdotes de Tiro, a encarnação viva de Adônis, dado em Sacrifício de Consagração na conclusão do grande Templo de Jerusalém.

Ao longo de meu trabalho, recebi bastante ajuda e gentileza do doutor Haddon, professor de Antropologia em Cambridge, e do senhor Sidney Smith, do Departamento Assírio do Museu Britânico, ambos maçons e autoridades em suas respectivas disciplinas, e também dos senhores G. E. W. e N. M. Penzer.

Quanto aos livros que consultei, estes são indicados nas notas, contudo há um homem a quem, acima de tudo, devo expressar meu sentimento de profunda dívida. Em todos os seus livros, *sir* J. G. Frazer

---

*N.T.: Importante é frisar que vários termos usados pelo autor, tais como "povos primitivos", "crenças e doutrinas primitivas", "costumes bárbaros", etc., poderão soar, em um irreflexivo primeiro momento, estranhos e discriminativos a alguns ouvidos atuais. Contudo, vale lembrar que o presente texto é fruto da primeira metade do século XX, estando essas terminologias perfeitamente de acordo com boa parte da Antropologia – sobremodo inglesa – praticada nesta época.

tem sido uma inspiração, e a ele, mais do que a qualquer outro autor, devo profunda gratidão.

Concluindo, sinceramente espero que meus leitores achem este livro interessante de se ler do mesmo modo como o foi escrevê-lo e que ele os leve a uma veneração ainda mais alta por nosso grande Herói Maçônico.

J. S. M. W.

# Capítulo I

# Quem Foi Hiram Abiff?

## Nosso Problema

Todo maçom ponderado já deve ter feito a pergunta acima repetidas vezes. Para a maioria está claro que a lenda tem uma notável afinidade com o tema dos Antigos Mistérios, e estudiosos geralmente a comparam com a lenda de Osíris no Antigo Egito.

Contudo, para o autor, parece um erro ir até o Egito para encontrar a origem da nossa lenda, quando o próprio ritual indica a Palestina e o Oriente Médio como sua verdadeira fonte. O simples fato de a Bíblia, como a temos agora, mal fazer referência ao personagem principal na lenda de nosso Templo, dando somente uma pista dessa tragédia, é suficiente para mostrar que, seja qual for o caso com outras partes do nosso ritual, a lenda em si não é derivada de nenhuma versão existente das Escrituras conhecida pelos ingleses no século XVIII.

Sendo assim, o campo óbvio para a pesquisa é a Palestina, não o Egito, e devemos estudar não só os relatos judaicos registrados na Bíblia como também a história profana, as crenças e os costumes do grupo heterogêneo de raças que habitava a Síria e a Ásia Menor no período da construção do primeiro templo e durante eras posteriores.

Quando meus leitores terminarem a leitura desta obra, acredito que terão percebido que Hiram Abiff é uma figura ainda mais dramática do que aquela representada em nossa lenda. Ele significa algo maior, mais vasto, mais nobre e mais terrível do que um simples homem honrado que, em vez de trair seu voto sagrado, entregou a própria vida. À medida que a história se desdobra, meus leitores perceberão que somos testemunhas oculares espirituais de uma vasta tragédia capaz de abalar nossas almas, cujo caráter sombrio e abrangente revela as profundezas insondáveis de crueldade e loucura de onde, na passagem das eras, a humanidade lentamente emergiu, guiada por aquela Luz que vem do alto.

De fato, Hiram pode ter sido um homem real de carne e osso, o qual, assim como milhares antes e depois dele, foi sacrificado na falsa crença de que por meio disso o grão cresceria e a edificação permaneceria firme para sempre. Alguém da longa linhagem de profetas, sacerdotes e reis, cujo sangue tingiu o fulgente campo florido, de modo que a Grande Mãe pudesse se tornar fértil e prolífica. Vítima vã, embora heroica, que ao ser chamada ao seu dever, dirigiu-se inabalavelmente ao Vale das Sombras da Morte.

Veremos nestas páginas que Hiram não foi o último arquiteto a ser sacrificado quando o edifício em que trabalhara foi completado, e que mesmo nos dias de hoje, nos cantos escuros da Terra, representantes humildes, mas valentes, de nosso Mestre ainda seguem o mesmo caminho sangrento que ele trilhou.

A estrada que seguiremos neste livro se assemelha àquele Pavimento Maçônico axadrezado em preto e branco e, assim como usado no A. R.,* decorado com carmesim. Precisaremos mergulhar no interior da noite negra do próprio Abismo – o Abismo da ignorância selvagem e do medo, e quanto mais descermos, quanto mais longe nos arriscarmos a voltar no tempo, o negrume se tornará escuridão, iluminada apenas pelo bruxuleio de um raio – a inabalável fé e o silente heroísmo com os quais os homens aceitaram o ofício sublime e o destino inflexível que lhes eram impostos pelas doutrinas selvagens e primitivas.

Felizmente, não alcançaremos as profundezes mais inferiores do abismo, pois quando tivermos visto o suficiente para perceber quão extensa e penosa foi a jornada através da qual o homem civilizado galgou sua presente condição, poderemos nos contentar em imaginar o que se encontra além da mais longínqua e rubra aurora humana.

---

*N.T.: Arco Real.

Entretanto, como seguiremos o caminho de volta das trevas à luz, encontraremos nova esperança e salvação quando da evidência observada no modo pelo qual, entre as trevas da magia primitiva, os homens despertam, inspirados pelo sublime, e mesmo estando presos à rigidez das antigas cerimônias mágicas, eles as transformaram e enobreceram em coisas belas, proclamando a todos uma mensagem de esperança: "A morte não mata, pois assim como o grão morre para ressurgir transformado e embelezado, do mesmo modo o homem mortal deixa cair a casca chamada por ele de corpo, elevando-se ao alto como uma águia, para brilhar eternamente com as estrelas".

Depois surgiu o Místico que, tomando a lenda antiga, novamente a transformou em um símbolo de lutas interiores da alma do homem, a Sublime Busca de Deus: a revelação de que até mesmo em um pobre homem pecaminoso existirá uma Centelha do Ser Divino a Quem podemos nos unir e conquistar a Redenção, a Visão Beatífica, o fim da longíssima Busca. Portanto, percebemos Deus trabalhando de modo misterioso e em lugares estranhos. Vemos afinal que a longa agonia humana, infligida pelo próprio homem, não foi inteiramente em vão. Talvez, acima de tudo, conquistemos uma nova e mais genuína admiração pela severidade dos velhos profetas da fé judaica, que lutaram desesperadamente, muitas vezes sem esperança e em desvantagem, contra os adeptos de uma concepção inferior das coisas Divinas.

Por outro lado, devemos reconhecer que não foi só na Palestina que a Luz das Luzes trabalhou para conduzir os homens do Inferior ao Superior, mas que também em terras longínquas outros Profetas do Altíssimo, usando Ritos e costumes similares, os enobreceram e transformaram em um meio de expressar à humanidade, pela alegoria e pelo símbolo, profundas verdades espirituais e morais. No curso da nossa obra, traçaremos a origem de aspectos tão peculiares como a Garra do Leão, a Garra da Águia, as duas Colunas, o Rebento da Acácia, o ato de passar por cima de um túmulo aberto e também da luminosa Estrela da Manhã, a qual traz Paz e Salvação à multidão, embora, de modo inflexível e terrível, traga morte ao homem solitário. Em retrospecto, passarão diante de nós Ritos de Iniciação, de

Morte e de Ressurreição, que existem em todas as partes do mundo e a partir deles muito aprenderemos que nos ajudará em nosso estudo.

Ao investigar as crenças primitivas, devemos nos lembrar de que o selvagem está longe de ser lógico. Ele é perfeitamente capaz de ter ao mesmo tempo crenças que podem ser vistas por *nós* claramente como contraditórias. Contudo, entre povos civilizados atuais, observa-se o mesmo fenômeno, pois homens inteligentes poderão ter duas ou mais crenças mutuamente destrutivas. Claro que o pensamento lógico é um conceito bem moderno e, portanto, não devemos nos surpreender se encontrarmos nossos ancestrais primitivos e o moderno selvagem atribuindo ao mesmo tempo a um ente mitológico os atributos do Sol, da Lua e da Terra.

Outro fator capaz de confundir o iniciante na antropologia é que vários povos e cultos, em especial no Oriente Próximo, pegavam emprestados detalhes e incidentes uns dos outros, enquanto nós, que desejamos sondar profundamente o funcionamento da mente humana na sua jornada rumo à luz, devemos estar preparados para encontrar não apenas uma ignorância abismal dos fatos mais elementares da vida, como também uma falta de lógica sólida, tornadas ainda mais surpreendentes por lampejos de genuína inspiração e conhecimento real.

Nesta obra, porventura descobriremos fatos até mais importantes do que a resposta à nossa questão original. Iremos percorrer vastas regiões de tempo e espaço; caminharemos entre florestas primevas da África e seguiremos a solene procissão de luto pelo martírio de Adônis. Veremos os corpos dos homens enforcados nas árvores, as quais nunca foram plantadas, na Colina do Calvário e, em espírito, testemunharemos os fardos de fogos de Moloque queimando o grande império oceânico do povo fenício.

Veremos tragédia após tragédia passar por nós em nossa viagem de terra em terra. O ribombo dos tambores da morte e o tom agudo das flautas mágicas se misturarão em nossos ouvidos com a lamúria de incontáveis convidados que nos seguirão dentro dos distritos sagrados do Templo do Rei Salomão e, em um limiar ainda mais sagrado, por uma estalagem em Belém. Seguiremos os passos de nosso Mestre Hiram, entre templos gentios e igrejas góticas, das cabanas de folhas de palmeira da Nova Guiné às Lojas adornadas de Londres, vendo assim como ele trilhou a senda do sacrifício tingido com o vermelho de seu próprio sangue.

Então, vamos descortinar essa tragédia sombria dos homens divinos, sejam eles reis, sacerdotes ou arquitetos; em particular, seguiremos a obscura figura do Mestre Arquiteto, voltando através das eras até seu lar nas montanhas do Líbano onde, conforme as Escrituras, Adoniram se encarregava dos tributos nos dias de Salomão, rei de Israel. Vamos investigar o trágico fim do próprio Adoniram, de acordo com as Escrituras Sagradas, aprenderemos o significado do nome Hiram – o Destruidor – e descobriremos a horrível causa que fez dele um filho da viúva.

# Capítulo II

# Os Cinco Hiram na Bíblia

Que sigamos as pegadas do Mestre
Durante os anos obscuros,
De volta ao turvo amanhecer rubro,
Pelo vale de sangue e lágrimas.

Que caminhemos ao lado de nosso Mestre
Entre a melancolia da multidão,
Onde sai o lamúrio da concha para os Céus,
E os solenes tambores da morte rufam.
Em meio à escuridão da angústia
Onde o Deus-homem ferido morre,
Na hora em que germina a semente de milho
E as almas dos mortos surgem.

Ao considerar quem era Hiram, presumo que meus leitores saibam de cor a sua lenda, de acordo com o ofício de Emulação e, além disso, eventualmente, conforme as variações ou adições feitas na cerimônia assim como acontece nas Províncias ou no exterior, que são importantes elos na evolução de nossa cerimônia.

O primeiro lugar onde buscaremos informação é o V.L.S.,* porém este nos diz pouco, nem devemos nos surpreender se, como pretendo indicar depois, Hiram representava um popular Deus sírio, contra quem os campeões de Jeová lutavam incessantemente.

---
\* N.T.: Volume da Lei Sagrada, isto é, a Bíblia.

Não há dúvida entre os estudiosos bíblicos que no período de Josias, 624 a.C., não só muitos abusos foram eliminados e reformas importantes realizadas, como indicado no V.L.S,¹ mas que os volumes anteriores da Bíblia foram cuidadosamente revisados e qualquer traço que pudesse indicar uma tolerância ainda que mínima às antigas crenças locais foi excluída. Ainda assim, somos informados de que o santuário de Astarte (ou Astorete dos sidônios), construído pelo rei Salomão,² ainda estava de pé na época de Josias, e que foi este que mandou derrubá-lo.³

Todas as reformas realizadas por Josias ocorreram por causa de um livro que os sacerdotes descobriram quando estavam restaurando o Templo do Rei Salomão e os críticos concordam que esse livro era o Deuteronômio, datado como sendo desse período⁴ e atribuído a Moisés por uma ficção jurídica, da qual a história inglesa também fornece numerosos exemplos.

Ao longo da história, os Reformadores acharam necessário fingir que suas reformas eram na verdade antigos costumes que haviam sido esquecidos, pois de outro modo o povo nunca as teria aceitado. Na Inglaterra foi Eduardo, o Confessor, o responsabilizado pelas reformas instituídas por Henrique II, e até por reis posteriores, enquanto que entre os judeus era naturalmente Moisés.

O novo e estrito código de leis morais e ensinamento monoteísta assim proposto exigiu uma cuidadosa revisão de livros mais antigos, com o intuito de evitar que o partido laxista no estado judaico os citasse para sustentar que, afinal de contas, era permissível alguma tolerância à antiga fé, já que Salomão, ou algum outro herói judeu, indubitavelmente havia adorado Astarte ou Moloque, e ainda assim fora amado por Jeová. Portanto, onde tais fatos não puderam ser eliminados, houve o cuidado de mostrar que esses atos do herói eram intensamente desaprovados por Jeová.⁵ Ainda assim, podemos detectar evidências de que os costumes

---

1. 2 Cr, 34:1 e 2Rs, 22:1.
2. Ver 1R 2:5.
3. Ver 2R 23:13
4. Frazer. *Adonis, Attis and Osiris*, 3ª ed., vol. 1., p. 26. W. Robertson Smith. *The Old Testament in the Jewish Church*, p. 395 sq., 425.
5. *Encyl, Bibl.* II. 2, 708, sq. 2, 633 sq., vol. IV. 4, 273. Diretor J. Skinner, *Introduction to Kings in The Century Bible*, p. 10 seq.

pagãos continuaram apesar dos desejos de Jeová, e às vezes tais costumes são mencionados sem qualquer marca de desaprovação. Nesses casos, sem dúvida, o fato passou despercebido pelo revisor. Um exemplo será suficiente: Jefté[6] ofereceu sua filha única em holocausto, apesar da suposta proibição de sacrifícios humanos indicada em Gênesis 22.[7] Jefté também pode ser considerado, em certo sentido, um herói maçônico, como meus leitores recordarão. Deve ser notado que na Bíblia não há menção de desaprovação por Jeová e, assim, evidentemente esse sacrifício humano não revoltou a consciência pública, ou os historiadores sacerdotais o teriam registrado. Se Jefté pôde sacrificar sua própria filha, é impensável que um grupo misto de artesãos judeus e fenícios poderia, 150 anos depois, sacrificar um homem?[8]

Contudo, felizmente havia uma pequena evidência que os revisores não conseguiram eliminar sem destruir toda a sua história anterior: aquela fornecida por certos nomes claramente pessoais e estes, reforçados por inscrições que pertenciam a precursores não judaicos de Salomão, os reis Jebuseus de Sião, indicam, sem sombra de dúvida, a sobrevivência de "ideias pagãs" na Terra Santa. Porém, a ansiedade dos revisores em eliminar o máximo possível de todas as referências de natureza pagã pode explicar o desaparecimento misterioso de vários livros anteriores da Bíblia que agora conhecemos apenas por breves referências.[9]

Essas observações preliminares são absolutamente essenciais para que meus leitores eliminem quaisquer noções preconcebidas que possam ter de que Jeová, o Deus único, era aceito por toda Israel na época de Salomão ou mesmo que o sábio rei era um estrito monoteísta. O máximo que podemos dizer de Salomão é que devia considerar Jeová o Deus supremo, mas não tinha escrúpulos em ofe-

---

6. Naturalmente, há uma explicação alternativa, a de que a história da filha de Jefté é mitológica, uma Perséfone síria, mas a história mais humana se choca menos com a tradição bíblica e é igualmente provável. Contudo, a explicação mitológica seria uma prova da sobrevivência do "Paganismo" de modo ainda mais eficaz do que a que adotei.
7. Juízes 12:31 sq.
8. A data usual atribuída a Jefté é c. 1143 a.C. e o Templo de Salomão supostamente foi consagrado c. 1004 a.C.
9. Ver 2 Cr 9:29, etc.

recer sacrifícios propiciatórios a outros Deuses locais e populares quando lhe parecia desejável. Certamente ele não era, como Josias, consumido pela devoção a Jeová e, portanto, entre a massa de pessoas com espírito menos evoluído que ele utilizou para construir seu novo templo, podemos esperar encontrar muitos que eram devotos adoradores do Deus local Adônis, ao qual um dos grandes santuários parece ter sido o Monte Moriá.

Vejamos o que a Bíblia tem a dizer sobre Hiram Abiff. Sabemos que Hirão, rei de Tiro, enviou Hiram Abiff para ajudar Salomão a construir o Templo,[10] contudo, a partir dos relatos, ele parece ter sido mais um ferreiro trabalhador do bronze do que um arquiteto. No entanto, esse fato não deve ser visto como de muita importância, como acontecia nos velhos tempos quando muitos construtores e comerciantes afins se reuniam em uma guilda maçônica. Até mesmo na Idade Média, os Maçons Comancinos da Europa incluíam entre seus membros pintores e escultores, bem como pedreiros, e não devemos ignorar a menção específica em 2 Cr 2:14 de que Hiram era hábil pedreiro.

As duas versões na Bíblia divergem quanto à tribo de sua mãe: As Crônicas afirmam que ela era "das Filhas de Dã", enquanto o Livro dos Reis diz que ela era uma "mulher viúva, da tribo de Naftali". Porém, ambos os relatos concordam que seu pai era um homem de Tiro e é significativo que Tiro fora um dos centros de culto de Adônis. O conflito de testemunhos sobre a tribo de sua mãe pode ser explicado quando se estabelece que ela não era uma judia verdadeira, mas, sim, pertencente a um antigo povo a respeito do qual era difícil se associar a uma tribo, porém, aos olhos dos historiadores, seria proveitoso indicar que o grande Arquiteto do Templo tinha algum sangue judeu nas veias. Contudo, é possível que a verdadeira explicação fosse que ela pertencia à tribo de Dã. Dã era dividida em duas seções: uma seção pequena separada do corpo principal e localizada no lado do deserto da tribo de Naftali, que possuía o território por onde ela teria passado, e que era uma das tribos judaicas mais conhecidas pelos fenícios. De qualquer modo, é dito claramente que seu pai era fenício, e pela habilidade do filho, que incluía trabalho na

---

10. Ver 2 Cr 2:13, também 1R 7:13.

famosa "púrpura" de Tiro, fica claro que ele foi criado nessa cidade. Portanto, dificilmente ele seria um adorador de Jeová, e parece óbvio que a maioria dos seus colegas operários eram fenícios, pois Salomão escreveu e solicitou a Hirão de Tiro que lhe enviasse homens.

Também aprendemos que o rei Hirão lhe prometeu cedros e abetos do Líbano; e a Montanha do Líbano, como veremos depois, era a Montanha Sagrada de Adônis de Biblos, onde ficava seu mais sagrado santuário. Contudo, é dito especificamente que, mais tarde na sua vida, o rei Salomão adorou Astorete, a Deusa dos Sidônios, e Milcom, a abominação dos Amonitas,[11] e que construiu "no lado direito do Monte da Corrupção" um santuário para Astorete, para Quemós e para Milcom. Eles ainda estavam de pé 350 anos depois,[12] quando foram destruídos pelo bom rei Josias.[13]

Astorete é idêntica a Astarte, a Deusa cujo amor provou ser fatal para Adônis, e no período de Ezequiel, *c.* 594 a.C., encontramos esse profeta denunciando as mulheres judaicas[14] porque elas choravam por Tamuz[15] no Portal Norte do Templo. Ele também denunciou os homens porque dentro das cortes do próprio Templo "de costas para o Templo do Senhor e os seus rostos voltados ao Oriente.... eles adoravam o Sol no Oriente".[16]

Assim, podemos ver que os judeus na época do rei Salomão estavam longe de ser monoteístas estritos e mesmo o sábio rei não servia apenas a Jeová, mas construía também altares a outros Deuses, talvez temendo que eles se ofendessem se não o fizesse. A própria Bíblia afirma que ele era de fato um adorador de Astarte e que, apesar dos esforços hercúleos de Josias, o culto da Deusa não foi eliminado, pois 28 anos depois as cerimônias associadas à morte de Adônis ainda estavam ocorrendo.

---

11. 1 R 11:5 seq.
12. A tradição diz que Salomão reinou de c. 1014 a.C a c. 975 a.C. Josias começou suas reformas c. 624 a.C. e pelas narrativas está claro que por todo esse período a adoração estava ocorrendo nesses e em outros "Santuários Gentios".
13. 2 R, 23:13.
14. Ezequiel 8:14
15. Tamuz era o nome sírio de Adônis, e dele veio o nome judaico para o mês de junho-julho, Tamuz, que é usado até hoje.
16. *Ibid.* 8:16

Como veremos mais tarde, o "Cântico do Rei Salomão"[17] é sem dúvida um fragmento do ritual conectado com os Ritos de Adônis, e o sublime capítulo 12 do Eclesiastes, que a tradição afirma ter sido escrito pelo rei Salomão, parece estar associado à morte de Adônis.

Até agora, pelo que podemos julgar da Bíblia, os sumos sacerdotes e os sacerdotes de Jeová pouco fizeram para denunciar esses Deuses rivais, ou possivelmente parceiros. A política talvez os impedisse e foram os profetas, e apenas os profetas, que de modo geral lutaram com zelo ardente pela concepção do Deus único e um só Deus. Foi nessa atmosfera de tranquila tolerância de outros Deuses além de Jeová que o rei Salomão começou a construir seu Templo e para essa tarefa reuniu hábeis artesãos de Tiro, um dos centros do culto de Adônis, enquanto enviava tributos ao Líbano, que era o principal santuário daquele Deus.

O fator seguinte a ser considerado é o nome de Hiram. Sem dúvida, ele tem um sentido muito definido e profundamente significativo. Tanto que é dado a dois homens, o rei e o construtor. Hiram significa "Exaltação da Vida", "A Liberdade Deles" ou "Brancura", "o Destruidor".[18]

Os significados anteriores aplicam-se ao rei e ao construtor, mas o último é diferenciado pela adição da palavra "Abiff" em hebraico, que significa "Pai". Na versão autorizada da Bíblia, em Reis,[19] não é feita qualquer menção ao título "Abiff", mas em 2 Crônicas[20] a frase é assim traduzida: "Eu enviei um homem hábil... Hurão, do meu Pai". Isso parece sugerir que Hurão era o nome do pai do rei que regia Tiro e que o "homem hábil" era um dos seus servos e que, por isso mesmo, seu nome não é dado, mas como 1 Reis 7:40 afirma com clareza que "Hirão fez as pias, etc.," é evidente que o nome do "homem hábil" era, afinal, Hiram. Literalmente as palavras são "pai de Hiram", ou "Hiram, seu

---

17. "O Cântico dos Cânticos", um simpósio ocorrido no Clube Oriental da Filadélfia, em 1924, especialmente o texto de T. J. Meek, da Universidade de Toronto.
18. Major Sanderson. *An Examination of the Masonic Ritual* (Baskerville Press, Edição Limitada), p. 47.
19. 1 R 7:13
20. 2 Cr 2:13.

pai",²¹ sendo que este *seu* é o velho pronome possessivo *seu* que fora substituído ainda no tempo do Inglês Medieval, *e.g.*, "Amor de Cristo", "Cristo, Seu amor", e atualmente "Amor de Cristo".* Assim, o significado seria "o pai de Hiram", e como Hirão era o rei de Tiro, que o estava enviando, isso sugere que o arquiteto foi o pai do rei, uma questão a qual nos referiremos mais adiante neste livro.

Entretanto, não devemos traduzir uma palavra sem traduzir outra, pois a ideia toda é um ponto de vista consideravelmente reforçado pela existência de outro termo em hebraico que, embora escrito de forma diversa, na realidade trata do mesmo, ou seja, Abirão. Abirão era o príncipe de Israel que, com outros dois, foi engolido pela terra quando o fogo dela saiu, consumindo seus partidários por se atreverem a reivindicar o direito de queimar incenso perante o Senhor.²² Sua reivindicação e seu destino são de importância peculiar à nossa pesquisa, pois ele representava claramente um culto rival, afirmando que seus sacerdotes, caso desejassem, tinham tanto direito quanto Arão e os levitas de oferecer orações a Jeová.

"Ab" significa "Pai",²³ a mesma palavra que "Abiff", mas que é omitida quando utilizada como um prefixo da segunda sílaba, por causa da eufonia. Do mesmo modo, o "H" em Hiram, quase sempre mudo, é omitido; assim, temos aqui outro Hiram Abiff, que, segundo a Bíblia, sofreu um destino trágico. No entanto, ninguém jamais sugeriu que seu nome devesse ser lido "Hiram, seu pai". Portanto, caso tratemos a frase inteira como um nome, traduzindo-o em seguida, a maioria de nossas dificuldades desaparece. Nesse caso Hiram significa "O pai daquele que destrói", ou, eventualmente, "O pai que destrói", ou ainda, com menor precisão, o "Pai da destruição". Seu próximo significado é "O pai da sua liberdade, o pai (ou fonte) de sua brancura". O terceiro significado é "o pai da exaltação da vida", ou "A fonte da exaltação da vida".²⁴

Ora, na história de Abirão, fica claro que ele era o pai que destrói, ou a causa da destruição dos seus filhos e seus partidários, que

---
21. Major Sanderson, *An Examination of the Masonic Ritual*, p. 47.
* N.T.: Respectivamente, no original, *Christes sake, Christ His sake* e *Christ's sake*.
22. Números, 16:3-31.
23. Ver Frazer, *Adonis, Attis, Osiris*, 3ª edição, vol. I, p. 51.
24. A expressão Exaltação será familiar para maçons do A.R.

pereceram pela sua presunção. Esse fato sugere que estamos de fato no caminho certo. Além disso, há outro Abirão, o filho mais velho de Hiel, que foi oferecido como sacrifício de fundação quando ele reconstruiu Jericó.[25]

Consideremos agora o homem Tamuz, por quem as filhas de Jerusalém choraram, porque ele também sofrera um destino trágico. Foi porque havia um espírito divino em Tamuz, ou Adônis, que a parte humana acabou em destruição, como veremos mais tarde, já que todos os títulos citados não só são apropriados para Adônis, o homem-Deus e seus representantes humanos, como também indicam de modo preciso certos aspectos da sua natureza, enquanto que para um Arquiteto, o título "Aquele *que destrói*" dificilmente seria apropriado.

Além disso, não devemos ignorar o *rei* Hiram, cujo nome também significa "Aquele que destrói", etc. Seria ele então de alguma maneira um representante de Adônis? A resposta é um enfático "sim", e ele foi reconhecido como tal na história profana, pois evidências subsequentes mostram que os reis fenícios alegavam ser encarnações de Adônis, e Ezequiel de fato denunciou o rei de Tiro por chamar a si mesmo de Deus.[26] As palavras exatas são: "Porquanto o teu coração se elevou e disseste: Eu sou Deus". Assim vemos que esse nome e todas as suas implicações pertenciam a um rei terreno, que era o representante humano de Adônis. Como poderia um simples arquiteto comum também possuir um título tão exaltado?

Havia, contudo, um terceiro Hiram, contemporâneo dos outros dois e, como eles, envolvido com o Templo. Esse homem, de acordo com a tradição, era o sucessor de Hiram, o Arquiteto, e seu nome era um composto consistindo de Hiram e a palavra "Adon" ou Adônis, em vez de Abiff. Ele era Adoniram e é estranho dizer que sabemos pela Bíblia muito mais a respeito dele que dos outros dois. Adoniram é o mesmo nome que Adorão, este último apenas uma variação do anterior. Nós o encontramos primeiro na época de Davi, que o encarregou do tributo.[27] Isso aconteceu por volta de 1022 a.C., e em

---

25. 1 R, 16:34.
26. Ezequiel 28:2.
27. 2 Samuel 20:24.

seguida ouvimos que Salomão o apontou para o mesmo cargo,[28] com o nome de Adoniram, não Adorão, quando também aprendemos que ele era um dos grandes príncipes de Israel, dez dos quais são nomeados, e que seu pai era Ada. Ab, claro, significa "pai de", e "da" é o mesmo que Dod, ou "Dodo". Dodo é a verdadeira forma hebraica do nome "Davi" e significa "o amado". Dod era o título regular de Adônis ou Tamuz, o amado de Astarte, enquanto Dodah era o título da própria Ishtar.[29]

Assim, Abda significaria "Pai do amado de Ishtar", ou seja, "Pai de Adônis", um fato bastante significativo.

Relacionado a isso, meus leitores devem lembrar que a forma mais peculiar de se prantear um rei de Judá, quando de sua morte, sem dúvida, fora adotada a partir da forma de pranteio utilizada pelas "mulheres que choram por Tamuz".[30] De acordo com Jeremias, como traduzido pela versão autorizada, seria a seguinte:

Portanto... Não o lamentarão, dizendo: Ai, meu irmão! Ou: Ai, minha irmã! Nem o lamentarão, dizendo: Ai, Senhor! Ou: Ai, sua majestade!"[31] O professor T. K. Cheyne considera que a misteriosa irmã não era ninguém menos do que Astarte e que a palavra traduzida como "glória" deveria ser "Dodah", que ele afirma ser um título regular de Astarte, assim como Adon era de Tamuz, vindo daí seu nome grego Adônis.[32]

Em hebraico, as palavras eram "Hoi ahi!", que significam "Ai de mim, meu irmão!", "Hoi Adon!", "Ai de mim, Senhor!"

Assim, vemos que por alguma estranha razão os reis de Judá assumiram o pranteio e até mesmo o título de Tamuz (Adônis) e que Adoniram também usou esse título; mais ainda, era o filho do "Pai do Amado". Como "Amado" era outro título de Tamuz, vemos que esse príncipe de Israel vinculara a si mesmo a dois dos atributos de Tamuz; e já sabemos que Hiram, que faz parte do seu nome, é

---

28. 1 R 4:6.
29. Frazer. *Adonis, Attis, Osiris*, 3ª edição, vol. I, p. 20, nota 2, etc., seq.
Brown Driver and Briggs, "Hebrew and English Lexicon of the Old Testament", p. 178, seq.
G. B. Gray, "Studies in Hebrew Proper Names", p. 60 seq.
30. Ezequiel 8:14.
31. Jeremias 22:18.
32. Ver Frazer. *Adonis, Attis, Osiris*, 3ª edição, vol. I, p. 20.

praticamente o mesmo nome do rei de Tiro, que dizia ser um Deus, e a palavra Hiram fora vinculada ao arquiteto chefe do templo. Por fim, essa palavra, que significa exaltação da vida, etc., era muito mais adequada a Tamuz do que a um mero e comum mortal.

O alto posto de oficial de Adoniram e seu título de príncipe pareceriam estranhos caso ele fosse apenas um supervisor importante de pedreiros e nada mais; contudo, não haveria nada de estranho com seu título, posto ou nome, caso ele mesmo representasse uma linhagem de reis divinos, embora pudéssemos perguntar se de fato ele era um pedreiro. Assim, veremos agora o que sabemos a respeito de alguns fatos curiosos, a partir de um cuidadoso estudo de um ou dois versículos das Escrituras Sagradas.

A data dessa segunda menção de Adoniram é *c.* 1014 a.C. A próxima referência é da mesma data e se relaciona com a forma como Adoniram foi encarregado de cuidar dos impostos sobre a madeira cortada no Monte Líbano. O Líbano era *o* grande santuário de Adônis na Síria. Cíniras, que, de acordo com a lenda, foi o primeiro rei de Biblos* e pai de Adônis, teria construído um santuário para Astarte em um ponto do Monte Líbano a um dia de viagem de Biblos, ou Gebal como é chamado na Bíblia.[33] Sem dúvida, isso foi em Afca, que ficava na fonte do rio Adônis, onde ainda existem as ruínas. Ele foi destruído pelo imperador Constantino em razão da natureza licenciosa de alguns dos ritos que eram realizados no local.[34]

A lenda nos informa que foi ali que Adônis encontrou Astarte pela primeira vez, ou de acordo com outras versões, pela última vez,[35] e ali seu corpo mutilado foi enterrado.[36] Até hoje, entre penhascos e precipícios, ainda podem ser vistos monumentos ao Deus Moribundo, sendo que na primavera, a partir desse ponto, o rio segue avermelhado pelo seu sangue em direção ao oceano púrpura.

---

*N.T.: Normalmente citado como o primeiro rei de Chipre.
33. Luciano. *De dea Syria*, 9.
34. Eusébio. *Vita Constantini*, 3, 55.
35. *Eymologicum Magnum*. S. V. APHAKA, p. 175.
36. Melito. *Oration to Atonius Caesar*, em W. Cureton, *Spicilegium Syriacum* (Londres, 1855), p. 44.

Assim, ele foi um homem cujo nome significa "O Senhor que destrói" ou "O Senhor da exaltação da vida", o filho do "Pai do Amado", responsável pelos impostos sobre o corte das árvores na montanha que para ele era sagrada, a quem os sírios chamavam "O Senhor", "O Amado", "Adônis" e "Tamuz"; em suma, o Deus da vegetação. Então, se Abda significa "O Pai do Amado" e ele era o pai do "Senhor que destrói", é evidente que o próprio Adoniram era "O Amado" e, portanto, um príncipe judeu regia a Montanha Sagrada de Adônis, sendo conhecido pelo título usado por esse Deus.

Parece que Adoniram seria ainda mais interessante do que o rei de Tiro, cujo nome, Hirão, significa "Aquele que destrói", ou o Arquiteto, cujo nome indica que ele é o Pai "daquele que destrói". Mas vejamos o que mais a Bíblia nos conta acerca desse grande príncipe judeu que, do reino de Davi em diante, presidia sobre o tributo, e que estava encarregado dos tributos no Monte Líbano, um local que não pertencia a Salomão nem aos seus sucessores, mas aos fenícios.

Há mais um registro: o grande príncipe morreu uma morte miserável, pois foi apedrejado até a morte pelos israelitas quando se revoltaram contra Roboão.[37] Isso aconteceu em 975 a.C., e embora não seja conhecido o ano do seu nascimento, ou sua idade quando Davi o indicou para administrar o tributo, temos um vislumbre dos últimos 47 anos da sua vida. E que morte miserável sofreu tamanho príncipe, atingido na cabeça por uma turba de camponeses furiosos! Mas à medida que meditamos sobre o fato, nos lembramos de outra turba consistindo de trabalhadores do Templo e outro bravo homem atingido na cabeça. É estranho que o sucessor tenha morrido como seu predecessor imediato, e ainda mais estranho que dois Abirãos tenham chegado a um fim violento.

Assim, dos cinco Hiram, três, de acordo com a Bíblia, sofreram mortes violentas. Todos conhecem o destino do quarto, e não podemos deixar de nos perguntar se uma tragédia semelhante marcou também o fim da vida do rei. Talvez sim, embora a tradição judaica afirme que ele viveu centenas de anos. Contudo, pode ser que antes

---

37. 1 Reis, 12:18 e 2 Cr. 10:18. Onde o nome está escrito "Adoram e Hadoram", respectivamente.

de terminarmos esse trabalho cheguemos à conclusão de que havia algo de fatal em ser chamado Hiram.

Quanto ao rei Hirão, a Bíblia também nos dá algumas informações interessantes. Nada sabemos a respeito dele até a conquista de Jerusalém por Davi, quando o encontramos enviando mensageiros e presentes. "O rei Hirão de Tiro mandou muita madeira de cedro, carpinteiros e pedreiros para a construção de um palácio para David".[38]

Ora, por que o rei que governou o Líbano, o santuário sagrado de Adônis, apressou-se a expressar sua amizade a Davi, cujo nome significa "o Amado", imediatamente após este ter tomado de Jerusalém? Por que ele enviou pedreiros habilidosos e cedros para construir um palácio para Davi? Não há menção de pagamento, nem há qualquer pista de que Davi tenha ameaçado conquistar Tiro. Caso existisse mesmo uma possibilidade de sugerir essa última causa, podemos ter certeza de que o historiador judaico patriótico teria destacado e sublinhado o fato.

Talvez encontremos a razão caso estudemos a personalidade dos antigos reis Jebuseus de Jerusalém. A partir de Juízes, sabemos que um desses primeiros reis cananeus fora chamado de "Adoni-Bezeque",[39] e em Josué é dito que o rei de Jerusalém era chamado Adoni-Zedeque",[40] que significa "Senhor da Justiça", que, por estranho que pareça, é algo bem próximo e correspondente a Melquisedeque – o Rei da Justiça. Esse personagem nos é de peculiar interesse e, por isso, vamos considerá-lo com bastante cuidado.

"E Melquisedeque, rei de Salém, trouxe *pão e vinho*; e este era sacerdote do Deus Altíssimo. E abençoou-o e disse: Bendito seja Abrão[41]..."[42]

O fato importante aqui é que Abrão reconhece Melquisedeque como um rei-sacerdote e admite que ele adorava Deus. Assim podemos ver que Jerusalém tem uma dinastia de reis-sacerdotes, e que alguns deles usavam o nome divino Adonai e outros Melqui, que

---

38. 2 Sm 5:11.
39. Juízes 1:5 seq.
40. Josué 10:1.
41. Gênesis 14:18-19.
42. Abrão é o mesmo que Abirão, e ele quase destruiu seu filho, sacrificando-o. Depois Deus mudou seu nome para Abraão, e talvez a mudança explique por que, ao contrário de seus vários homônimos, não tenha sofrido um fim trágico.

significa rei, mas mais especificamente o Rei da Cidade, ou Deus da cidade, isto é, Melcarte, o nome dado ao Baal ou Deus de Trio, em relação ao qual teremos mais a dizer posteriormente. Ora, o título dos reis judeus de Jerusalém era "Adoniram-Meleque", "Meu Senhor, o Rei", que segundo Frazer[43] indica o fato de terem assumido os títulos de uma linha de reis-sacerdotes de Tamuz (Adônis), regentes originais de Jerusalém; e em razão desse fato Davi estava tão ansioso em tomar a cidade, transferindo a sede do seu governo de Hebron para lá.[44]

O professor A. N. Sayce[45] considera que Davi só adotou aquele nome, que deveria ser escrito Dod ou Dodo, depois de ter capturado Jerusalém. Dodo significa "o Amado", e de acordo com ele era um dos títulos de Adônis (Tamuz) em Canaã do Sul, e em particular entre os Jebuseus de Jerusalém, onde Adônis era a divindade suprema.

Esses fatos explicam por que Hiram, que era rei-sacerdote e representante vivo de Adônis, deveria estar ansioso para promover o novo rei-sacerdote de Jerusalém e, é claro, para tal ele consideraria Davi. A partir de uma leitura atenta do relato da compra da eira de Araúna, mencionado como Jebuseu[46] e rei,[47] o qual temos que citar cuidadosamente, ainda que pareça inútil, vemos que esse mesmo Davi, deliberadamente, desviou-se de seu caminho com o intuito de transferir a velha tradição sagrada para sua própria casa e até mesmo para seu Templo.

Ora, Adônis ou Tamuz era o Deus da vegetação, mais especificamente do milho, de modo que uma eira seria particularmente apropriada como um local sagrado. Assim como o milho representava seu corpo, durante o período da celebração da morte do Deus era costume não comer milho, e a eira, onde o milho era socado, de certo modo representava o martírio do Deus. Assim, qual lugar seria

---

43. Frazer. *Adonis, Attis, Osiris*, 3ª edição, vol. I, p. 20.
44. *Ibid*. p. 19.
45. *Lectures on the Religion of the Ancient Babylonians* (Londres e Edinburgo, 1887), p. 52-27.
46. 2 Sm 24:18 seq. 1 Cr. 21:22 seq.
47. Versículo 23 em 2 Samuel 24 significativamente diz "Tudo isto deu Araúna ao rei; disse mais Araúna ao rei: O Senhor teu Deus tome prazer em ti." Uma passagem que só pode significar que o próprio Araúna era um representante dos antigos reis-sacerdotes do jebuseus.

mais apropriado para um santuário a Adônis e, pelo mesmo motivo, o que melhor seria para Davi do que comprar a eira e sobre ela construir seu novo templo de Jeová e, desse modo, enxertar a nova fé sobre a antiga?

E com isso ele só estava fazendo o que os cristãos fariam constantemente no futuro. Por exemplo, a catedral de São Paulo substituiu um antigo templo romano, provavelmente dedicado a Adônis, e sem dúvida isso explica em parte por que as mulheres ainda choravam por Tamuz no portal norte do templo nos dias de Ezequiel. De fato, há pouca dúvida de que a cerimônia completa da morte de Adônis ainda era reproduzida no mesmo ponto, apesar da mudança nominal do culto.

Assim, vemos que Hirão de Tiro não apenas trazia os títulos "Aquele que Destrói", "Sua Brancura", etc., mas também regia um dos mais sagrados santuários de Adônis, e estava ansioso para fazer tudo que pudesse para agradar um rei que acabara de obter controle sobre outro ponto sagrado para Tamuz. Veremos mais tarde que ele mesmo era um rei-sacerdote representando o Deus da sua cidade, Tiro, e que enviou Hiram Abiff para ajudar o filho de Davi a construir um templo para Adônis. De qualquer modo, o rei Salomão não hesitou em erguer um segundo santuário próximo do Templo em honra a Astarte e, como veremos depois, o próprio Templo de Jeová parece ter sido copiado, pelo menos em parte, do grande santuário a Astarte-Adônis em Pafos, que ainda estava de pé na época. Talvez Salomão tenha pensado que era necessário apaziguar Astarte e Adônis por converter seu espaço sagrado no local do templo de Jeová.

Ainda permanece um ponto ligado ao nome do Arquiteto. Alguns estudiosos consideram que a palavra Abiff deveria ser lida Abib, que significa "espigas de milho ou frutas verdes."[48] Se essa leitura for aceita, é mais uma confirmação do ponto de vista de que Hiram Abiff está de algum modo conectado com Tamuz. Não podemos ignorar o significado da dádiva do pão e do vinho feitos pelo velho rei-sacerdote Melquisedeque, e os usos muito gerais do pão e do vinho para fornecer uma refeição sacramental relacionada a um ritual cerimonial de morte e ressurreição.

---

48. Major Sanderson. *An Examination of the Masonic Ritual*, p. 47.

Agora vamos nos voltar da Bíblia para a história profana e ver o que podemos aprender sobre Adônis e as alegações de que certos reis sírios seriam reis-sacerdotes e encarnações de Deus, mas antes de fazê-lo vamos reunir os significados dos nomes dos diferentes Hiram, pois talvez mais tarde, quando estudarmos a história de Adônis, eles provem ser mais significativos do que são no momento.

Adônis significa "Senhor", originalmente o Senhor Deus e, nesse sentido, era usado pelos judeus para substituir a palavra Jeová quando surgiu a tradição de que o nome santo não deve ser pronunciado. Em um período anterior, mesmo no tempo de Davi, nenhuma ideia do gênero parecia existir, pois havia muitos nomes pessoais que o incorporavam, ou pelo menos parte dele, por exemplo, Adonijah (*isto é,* Adonias), que significa "Javé (ou Jeová) é o Senhor",[49] realmente um nome estranho para um simples homem. Incidentalmente, como tantos que portavam um nome divino, ele foi morto, nesse caso por ordens do seu próprio irmão.[50]

Adônis é meramente uma forma grega de Adonai, que era o título mais usado pelos sírios ao falar de Tamuz. Embora originalmente um título divino, em virtude do fato de ser atribuído a todos os descendentes desses reis supostamente divinos (já que eles também eram divinos), pode ter se tornado menos um título divino do que honorífico, já mais no fim da era pré-cristã, mas se isso aconteceu foi muito depois da época de Salomão. Os reis fenícios de Chipre e seus filhos possuíam o título de Adônis[51] até o tempo de Aristóteles, ou mesmo depois, e de acordo com as lendas cipriotas, Adônis foi em determinado período rei de Pafos no Chipre.

Agora estamos em uma posição de compreender melhor o significado e a importância de vários nomes que ocorrem nas nossas lendas, e vamos lidar com eles um de cada vez, começando com Hiram:

HIRAM significa:
    1) Aquele que Destrói.
    2) Sua liberdade.

---

49. 1 Reis 1:5 seq.
50. 1 Reis 2:25.
51. Frazer. *Adonis, Attis, Osiris*, 3ª edição, vol. I, p. 49.

3) Sua brancura.

4) A exaltação da Vida.

O rei Hirão, portanto, não precisa de mais explicação.

AB ou ABIFF significa "Pai" ou "Pai de", e a leitura alternativa Abib significa "Espigas de Milho" ou "Frutos Verdes". Portanto, HIRAM ABIFF significa:

1) O Pai daquele que destrói.

2) O Pai (ou fonte) da sua Brancura.

3) O Pai (ou fonte) da sua Liberdade.

4) O Pai (ou fonte) da Exaltação da Vida.

Devemos reconhecer que vários desses títulos são apropriados a Tamuz. Assim, o número 2 claramente indica sua natureza como Deus do Milho e, sem dúvida, nos ensina que através da sua morte os homens são purificados; também não podemos esquecer que o lado destrutivo da divindade na Índia, chamada Shiva, é sempre representado como branco e chamado de "O Grande Deus Branco". De modo similar, o número 3 também sugere o sacrifício de substituição através do qual os demais homens são salvos ou libertados. Por fim, o número 4 é uma expressão particularmente apta para denotar aquele que é semeado na corrupção e elevado na incorrupção. Alguém que troca a vida mortal pela vida eterna e divina, e assim dá aos homens a esperança de uma ressurreição similar.

ABIRÃO significa exatamente o mesmo que HIRAM ABIFF, e é interessante notar que o homem anterior pereceu porque alegava ser um Sacerdote do Altíssimo, uma declaração muito similar àquela feita por Melquisedeque, cujo direito, por estranho que pareça, foi admitido pelos escritores judaicos sem questionamento, apesar de ele nem mesmo ser da linhagem de Abraão. O Abirão subsequente foi um sacrifício de fundação, e assim teve um destino bastante similar ao de Hiram Abiff, que fora um sacrifício de consagração.

ADONIRAM significa:

1) O Senhor Deus que Destrói.

2) O Senhor Deus da Brancura (O Deus do Milho).

3) O Senhor Deus da Liberdade (O Deus que traz aos homens liberdade do sofrimento mortal e do terror da morte).

4) O Senhor Deus que é ele mesmo a Exaltação da Vida (O Senhor da Ressurreição).

ABDA significa "O Pai do Amado". Um título de Adônis e uma frase que indica que Adoniram é o Amado (isto é, de Astarte).

Esses são realmente grandes títulos para meros mortais. No entanto, pelo menos quatro deles pereceram de modo miserável; um pelo fogo e terremoto, dois nas mãos de uma turba, e um como sacrifício. De modo similar morreram Adônis e seus representantes terrestres, como veremos, pois agora vamos deixar para trás a Bíblia e ver qual conhecimento adicional pode ser adquirido a partir de um estudo cuidadoso da história profana do Oriente Próximo.

Primeiro, vamos aprender tudo que pudermos sobre Adônis e sua amante divina, Astarte. Aprenderemos acerca dos reis-sacerdotes, seus representantes e seu destino trágico. Vamos comparar o grande santuário de Astarte em Pafos com o templo que o rei Salomão ergueu ao Altíssimo com o auxílio de Hirão, rei de Tiro, Hiram Abiff e Adoniram ben Abda. Começaremos seguindo nosso Mestre no caminho que ele pisou na Antiguidade, quando ascendeu aquela brilhante estrela d'alva cuja chegada trouxe esperança e salvação para uma multidão, mas morte para um único homem.

Vamos aprender algo sobre as fogueiras de Melcarte, o Rei Divino da cidade de Tiro, cujo santuário Salomão ergueu junto ao templo que construiu para Jeová. Talvez, então, possamos compreender que as lágrimas que as mulheres de Jerusalém derramaram no portão Norte do templo não eram apenas lágrimas rituais, pelo menos originalmente, e no processo compreenderemos quem a rainha de Sabá realmente representa.

# Capítulo III

# Adônis e Astarte na Babilônia

O surgimento e o desvanecimento das estações, o desabrochar e fenecimento da vegetação da qual ele dependia para se alimentar, assolavam o homem primitivo de apreensão, e ele procurava facilitar a ressurreição da vida vegetal por meio de certas cerimônias mágicas.

À medida que a civilização avançava, ele supriu suas ideias primitivas com uma concepção religiosa, onde concebeu a terra como uma grande Deusa da Fertilidade que no outono envelhecia e enfraquecia, correndo risco de morte, pois o homem primitivo criava os Deuses de acordo com sua própria imagem, dotando-os de seus próprios atributos, e acreditando, portanto, que eles nasciam, casavam-se, tinham filhos e podiam morrer. O pensamento de que mesmo a Grande Mãe, a terra fértil, corria risco de morrer, e que ele mesmo poderia morrer de fome, enchia o homem de um terror abjeto, e levando adiante suas antigas ideias mágicas do passado, ele achou que seria desejável executar certas cerimônias baseadas na magia simpática para auxiliá-lo a vencer o perigoso período de inverno. Assim, ele explicava o fenômeno do Outono, Inverno e Primavera como sendo causado pelo envelhecimento, morte e ressurreição de um Ser Divino, mas em sua mente permanecia o medo de que algum dia o Ser divino não se erguesse novamente, e que a destruição de todo o mundo viesse em seguida.

Desse modo, a maioria dos povos primitivos passou a reproduzir um drama no qual alguém representava um Deus que é morto e que volta à vida, mas enquanto nos dias atuais isso é quase sempre apenas teatro, na aurora da humanidade aquele que representava o papel do Deus era realmente morto, para que o Espírito divino, de quem ele seria o representante, entrasse em outro corpo mais jovem e vigoroso.

O procedimento por meio do qual essa transferência da Alma divina ocorria será descrito em um trecho mais adiante do livro e agora vamos dirigir a atenção para um estudo cuidadoso das histórias relacionadas a Astarte e seu amante Adônis. Com nomes variados, Astarte foi adorada por todo o Oriente Próximo nos dias pré-cristãos. Na Síria e na Palestina ela era conhecida como Astarte ou Astorete, na Capadócia e na Ásia Menor como Cibele, e na Babilônia como Ishtar, enquanto que a mesma grande Deusa Mãe no Egito era conhecida como Ísis.

A forma mais antiga do mito de Adônis vem da Babilônia. Nesses registros, ele é denominado Dumi-zi-abzu,[52] mas geralmente chamado de Dumu-zi, de onde deriva o nome Tamuz, que é sua denominação na Síria. Naquele país, ele costumava ser chamado de Senhor, Adon, sendo que os gregos, pensando que esse era seu nome próprio, o helenizaram como Adonia.

Na literatura da babilônia, Dumu-zi era o jovem amante de Ishtar, a grande Deusa Mãe que personificava as energias reprodutivas da natureza. As referências à tragédia são muito fragmentadas, mas sabemos que anualmente Dumu-zi morria e passava para o mundo subterrâneo e que sua amante Divina o buscava "na terra sem retorno, na casa das trevas, onde a poeira cobre a porta e o ferrolho".[53] Essa, naturalmente, era a estação do inverno, durante a qual animais e plantas deixavam de reproduzir suas espécies. Tão séria era a posição que o Deus Ea enviou mensageiros para o Mundo Inferior e exigiu de sua rainha, Allatu, o retorno de Ishtar. Enquanto isso, Ishtar passara pelos sete portais do Mundo Inferior, em cada um dos quais foi compelida a pagar um tributo para o Guardião do Portal, que consistia em uma das suas vestes, até que por fim ela apareceu diante da Deusa do Mundo Inferior totalmente nua. Apesar desses

---

52. P. Jensen. *Assyrisch-Babylonische Mythen und Epen* (Berlim, 1900). P. Dhorne, "La Religion Assyro-Babylonienne" (Paris, 1910).
53. Frazer. *Adonis, Attis, Osiris*, 3ª edição, vol. I, p. 8.

sacrifícios, a Deusa se recusou a libertar Dumu-zi e lançou desprezo sobre Ishtar.[54]

Foi nesse momento que o Mensageiro dos Deuses chegou e compeliu Allatu a respingar Ishtar e Dumu-zi com a Água da Vida, de modo que os dois pudessem voltar juntos para o Mundo Superior e a natureza pudesse reviver.

Felizmente, temos certo número de hinos babilônicos usados na lamentação anual feita pelo povo da Babilônia, e em particular com a semente do trigo, que é enterrada para que possa trazer vida e fornecer uma boa colheita. Dumu-zi, em suma, é o Espírito da Vegetação e principalmente do trigo. Esses lamentos "eram entoados sobre a efígie do Deus morto, que era lavada com água pura, ungida com óleo e vestida com uma túnica vermelha".[55] A flauta era o instrumento principal, e parece não haver dúvida que aqui e em outras partes da Ásia os antigos tinham o segredo de produzir música que intoxicava os cérebros dos adoradores e lhes provocava um estado similar ao frenesi. O segredo está no uso de oitavas e quartas de tom e foi redescoberto há pouco tempo no México. Por meio do seu uso, alega-se que os músicos podem despertar quaisquer sensações que desejem no coração humano, um poder muito perigoso e que explica muitas das cenas selvagens e fantásticas que vamos descrever a seguir.

Essa versão da história representa Ishtar como a fiel, amorosa e enlutada Amante, todavia, há outro lado de sua personalidade que devemos levar em conta. Sua atitude de afeto e solicitude pela raça humana também é expressa em sua lamentação quando o grande dilúvio quase destrói a humanidade, ocasião em que ela diz: "por acaso gerei meu povo para que pudessem encher os mares como peixinhos?"[56]

Mas ainda há outro lado de Ishtar muito mais sinistro e desagradável que é exposto nas tábuas que contêm o Épico de Gilgamesh. Ali ela pede para ser seu amante e Gilgamesh, em palavras que poderiam ter sido proferidas por um profeta hebreu, denuncia a Deusa sem rodeios. Ele começa com uma lista das calamidades e infortúnios que

---

54. Rev. W. A. Wigram, D.D. *M.S.S. Transactions*, vol. 2, p. 20.
55. Frazer, *Adonis, Attis, Osiris*, 3ª edição, vol. I, p. 9.
56. *The Babylonian Story of the Deluge*. British Museum, 1920, p. 36, 1.1-3

se abateram sobre aqueles imprudentes o bastante para se tornarem amantes da Deusa e diz: "qual amante amaste longamente, qual dos teus pastores prosperou? Descreverei a calamidade que te acompanha". Ele a acusa de ter causado a morte de Dumu-zi e acrescenta que cada criatura que cai sob seu domínio sofre mutilação ou morte, mesmo as feras ou pássaros, concluindo com as palavras: "Tu me amas e me tratarias como tratou a eles?"[57]

Quando ouviu essa resposta, Ishtar se enfureceu e, ascendendo ao Céu, reclamou com Anu, seu pai, e Antu, sua mãe, que Gilgamesh havia proclamado em voz alta todos os seus feitos iníquos. Consequentemente, Anu criou um touro que respirava fogo e o enviou para devastar os campos ao redor de Erech, mas Gilgamesh e seu amigo Enkidu foram atrás do touro e o mataram. Quando a Deusa soube da morte do touro, foi até as ameias da cidade e amaldiçoou Gilgamesh por matá-lo, ao que Enkidu reagiu "arrancando uma porção da carne do touro do seu flanco direito e a atirando na Deusa, dizendo: "Quisera poder lutar contigo, servir-te-ia como servi teu touro. Eu te envolveria com suas entranhas". Então Ishtar reuniu as mulheres e cortesãs do seu templo, e com elas pranteou sobre a porção do touro que Enkidu havia atirado sobre ela".[58]

Não posso deixar de pensar que o flanco direito aqui, como em muitas outras narrativas de um incidente similar, é um aforismo para o membro viril, e se for esse o caso, o significado do incidente é muito claro. A Grande Mãe, antes de assumir uma forma humana, era frequentemente representada por formas animais, entre elas a rainha Abelha, um emblema associado a Astarte e sua representante clássica, Ártemis. No caso de "Diana de Éfeso", a abelha[59] até aparecia nas moedas da cidade e a sobrevivência desse atributo mesmo na Maçonaria Especulativa é provado pelo uso constante de uma colmeia nos certificados do século XVIII, em tábuas de delinear e itens semelhantes. Nesse período tardio, a presença de uma colmeia é descrita como um emblema do trabalho duro e da indústria que deve caracterizar os maçons, etc., mas essa é

---

57. *Ibid.* p. 46, sq.
58. *Epic of Gilgamesh*. Publicado pelo Brit. Mus. P. 48.
59. *Enclopédia Britânica*, vol. 2. "Artemis", p. 665.

uma explicação tardia do símbolo, cuja interpretação original era muito diferente. É um fato patológico, sabido por todos os apicultores, que o desafortunado zangão morre como resultado do voo matrimonial, seu órgão masculino sendo arrancado e deixado para sempre na rainha. Assim, o marido da abelha é automaticamente destruído; contudo, sem essa destruição a rainha não seria fértil e a comunidade das abelhas morreria. Um fato tão peculiar não deve ter escapado da atenção de selvagens observadores que também, sem dúvida, estavam conscientes de que certas aranhas-fêmea, depois de um incidente similar, consumiam o macho. A similaridade desses incidentes com o que acontecia quando o milho era plantado devia, claro, estimular a imaginação de um povo primitivo, no sentido de que a causa da morte do amante da Grande Deusa da Terra se tornasse bastante clara na lenda de como Átis morreu, algo que consideraremos em seguida. Assim, o amante da Grande Deusa morre, e como fruto da união deles nasce um filho, que se torna o amante da Grande Mãe Terra, morre e é pai de outro filho que passará por um ciclo semelhante. O milho é plantado no útero da terra e morre, mas desse lugar escuro vem o milho novo, que cresce até a maturidade, é colhido e novamente colocado no ventre da Mãe Terra.

Agora percebemos por que nos ritos similares de Cibele e Átis, seus sacerdotes, em memória a Átis, mutilavam-se, sacrificando sua virilidade para que a Grande Mãe pudesse ser fértil. Essas cerimônias, que ocorreram no "Dia do Sangue", foram repetidas anualmente em Roma, no Vaticano, que era o santuário da Grande Mãe, até o século III d.C. Não há a mínima dúvida de que a causa original da morte de Tamuz, ou Adônis, fora a mesma que a de Átis, e as lendas posteriores foram inventadas em um período quando os homens haviam se tornado mais escrupulosos. É significativo que uma das formas de Diana fosse um urso, e no maior santuário de Astarte em Afca, na fonte do Rio Adônis no Monte Líbano, existe uma grande escultura de pedra onde vemos as figuras de Adônis e Afrodite (Astarte). O primeiro é "retratado com uma lança aguardando o ataque de um urso, enquanto ela está sentada em uma atitude de tristeza".[60] Nota-se que o animal não é um javali, cuja aparição na forma grega da lenda é sem dúvida muito tardia e o

---

60. Frazer. *Adonis, Attis, Osiris*, 3ª edição, vol. I, p. 29. E. Renan, *Mission de Phénicie*, p. 292-294.

significado oculto do baixo-relevo é que o homem infeliz é destruído pela Deusa na sua forma animal. Essa ideia antiga, horrível para nosso modo de pensar, ainda assim era celebrada na Maçonaria por meio de um peculiar incidente que persistiu em nossas cerimônias, não só entre os Operativos, mas também entre os maçons Especulativos em Gales até o fim do século XIX, como explicaremos mais tarde, embora desprovido de quaisquer consequências trágicas ou dolorosas.[61]

Essa digressão aparente era essencial para permitir compreender o verdadeiro caráter de Astarte ou Ishtar, a verdadeira causa da morte da sua série de amantes e a denúncia veemente, reforçada por uma conduta ofensiva, de Enkidu, cuja atitude poderia ser resumida nas palavras: "Você queria *isso* do meu amigo Gilgamesh, então lhe dei um substituto".

O uso de substitutos semelhantes, que em data posterior eram oferecidos à Grande Mãe como bolinhos feitos na forma do órgão masculino, um tema a que voltaremos no capítulo dos ritos secretos de Adônis de Judá, indica uma amenização das cerimônias, que eram executadas anualmente em sua honra na época do luto por Tamuz.

Temos uma representação ainda antiga da Grande Mãe na sua forma animal nas lendas babilônicas da Criação.[62] Aqui ela é chamada de Tiamat, o Útero do Abismo. Para a população ela era representada como imunda e abominável: "ela era, ainda assim, a Mãe de tudo e a possessora da Tábua dos Destinos." Esse monstro aparentemente se ressentia da tentativa dos Deuses de trazerem ordem ao caos, e o resultado foi uma luta entre os Deuses da Luz e as criaturas semibestiais das profundezas. Contudo, um ser de forma humana estava do seu lado, um certo Kingu, que ela chamava de "seu marido". Tiamat o apontou como seu líder e prendeu no peito dele a tábua dos Destinos, dizendo: "*O que sair da tua boca será estabelecido*".[63]

Os Altos Deuses no Céu ficaram em pânico, pois não podiam encontrar ninguém valente o bastante para destronar Kingu, cujo poder fora estabelecido por Tiamat, mas Marduk, que é uma forma

---

61. A. Heiron. *Ancient Freemasonry and Old Dundee Lodge*, p. 153.
62. *The Babylonian Legends of the Creation*. Brit. Mus. p. 13.
63. *Ibid*, p. 17.

do Deus Solar, adiantou-se como o campeão dos Altos Deuses e concordou em lutar, contanto que eles reconhecessem sua supremacia.

"Marduk se aproximou e olhou para o 'Meio', ou 'Interior', ou 'Útero' de Tiamat, e decifrou o plano de Kingu, que havia se estabelecido ali."[64]

Em uma observação importante, o autor do panfleto do Museu Britânico a respeito "das Lendas Babilônicas da Criação" diz: "Os egípcios distinguiam uma porção dos céus pelo nome de Khat Nut", isto é, "o ventre de Nut", e ainda existem dois desenhos dele". Ali foram incluídas cópias desses desenhos, que deixam claro que a porção da anatomia referida é o útero, e no segundo exemplo um Deus, ou um ser humano, é exibido na posição pré-natal. A mesma autoridade declara que Kingu "é Tamuz".[65]

Também ficamos sabendo por esse texto que Tiamat teve um marido anterior, Apsu, que foi morto por um dos Deuses mais antigos, Ea. Vemos, portanto, que Kingu reproduz os recursos essenciais de um Tamuz posterior, e o significado de seu refúgio no útero de Tiamat torna-se imediatamente claro.

Marduk derrotou Kingu e matou Tiamat com sua lança, emblema que é uma parte importante de todas as transmutações do tema de Adônis. Ele permanece até os dias das lendas do Santo Graal na Europa Medieval, e foi com essa arma que em certas áreas primitivas, mesmo no período clássico, representantes humanos de Adônis foram mortos. Isso deve sempre ser lembrado, pois repetidas vezes será associado de alguma forma a Adônis.

Depois de matar Tiamat, ele formou o céu e a terra a partir dela, e depois de criar uma nova raça de animais, fez os homens semelhantes aos Deuses. Para dotá-los de uma centelha da Natureza divina, ele decapitou Kingu e "criou o homem do sangue do Deus misturado com a terra". As palavras que usou são significativas, pois ele disse que criaria o homem do "sangue e osso – Dami Issimtum".[66] A semelhança dessa palavra com Damu ou Dumu-zi é bastante significativa, e as palavras de Ea, "que um Deus irmão seja entregue,

---

64. *The Babylonian Legends of the Creation*. Brit. Mus. p. 20.
65. *Ibid*, p. 17.
66. *Ibid*, p. 27.

que ele sofra *destruição* para que os homens possam ser moldados" resume a importância total, não só desse incidente, mas da história milenar do sacrifício do homem pelo homem.

Nesse registro babilônico bastante antigo, obtemos a primeira e mais primitiva concepção da Grande Mãe e o protótipo do Monstro que em tantos ritos iniciáticos supostamente deve engolir o iniciado, para então trazê-lo de volta renascido para uma nova vida. Até hoje, nas florestas da Nova guiné, os iniciados são engolidos por um grande monstro (na verdade uma casa construída nesse formato); eles passam algum tempo no estômago desse dragão mítico e são restaurados à vida como *homens*. Como vimos mais tarde na lenda de Jonas e do grande peixe, uma cerimônia similar ainda era realizada na Judeia no século VIII a.C.

No devido tempo, a religião babilônica gradualmente se desenvolveu rumo ao monoteísmo, embora nunca tenha de fato alcançado esse estágio; contudo, descobrimos em escritos posteriores uma crescente tendência a alegar que todos os Deuses são apenas formas do verdadeiro Deus uno, Marduk. Também notamos que o número de Deuses se reduz aos poucos, e em particular que Ishtar absorve em si mesma uma série de Deusas menores, especialmente aquelas relacionadas à Grande Deusa Mãe. Outro desenvolvimento importante é o agrupamento de Deuses em Tríades, Ishtar sendo associada com Sin, o Deus Lua, e Shamash, o Deus Sol. Assim, não nos surpreende que ela e Tamuz assumam os atributos do Sol e da Lua, embora ela nunca tenha perdido inteiramente seu aspecto original de Deusa da fertilidade. Em termos estritos, ela era a Deusa da Estrela Vênus, tanto como Estrela da Manhã, quando nasce no Leste, quanto da Estrela Vespertina, um fato que explica certos incidentes associados com a *Estrela da Manhã no Leste* em rituais posteriores. Foi na Antióquia que a multidão ergueu os olhos para "aquela brilhante estrela matinal cuja ascensão traz paz e salvação para os fiéis e obedientes da raça humana".[67]

Em dois selos de cerca de 2500 a.C., agora no Museu Britânico e ilustrados nas Lendas Babilônicas, são exibidas duas cenas que, embora oficialmente descritas como "Shamash, o Sol, nascendo e se pondo", provavelmente representam a descida de Dumu-zi ao mundo

---

67. Frazer. *Adonis, Attis, Osiris*, 3ª edição, vol. I, p. 258.

inferior e sua subsequente volta ao despontar do dia. No primeiro, o Deus parece estar afundando no mundo inferior com o que parecem ser pinhões, um dos seus emblemas, a partir dos quais brota uma jovem árvore. Sobre o Deus moribundo está a Deusa, que deixa cair no túmulo aberto uma "espiga de milho", pois assim as autoridades do museu a descreveram, mas que me parece muito mais uma romã, o conhecido símbolo da fertilidade e da "Abundância". De qualquer modo, ela está claramente plantando a semente. Um Deus assistente solta uma águia, que entre muitas nações sírias era liberada na queima emblemática do Deus, para indicar a ascensão da sua alma para o céu. Por perto está um Deus segurando um arco na mão, um dos emblemas mais conhecidos da Grande Mãe, por trás do qual está um leão, outro dos seus emblemas, sob o qual ela era adorada na Ásia Menor. Oposto ao leão está o touro, outro emblema regular da Deusa da fertilidade e um que, como vimos na narrativa de Gilgamesh, tinha uma relação especial com Ishtar.

O outro selo, que parece ser da mesma data, exibe Dumu-zi (ou alternativamente Shamash) surgindo do Mundo Inferior. Dois Deuses assistentes sustentam dois pilares, ou talvez portas, que são sobrepostas por leões. De qualquer modo, os pilares ou portas sem dúvida representam os portais do Mundo Inferior sendo fechados. As linhas de fogo sugerem a pira funérea do Deus a que já nos referimos, enquanto a estrela de oito pontas é o reconhecido emblema de Ishtar. O fato de haver dois deles nos lembra que ela era a Deusa de Vênus tanto como Estrela Vespertina como Estrela Matutina e que quando Vênus se erguia no Leste, isto é, pela manhã, era a hora de proclamar a chegada da ressurreição de Tamuz.

Alguns dos nossos leitores podem se interessar em saber que o símbolo do Deus Nabu era o esquadro de pedreiro, que na Babilônia consistia em um triângulo reto, e uma imagem dele pode ser encontrada na página 25, Registro 3, de *The Babylonians Legends of the Creation*.

Antes de deixar as narrativas babilônicas de Ishtar e Tamuz, parece desejável dizer algo sobre Enkidu, o grande amigo de Gilgamesh. Ele era um ser misterioso, que não nasceu como um ser humano comum, tendo feito especialmente por uma das Deusas. Vestia-se de folhas e vivia na floresta, onde se tornou um tipo de senhor dos animais selvagens. Quando os caçadores preparavam armadilhas,

Enkidu as quebrava e impedia que eles capturassem os animais selvagens. Esses homens apelaram para Gilgamesh, rei de Erech, que enviou uma Prostituta do Templo, cujos modos de agir era parecidos com os de Dalila. No fim, ela atraiu Enkidu para longe das florestas até as moradias dos homens em Erech.

A partir do que foi dito acima, está claro que Enkidu representava o espírito indômito da vida selvagem. A Prostituta do Templo era uma das mulheres dedicadas a Ishtar e, até certo ponto, a representa. Depois do insulto que Enkidu lançou a Ishtar, a Deusa causou sua morte, mas não sabemos exatamente como. Após perder o amigo, Gilgamesh sai na sua grande jornada em busca do segredo da Vida Eterna. Essa jornada, como mostrei no vol. 2 de *The Hung Society*, é na verdade uma alegoria da jornada da alma através do Mundo Inferior, e podemos suspeitar que Gilgamesh é o outro eu de Enkidu. A similaridade entre o destino de Enkidu e Perséfone por um lado, e a jornada de Ceres e Gilgamesh do outro, é exata demais para ser acidental. Quase parece que nessa história tentamos "reformar" a velha lenda de Tamuz e Ishtar em que a Deusa é vista sob um prisma muito desfavorável. Não devemos esquecer que Ishtar, como todas as grandes Deusas da Fertilidade, teve uma série de amores que morreram tragicamente, embora na realidade cada um seja uma reencarnação do anterior; e antes de termirnarmos nossa discussão aqui, descobriremos que há, por assim dizer, um vínculo entre o antigo amante e o novo que transfere a alma do Deus moribundo ao seu sucessor. Esse vínculo é quase sempre um ramo de acácia, ou de alguma árvore similar, que cresce no túmulo do Deus morto e para o qual sua alma temporariamente passa antes de encarnar mais uma vez na forma humana. Mesmo na história de Gilgamesh, essa planta mágica, que garantiu vida eterna ao seu feliz possuidor, aparece. Para obtê-la, Gilgamesh mergulhou no fundo do mar e subiu de volta para o barco de onde viera. O nome dessa planta é "o velho se torna jovem", e Gilgamesh declarou que ele "comeria dela para recuperar sua juventude perdida". Infelizmente, contudo, uma serpente roubou a planta, e assim privou Gilgamesh da Vida Eterna, assim como a serpente causou a perda da imortalidade para Adão e Eva.[68]

---

68. *The Epic of Gilgamish*. Britanic Museum, p. 55.

A 12ª e última tábua do Épico é uma triste leitura. Desesperado, Gilgamesh invocou o espírito de Enkidu do Mundo Inferior, o Fantasma apareceu e descreveu condições a partir das quais podemos deduzir que o Mundo Inferior era um lugar triste e sombrio.

Vemos, portanto, que os prantos de Ishtar, mesmo de acordo com os babilônicos, eram lágrimas de crocodilo e que a morte dos seus amantes era o resultado natural e inevitável de se acasalar com ela, o que de fato explica algumas das características cruéis e desagradáveis que desfiguram a adoração da Grande Mãe na Síria e na Ásia Menor. Percebemos que a semelhança com a abelha rainha, que destrói o zangão, emasculando-o, descreve de modo exato uma concepção antiga da Deusa da Fertilidade. Como um símbolo do processo da natureza, essa analogia era perfeitamente correta, pois Dumu-zi representa o milho, que ao ser plantado no útero da Mãe Terra, morre, mas desse modo uma colheita abundante é produzida, ou seja, por intermédio do sacrifício do espírito do milho, a humanidade é salva. As crianças da Mãe Terra assim geradas, isto é, as espigas de milho, tornam-se seus amantes, ano a ano, e sofrem o mesmo destino sendo plantadas na terra novamente. Como os homens selvagens acreditavam que poderiam auxiliar as forças da natureza simulando suas ações em um formato dramático, não devemos nos surpreender ao descobrir que seres humanos reais, vivos, representavam a parte do infeliz Dumu-zi e, como ele, morriam, esperando que o resultado fosse uma colheita abundante. A partir da evolução desse selvagem Rito Mágico é que, no devido tempo, surgiu o alto Drama do Mistério, que ensinava da morte e ressurreição e da Vida Imortal além do túmulo. E esse é o motivo por que o herói é sempre chamado de "O FILHO DA VIÚVA".

A partir desses eventos, os babilônios tardios possuíam um drama de Mistério que é de considerável importância para nós nessa investigação. O senhor Sidney Smith[69] baseia sua narrativa dessa cerimônia[70] no importante texto babilônico publicado pelo doutor Ebeling e o

---

69. Sidney Smith. *The Relation of Marduk, Ashur and Osiris. Journal of Egyptian Archaeology*, vol. VIII. (Abril de 1922).
70. Pelo trecho a seguir agradeço à grande generosidade do Irmão Sidney Smith, do Departamento Assírio do Museu Britânico, que foi de grande ajuda não só neste como em muitos outros pontos.

professor Zimmern, e deles vem a conclusão de que Assur e Marduk eram praticamente o mesmo Deus e que Assur pode ter sido a origem de Osíris, com quem o nome Ausur, Assur, está relacionado.

"Certos textos de Nínive e Assur descrevem cerimônias de culto executadas no Festival do Ano-Novo."[71] A parte de Marduk era representada pelo rei, a de Nabu pelo sumo sacerdote e o resto dos adoradores também participavam de um ritual dramático de morte e ressurreição. As cerimônias cobriam 12 dias, assim como aquelas relacionadas com o Senhor da Desordem no período Natalino na Inglaterra,* sendo esse número, sem dúvida, uma referência aos signos do zodíaco e aos meses do ano.

Os dias de abertura eram ocupados por um drama de criação, quando o Deus Zu roubava de Marduk "a tábua do destino" cuja posse era essencial para o Deus que pretendia reinar sobre o universo. Era um tipo de Paládio** e sua forma imediatamente sugere uma "Palavra de Poder", enquanto a perda dessa tábua indica a "Palavra Perdida". Essa perda leva à queda de Marduk, enterrado na "Montanha" que representa o "Mundo Inferior".

"Uma mensagem foi enviada pedindo que alguém levasse Marduk para fora. Nabu veio de Borsipa para salvar seu pai. Uma Deusa (provavelmente Beltis, a esposa de Marduk) apareceu a Sin e Shamash para trazer Bel de volta à vida; eles foram até o portal do túmulo para buscá-lo, onde ele era guardado por dois vigias em uma prisão, sem sol ou luz; a Deusa desceu até o túmulo para salvá-lo. Enquanto Marduk estava aprisionado, aparentemente ao lado dos verdadeiros malfeitores, a confusão recaía sobre a Babilônia. Outros detalhes do ritual não são tão fáceis de incluir nessa história, mas está claro que Nabu e Beltis não mediram esforços para auxiliar Marduk. Por fim, Anshar enviou Enurta para capturar Zu; em seguida, os Deuses forçaram a porta da prisão e tiraram Marduk de lá. Deve-se

---

71. Lancelote estava destinado a ser "coroado no meio do fogo" no Dia do Ano-Novo caso tivesse aceitado o trono da cidade ardente. Ver Capítulo XIV.
*N.T.: Popularizado como o Grinch.
**N.T.: Estátua de Atena que ficava em Troia; Apolo previu que Troia só cairia quando o Paládio não estivesse mais na cidade.

notar que o Colofão da tábua mostra que ela foi feita apenas para os olhos dos iniciados nesses mistérios religiosos."

Em relação a essa história, devemos nos lembrar que Nabu é o Deus Pedreiro* e que seu emblema é o esquadro. O senhor Smith destaca os numerosos pontos de similaridade entre esse mito e o de Osíris. Beltis é Ísis, Enurta e Zu são Hórus e Set, enquanto Nabu é semelhante a Thoth. Na Assíria, Ashur era o herói da luta com Tiamat, como Marduk era na Babilônia, mas é provável que Marduk fosse o nome babilônico de Ashur, Marduk também era chamado de Asari. Nos baixos-relevos, Ashur está sempre associado a uma árvore, sobre a qual flutua um disco alado. A árvore se assemelha ao pilar Tat do Egito e o disco se parece com o disco em Boghaz-Keui.

O senhor Smith considera que essa árvore seja um cedro, cuja ligação com Tamuz é um dos fatos mais bem definidos que possuímos em relação àquela divindade. O Deus Moribundo original na Babilônia foi Tamuz e, portanto, parece que no curso de sua política de exaltar Marduk, o Deus da sua cidade, os sacerdotes babilônicos o identificaram como Tamuz. Aqui fica claro que, como na Judeia, os sacerdotes tendiam a substituir o politeísmo pelo monoteísmo. O processo estava apenas parcialmente completo quando os persas capturaram a cidade e romperam um interessante desenvolvimento religioso, mas é inegável a tendência de associar os vários Deuses do Panteão com Marduk e embora provavelmente esse fosse um culto mais ou menos secreto dos sacerdotes, não deixava de ser significativo.

Assim, o fato de que o próprio rei tinha que representar o papel do Deus moribundo mostra que, como os reis da Síria, ele também era um rei divino, o portador do espírito do Deus da vegetação, que seria depois identificado como o Deus da luz, um processo que aconteceu alhures. Na substituição de uma representação dramática da morte no lugar da terrível realidade, temos um exemplo do processo que ocorreu em muitos cultos, e talvez na própria Maçonaria. Mesmo assim, os babilônios também tinham um sacrifício real anual de um rei substituto, como veremos mais adiante.

---

*N.T.: No original, *Mason god*.

# Capítulo IV

# Astarte e Adônis na Síria e no Chipre

A lenda de Adônis nos é mais conhecida a partir de sua versão grega, sendo a palavra Adônis apenas uma forma helenizada do seu título, Adonai. Os gregos, um povo refinado e civilizado, sem dúvida modificaram tanto a lenda quanto os ritos a ela associados, omitindo muitos de seus detalhes mais repulsivos.

Segundo eles, Afrodite amava a criança Adônis quando bebê e o teria escondido em um baú, colocado sob a guarda de Perséfone, a Rainha do Mundo Inferior. Contudo, assim que Perséfone viu o adorável bebê ela se recusou a devolvê-lo para Afrodite, muito embora a Deusa tivesse descido ao próprio Mundo Inferior em uma tentativa desesperada de recuperar a criança. Por fim, Zeus interveio e decidiu que Adônis deveria permanecer com Afrodite durante metade do ano, mas durante o período restante teria que ficar com Perséfone. No fim, Adônis foi morto por um javali ou, de acordo com outras versões, por Ares, o Deus da Guerra, que se disfarçou como javali selvagem para causar a morte do seu rival pelo afeto de Afrodite.[72]

Existe uma interessante representação da disputa entre Afrodite e Perséfone em um espelho etrusco[73] onde vemos as duas Deusas, uma de cada lado de Zeus, que admoesta severamente Perséfone. Afrodite, chorando lágrimas amargas, enterra o rosto no manto, enquanto sua

---
72. Frazer. *Adonis, Attis, Osiris*, 3ª edição, vol. I, p. 11.
73. W. W. Graf Baudissin. *Adonis and Esman* (Leipsic, 1911), p. 152 sq. e ilustração.

oponente segura um *ramo* em uma mão e com a outra aponta para um baú fechado, onde deveria estar o bebê Adônis.

A entrega do bebê Adônis para Perséfone sem dúvida simboliza o plantio das sementes no outono; o período passado com Afrodite representa a Primavera e o início do Verão, quando o trigo está crescendo; enquanto que a morte efetiva representa a colheita do grão, no período em que o grande pranto ocorre. Em relação a isso os leitores devem notar que, na curiosa lenda que cito na página 234, Hiram desceu até o ardente Mundo Inferior e voltou a ascender à terra, completou seu trabalho e depois foi morto.

O ramo na mão de Perséfone representa a planta à qual a alma do Deus da Vegetação foi transferida, e relembra o ramo mencionado em Ezequiel 8:17, bem como o rebento de acácia (ver capítulo 21). O fato de que há duas descidas ao Mundo Inferior, na semeadura e na colheita, sem dúvida explica um problema que confundiu muitos estudiosos, pois enquanto em alguns lugares o pranto por Tamuz parece ocorrer no final da primavera ou no início do verão, em outras fontes parece ter ocorrido no outono.

Na Palestina a colheita da cevada ocorria em março ou abril e a colheita de trigo em maio ou junho; um festival de Lamentações em qualquer parte desse período representaria a morte do Deus adulto. Um festival semelhante no outono ou no início do inverno representaria a entrega do Deus bebê nas mãos da Deusa do Mundo Inferior, simbolizando assim o plantio da semente. Além disso, embora o fato não esteja claro na lenda grega, originalmente Tamuz era filho, além de companheiro, da Grande Mãe, pois o milho gerado por ela é plantado na estação seguinte no seu ventre, que perece para que ela possa gerar mais crianças "milho".

Na Síria, o maior centro do Culto de Adônis ficava em Biblos, cujo nome semítico era Gebal. Situava-se na costa marítima, mas também havia vários outros importantes santuários que mencionaremos no devido tempo. Biblos teria sido fundado por El, um nome também usado pelos judeus para Deus. O grande santuário de Astarte é descrito por Luciano,[74] que nos conta que um grande cone, representando Astarte, se elevava no meio de um belo pátio cercado por claustros. O

---

74. Luciano. *De Dea Syria*. 6. O santuário também é mostrado em numerosas moedas da cidade. Ver T.L. Donaldson, *Architectura Numismatica*, p. 105 sq.

rio que corria ali perto era chamado Adônis,[75] e sua fonte era ao lado de outro grande santuário no Monte Líbano, ou seja, Afca.

Aquele era o reino do semimítico Cíniras[76] e até o fim de sua existência foi regido por reis que talvez contasse com o auxílio de um tipo de Senado.[77] As palavras Giblim e Giblites derivavam do nome da cidade, Gebal.[78] Os nomes desses reis, isto é, Adom-Meleque e Yeahr-baal, parecem indicar que tinham antepassados divinos, um costume quase universal entre os povos semitas por toda essa área.[79] Certamente sabemos que os reis da cidade vizinha de Tiro alegavam serem descendentes de Baal[80] e dos Deuses, mesmo enquanto viviam na terra.[81]

Um desses reis de Tiro se chamava Abimeleque, que significa "Pai do Rei" ou "Pai de Moloque" e é um título que dá a entender que seu portador era o pai de um Deus.[82] Disso podemos ver que o título de Hiram Abiff, isto é, "Pai da Exaltação da vida", etc., torna-se perfeitamente inteligível. Se um rei de Tiro se chamava "O Pai de Moloque", por que outro não poderia se chamar "o Pai da Exaltação da vida", ou usar o título ainda mais significativo de "O Pai d'Aquele que Destrói", um título bastante adequado para Moloque, cujas vítimas eram queimadas vivas?

Frazer[83] observa que havia um costume semítico de chamar um homem de Pai de "Fulano de Tal" quando aquele "Fulano de tal" era um rei, pois o rei era considerado um rei-Deus. Um costume semelhante prevalecia no Egito, onde os reis eram literalmente adorados como Divinos.[84] Lá, a esposa do rei era chamada de "A Esposa do Deus" ou "A Mãe do Deus", dependendo do caso, e o título "Pai do Deus" era atribuído não só ao pai verdadeiro do rei, como também

---

75. Luciano. *De dea Syria*. 6.
76. Eustácio. *Commentary on Dionysius-Periegetes*, 912 (*Geographia Graeci Minores*. Ed. C. Muller, 11 376).
77. Ezequiel 27:9.
78. 1 Reis 5:18.
79. Frazer. *Adonis, Attis, Osiris*, 3ª edição, vol. I, p.15.
80. A nota de Servius sobre Virgílio, *Eneida*. 1. 729 sq. Silius Italicus, *Punica*. 1. 28.
81. Ezequiel, 28. 2, e 9.
82. Frazer. *Ibid*. p. 16.
83. Frazer. *Adonis, Attis, Osiris*, 3ª edição, vol. I, p. 51.
84. Frazer. *Ibid*. p. 52, também *The Magic Art and the Evolution of Kings*, vol. 1. P. 418 sq.

ao seu sogro.⁸⁵ Nomes como Abi-Baal (Pai de Baal) e Abi-Jah (Pai de Javé) implicavam que um homem era, de algum modo estranho, pai do Deus; e tal costume se torna inteligível apenas quando percebemos que o rei deveria transferir sua Alma Divina de uma geração de reis para a próxima. Além disso, parece que um rei, no nascimento do seu herdeiro, perdia automaticamente sua Alma Divina, que passava a existir no filho.

Em alguns lugares era costume um homem assumir o nome do seu filho⁸⁶ e assim um Rei Divino em idade mais madura poderia ser chamado de "Pai de Fulano de Tal".⁸⁷ Nesse costume semítico temos uma explicação do fato curioso do pai de Adoniram, Abda, se chamar "O Pai do Amado", sendo "O Amado" um título de Adônis, dando a entender que Adoniram, o homem, tinha com ele a Alma Divina de Adônis. De modo semelhante, o arquiteto fenício se chamava "O Pai Daquele que Destrói" e Hiram, o rei em exercício de Tiro, era conhecido pelo título "Aquele que Destrói". Esse fato sugere que ele também passara para seu filho a Alma Divina de Deus, ou seja, aquele Deus que os reis de Tiro alegavam ser.

Josefo informa-nos que o pai do rei Hirão era chamado "Abi-Baal" que significa, naturalmente, "O Pai do Deus" e dá a entender que ele, de qualquer modo, sobreviveu ao período em que seu filho se tornou o recipiente da Alma Divina.⁸⁸ Parece, portanto, que Abi-Baal e Hiram Abiff eram a mesma pessoa. Seus títulos implicariam precisamente a mesma coisa e se relacionariam com o mesmo rei de Tiro, Hirão.

Se nessa época era costume o rei de Tiro, assim como outros Reis Divinos, ser sacrificado quando seu corpo envelhecia, para que a alma divina pudesse passar para outro corpo mais jovem, podemos compreender que com o passar dos anos um sacrifício semelhante seria menos doloroso. Quando o rei envelhecesse, ele poderia abdicar e talvez fingir morrer, quando, então, seu filho herdaria a Alma Divina e, com ela, o Reino. A partir desse momento o homem mais

---

85. Frazer. *Adonis, Attis, Osiris*, p. 52.
86. Frazer. *Taboo and the Perils of the Soul*, p. 331 sq.
87. Frazer. "Adonis, Attis, Osiris", p. 51.
88. Josefo. *Contra Ápion*, c. 1. Sec. 17.

velho teria perdido seu título divino e assumiria o de "Pai do Deus" ou "Pai Daquele que Destrói". Meus leitores precisam entender um fato importante. Naquele período, e por muito tempo depois, a Síria literalmente estava apinhada de reis-sacerdotes que acreditavam ser as encarnações do seu Deus. Vamos mencionar vários deles mais tarde, mas há uma característica comum a praticamente todos. O homem que assumiu o dúbio privilégio de representar o Deus encarnado e ser o rei-sacerdote perdia seu nome pessoal e, no seu lugar, assumia o nome e título do Deus. Por exemplo, o sumo sacerdote de Cibele era chamado Átis e também Papa, que significa "Pai", este último um título de Átis.

Contudo, embora o velho costume selvagem de matar o rei assim que ele envelhecesse houvesse, na época de Salomão, sido amenizado, como indicamos, em períodos de emergência e em ocasiões de grande solenidade encontramos as nações constantemente voltando aos seus hábitos selvagens e originais. Em tal momento uma vítima real pode ser necessária: às vezes, sem dúvida, um filho ou primo real poderia servir, mas se o velho rei anda estivesse vivo ele seria o sacrifício mais óbvio. De acordo com crenças populares, ele devia ter morrido quando seu filho ascendeu ao trono: sobrevivera vários anos além do seu tempo determinado, portanto era o homem para representar o rei verdadeiro e morrer no seu lugar. Talvez a conclusão do grande Templo de Jerusalém fosse considerada pelos operários fenícios menos civilizados uma ocasião que exigia que o velho rei morresse e que se consagrasse o Templo com o sangue dele.

Voltando aos reis de Biblos e Tiro, descobrimos que pelo menos alguns deles não eram somente reis, mas também Sacerdotes de Astarte.[89] Aprendemos na mesma passagem que o pai de Hiram se chamava Abíbalo, isto é, Abi-Baal, que significa o Pai de Baal, e que havia uma linhagem de reis-sacerdotes de Astarte incluindo um certo Pigmalião, nome cujo significado se tornará claro quando voltarmos para o Chipre. De acordo com Josefo, foi a irmã de Pigmalião, Dido, que construiu Cartago.

---

89. Josefo. *Contra Ápion*, Livro 1. 18, citando Menandro, o Efésio.

A partir disso, podemos ver que os reis de Tiro eram reis-sacerdotes e que o próprio rei Hirão teve um pai que usava o título de "Pai do Deus, Baal" e esse homem parecia corresponder a Hiram Abiff.

Nessas circunstâncias seria desejável determinarmos quem era Baal de Tiro. Ele era Melcarte (Moloque), a quem os gregos identificavam como Hércules, fato confirmado por Josefo,[90] que nos conta que o rei Hirão construiu e consagrou "os Templos de Hércules e Astarte". Ele também diz que Baal era o Deus dos fenícios.[91] Os fenícios, contudo, costumavam chamá-lo de Melcarte, que significa "o Rei Divino", enquanto o título alternativo Baal meramente significa "Deus". Esse Baal fenício era um Deus da Fertilidade, mais especialmente do Milho e do Vinho, embora também fosse um protetor dos animais. De fato, essas são as características do Deus principal de todos os semitas não judaicos, enquanto o Hércules grego era apenas essa Divindade semítica masculina importada para a Grécia e helenizada. Aprenderemos muito acerca dele a partir da sua literatura quando chegarmos ao capítulo sobre o rei moribundo na Ásia Menor. Robertson Smith resume de modo admirável os atributos dessa grande Divindade semítica nas seguintes palavras: "o Baal foi concebido como o princípio masculino da reprodução, o marido da terra que ele fertilizou".[92] Frazer considera que esses reis semíticos personificavam seu Deus e deviam se casar com a Deusa da Terra, Astarte.[93] Em suma, podemos dizer que Baal e Tamuz eram na verdade a mesma Divindade, muito embora vistos de um ângulo ligeiramente diferente.

O último rei de Biblos se chamava Cíniras.[94] Ele foi morto por Pompeu e o fundador da linhagem também se chamava Cíniras, o famoso pai de Adônis, que teria construído um santuário[95] no Monte Líbano, provavelmente Afca, hoje uma pequena aldeia chamada Afka. O distrito inteiro era consagrado a Adônis (Tamuz) e na região

---

90. Josefo. *Contra Ápion*, Livro 1. 18.
91. Josefo. *Antiguidades*, Livro 19. Cap.6, par. 6.
92. W. Robertson Smith. *Religion of the Semites*, p 107 sq.
93. Frazer. *Adonis, Attis, Osiris*, 3ª edição, vol. I, p. 27.
94. Estrabo. XVI. 1. 18. p. 755.
95. Luciano. *De Cea Syria*. 9.

próxima de Ghineh existe a seguinte escultura: Astarte está sentada em uma posição de total desolação, enquanto Adônis, com uma lança na mão, espera o ataque de um urso (e não de um javali).[96] Como a própria Deusa era originalmente uma Deusa Ursa, percebemos que Adônis na verdade foi destruído por Astarte na sua forma primitiva e bestial, apesar das "lágrimas de crocodilo" que ela derrama.

Contudo, o fato significativo é que todo ano Adônis devia ser morto, o rio se tingir de vermelho com seu sangue e as anêmonas escarlates brotarem desse sangue recém-derramado entre os cedros do Líbano. Nesse período do ano, conta Luciano, as donzelas sírias choravam por Adônis morto.[97] Vemos, enfim, que o culto de Tamuz não era parte integrante da vida do povo da Palestina, mas que o próprio rei que ajudou Salomão a construir seu templo era um representante e descendente do Deus Moribundo; não um simples adorador devoto d'Ele, ou da sua Consorte Divina, mas, de alguma estranha maneira, uma encarnação de um Deus que todo ano era morto para que a terra fosse fertilizada.

Em Hierápolis (a moderna Manbij), Luciano[98] nos informa também que havia dois grandes falos de 30 braças de altura erigidos junto à porta do templo de Astarte, e que duas vezes por ano um homem (provavelmente um dos galli ou sacerdotes castrados) subia até o topo por dentro, onde conversava com os Deuses, para garantir a prosperidade e fertilidade da terra.[99] Na realidade ele era um representante marcante do processo de fertilização que produziria o novo rei-sacerdote.

Aqui, então, vemos não só a verdadeira natureza das duas Colunas no Pórtico do Templo do Rei Salomão, mas também o motivo de serem ocas. A explicação de que elas serviriam de arquivos certamente foi inventada depois que o objeto original fora esquecido.

Passemos agora para o Chipre, o qual, colonizado por fenícios, era o outro grande centro de adoração de Adônis e Astarte, de onde esses Ritos se espalharam para a Grécia.

---

96. E. Renan. *Mission de Phenice*, p. 292 sq.
97. Luciano. *De Dea Syria*. 8.
98. *Ibid.*
99. N. M. Penzer. *The Ocean of Story*, vol. I p. 275.

Havia vários santuários para Adônis no Chipre, por exemplo, em Amathus, onde os ritos de Adônis eram tão semelhantes aos de Osíris que alguns dos antigos consideravam que ele *era* Osíris.[100] O mais famoso santuário, contudo, estava em Pafos, a moderna Kuklia, e agora podemos ter uma boa ideia da sua aparência a partir das moedas da época dos Césares,[101] e também de certas medalhas votivas de ouro[102] encontradas em túmulos de Micenas, que devem ser cerca de 1.200 anos mais antigas do que aquelas moedas e mostram que pouco mudou tanto em sua forma geral quanto em seu desenho,[103] ao longo dos séculos entre aquele período e o início da Era Cristã.

Como esses modelos são datados de cerca de 200 anos antes da data tradicional da construção do Templo do Rei Salomão, o trabalho era indubitavelmente fenício, ou seja, os detalhes no santuário de Pafos podem explicar certos recursos peculiares do Templo em Jerusalém construído por operários fenícios.

Nas moedas e modelos encontramos uma fachada, em cujo topo há duas pombas. A fachada é dividida em três partes, ou capelas, sendo que a parte central tem uma superestrutura alta. Essa parte central contém um cone e de cada lado deste há um pilar elegante "terminando em um par de pináculos de topo esférico, com uma estrela e crescente aparecendo entre os topos das colunas".[104] Em cada uma das capelas laterais aparece um pilar semelhante. Há pombas pousadas sobre várias partes do edifício, sendo a pomba um emblema conhecido de Astarte.

O cone simboliza a própria Deusa e talvez seja uma representação grosseira do símbolo feminino, assim como os pilares representam o

---

100. Stephanus Byzantius s.v. Amathus
101. G. F. Hill. *Catalogue of the Greek Coins of Cyprus* (Londres, 1904). P. 127-134, também ilustrações.
Geo. Macdonald. *Catalogue of Greek Coins in the Hunterian Collection* (Glasgow 1899-1905), ii 566.
102. G. Perrot e Ch. Chipiez. *Histoire de L'Art dans l'Antiquité*, VI. (Paris 1894). P. 336 sq. 652-654.
*Journal of Hellenic Studies,* IX (1888). P. 213 sq.
103. Para ruínas existentes ver *Excavations in Cyprus*, 1887-1888. *Journal of Hellenic Studies,* IX (1888), p. 193 sq.
104. Frazer. *Adonis, Attis, Osiris*, 3ª edição, vol. I, p. 33.

falo. Sua duplicação pode ser uma mera questão de simetria, mas é mais plausível que originalmente simbolizasse o Deus Moribundo (a) como o pai, e (b) como o filho, pois deve ser lembrado que Tamuz, morto durante o acasalamento com a Deusa, renasceu como seu filho, destinado no devido tempo a sofrer o mesmo destino do pai, que era, de fato, ele mesmo.

Esses falos flanqueando Pagodes ainda são encontrados em países budistas, particularmente em Burma e no Sião. Em Bangcoque há um falo de altura enorme, que a cada ano é repintado, a parte mais baixa em uma cor escura, como marrom, e a parte superior em vermelho, com um resultado desagradavelmente realista.

Os dois grandes pilares de madeira vermelha colocados na entrada da exposição burmesa em Wembley em 1924 também eram, naturalmente, falos, embora em Burma esse fato pareça esquecido.

Se compararmos esse santuário com o relato sobre o Templo de Salomão reconheceremos várias de suas características importantes. O domo, ao qual é feita referência em certa tradição maçônica, corresponde ao cone ou superestrutura em Pafos. As duas Colunas com seus globos também se tornam inteligíveis e até os Capitéis ornados com entalhes detalhados, expressando a ideia de fertilidade, não são mais do que os restos do prepúcio (o resto tendo sido removido na circuncisão) disfarçados artisticamente.

As três partes do edifício correspondem ao projeto geral da fachada oriental do Templo e embora não haja menção a respeito da pomba, sabemos que naquela época as pombas romanas estavam à venda no Templo com o propósito de serem ofertadas em holocausto. Então parece, sem sombra de dúvida, que, em linhas gerais, o Templo do Rei Salomão corresponde aos templos de Astarte.

Há um fato cuja significância não devemos esquecer: não há menção na Bíblia a "globos". Sem dúvida, na realidade esses eram domos e não globos reais, e o fato de que indicavam uma significância fálica não foi esquecida pelos revisores hebraicos que apagaram qualquer referência a eles. Mesmo assim, a tradição maçônica os manteve e nisso está indubitavelmente correta. Esse fato é apenas uma de muitas evidências de que a tradição maçônica vem de um tempo mais antigo do que a revisão da Bíblia pelos hebreus defensores do Monoteísmo, e assim indica a antiguidade genuína das cerimônias maçônicas.

A evidência sustentando o ponto de vista de que o cone é um emblema da Grande Mãe é abundante. Sob esse símbolo ela foi adorada em Biblos,[105] em Perga, em Panfília,[106] em Malta, um assentamento fenício[107] e no Sinai.[108] A pedra sagrada de Cibele, que foi trazida pelos romanos para a "Cidade Eterna" durante a segunda Guerra Púnica, quando estabeleceram os selvagens ritos da Grande Mãe no Vaticano, era uma peça pequena, preta e irregular de pedra que formava o rosto da estátua, mas não se sabe ao certo se era cônica ou não.[109] Contudo, era negra, e não branca, e sob esse aspecto devemos nos lembrar de que no Cântico dos Cânticos de Salomão, a Amante, que sem dúvida representa Astarte, diz: "Eu sou negra, mas formosa."[110]

Provavelmente a pedra preta da Kaaba em Meca representava a mesma Deusa. Em Pafos havia o hábito de ungir esse cone, mostrando como os velhos costumes sobreviviam muito depois que a religião que os gerara fosse substituída por outra e é interessante saber que esse costume ainda é mantido em Pafos até hoje. D. G. Hogarth[111] nos diz que "em honra à donzela de Belém, os camponeses de Kuklia (Pafos) ungiram recentemente, e provavelmente ainda ungem a cada ano, as grandes pedras angulares das ruínas do templo da Deusa de Pafos. Assim como outrora Afrodite (Astarte) ouviu súplicas em ritos misteriosos, também ali são dirigidas súplicas a Maria por muçulmanos, assim como por cristãos, com encantamentos e passagens através de pedras perfuradas, para remover a maldição da esterilidade das mulheres ou para aumentar a virilidade dos homens cipriotas".

Passar por um orifício em uma pedra ou árvore é um rito de renascimento encontrado em todo o mundo e tais ritos muitas vezes

---

105. Ver capíulo 4, p. 45.
106. B. V. Head. *Historia Numernorum*. (Oxford 1887). P. 58.
P. Gardner. *Types of Greek Coins*. (Camb. 1883) pl. xv. nº 3.
107. G. Perrot e Ch. Chipiez. *Histoire de L'Art dans l'Antiquité*, iii, 273. 298 sq. 304 sq.
108. W. M. Flinders Petri. *Researches in Sinai*. (Londres 1906)
109. Frazer. *Adonis, Attis, Osiris*, 3ª edição, vol. I, p. 35.
110. Cântico dos Cânticos. 1:5
111. D. G. Hogarth. *A Wandering Scholar in the Levant*. (Londres 1896). P. 179 sq.

são usados na esperança de que o sofrimento da doença, principalmente da esterilidade, seja removido. Se essa antiga cerimônia de unção da pedra perdura até hoje, não poderiam outros Ritos de Adônis igualmente ter sobrevivido? De fato, é tão forte o poder que a antiga Deusa tem sobre os camponeses cipriotas que ainda usam seu nome e adoram a Virgem Maria sob o título de "Panaghia Aphorditessa".[112]

Basta quanto ao grande santuário em Pafos, mas, e os reis daquela cidade? De acordo com a lenda, um sírio chamado Sandacus foi para a Cilícia e se casou com a filha do rei daquele país, tornando-se rei no devido tempo. Ora, Sandacus é claramente o mesmo que Sanda, um Deus do Norte da Síria que corresponde intimamente a Melcarte de Tiro e, portanto, um aspecto de Adônis. Esse Sandacus teve um filho, Cíniras, que foi para o Chipre e se casou com a filha de Pigmalião, o rei daquele país;[113] então ele fundou Pafos e tornou-se o pai de Adônis.

Já mencionamos que Sandacus tinha o mesmo nome que Sanda, uma variação de Melcarte que, como aquele Deus, foi queimado, de modo que agora podemos nos voltar para Cíniras. Seu nome é idêntico ao do fundador mítico de Biblos, que, como seu homônimo Cipriota, era o pai de Adônis. Em suma, todos os três foram por sua vez encarnações humanas de Tamuz.

Entretanto, Pigmalião, o pai da esposa de Cíniras e, portanto, avô de Adônis, era ele mesmo uma encarnação humana de Tamuz. Conta-se que esse Pigmalião se apaixonou por uma estátua de Afrodite e a levou para a cama.[114] Posteriormente, Ovídio, ao relatar a história, transformou o rei em escultor e a estátua na imagem de uma bela mulher, mas a versão acima é a original da história e indica que o rei fenício[115] tinha que passar pela cerimônia de se casar com uma estátua de Astarte para simbolizar seu casamento com a Deusa. Um costume semelhante ainda prevalece na Índia, exceto que é uma garota que se casa com a estátua de um Deus e, a partir de então, passa a ser uma prostituta do templo.

---

112. G. Perrot e Ch. Chipiez. *Histoire de L'Art dans l'Antiquité*, III. 628.
113. Apolodoro. *Bibliotheca*. III. 14. 3. (Ed. R. Wagner)
114. Arnobius. *Adversus Nationes*. I. 22. Clemente de Alexandria. *Protrept*. IV. 57. P. 51, ed. Potter.
115. Porfírio também diz que Pigmalião era um fenício em *De abstinentia*.

Ora, diz-se a respeito de Cíniras que teria sido amante de Afrodite[116] e que gerou seu filho incestuosamente com sua filha Mirra no Festival da Colheita para a Deusa.[117] Devemos notar que nas histórias sírias do nascimento de Adônis às vezes outros reis são mencionados como o pai, mas geralmente a mãe é descrita como sendo a filha deles. Tais atos incestuosos são provavelmente uma descrição posterior de um costume real mais antigo, cujo objetivo era manter a coroa na linhagem real paterna em uma época em que a sucessão passava pelas mulheres. Há um paralelo com o costume dos faraós egípcios, que se casavam com suas próprias irmãs, embora toda a questão da exogamia com suas proibições totêmicas esteja envolvida e não possa ser discutida aqui.[118]

Assim, os quatro reis consistem em três que eram amantes de Afrodite, cada um por sua vez, enquanto Sandacus também corresponde a Adônis. Desse modo parece que temos uma sucessão de reis-sacerdotes sírios que se consideravam encarnações do amante da Grande Mãe, Astarte, e que, sem dúvida, passavam pela cerimônia anual de se casarem com ela.

Sandacus parece corresponder a Sanda ou Melcarte e, portanto, cabe indicar aqui a relação entre Melcarte e Tamuz. Melcarte era o Baal ou Senhor da Fertilidade, que se unia ano após ano com a Grande Mãe e, consequentemente, morria, mas reencarnava como seu filho. Como Rei Divino vivo da Cidade, ele era adorado sob o título de Melcarte, mas quando assumia seu aspecto de Deus Moribundo era pranteado como Tamuz ou Adônis. Em suma, ele era ao mesmo tempo marido e filho de Astarte.

Além disso, parece haver evidência de que todos os filhos de representantes humanos dessa Divindade eram considerados como ele, divinos, e não há dúvida de que tal fato permitiu o surgimento do costume do assassinato deles, mas de um modo que não destruísse toda a casa real, que devia ser mantida. Parece também certo que o casamento anual desses reis consistia em uma união mais ou menos

---

116. Clemente de Alexandria. *Protrept*. II. 33. P. 29, ed. Potter.
117. Ovídio. *Metam*. X. 298 sq.
118. Ver Frazer. *Folklore of the Old Testament*.

temporária com as mulheres sagradas, ou prostitutas sagradas como costumavam ser chamadas, sempre associadas aos templos de Astarte. Na Palestina, essas mulheres eram chamadas Kedehsoth (Kadosh), uma palavra que significa estritamente "Mulheres Sagradas". Sob tais circunstâncias o suprimento de homens Divinos, aqueles gerados por tais uniões, seria bastante numeroso e as próprias mulheres seriam consideradas representantes humanas da Grande Mãe. Talvez os Kedeshim, ou "Homens Sagrados", que Josias[119] expulsou do templo de Jeová fossem os supérfluos Homens Divinos, os filhos das mulheres sagradas.[120] Isso parece mais provável já que em algumas áreas, como no Cáucaso, a cada ano um desses homens sagrados era sacrificado.[121]

Por tudo isso, a cada ano devia haver pelo menos um homem que temporariamente representasse Tamuz, e para que fosse investido desse dúbio privilégio, certos Ritos eram executados na época da morte do seu predecessor. Descobriremos o que eram esses ritos quando levarmos em conta processos semelhantes de transferir a Alma divina em outras terras, mas entre eles sem dúvida há o de cheirar um ramo que crescia de um túmulo, passar sobre o túmulo ou cadáver e assim por diante. O pai daquele homem escolhido para representar Tamuz poderia orgulhar-se de ser chamado de "O Pai de Fulano de Tal".

Voltando a Adônis, em Chipre. Descobrimos que ele teria reinado lá[122] do mesmo modo como o fez em Biblos e seus descendentes regularmente usavam o nome Adônis. O título Adon não era restrito ao rei em exercício, sendo compartilhado por todos os seus filhos.[123] Ora, não só havia um Cíniras Cipriota e um rei de nome semelhante em Biblos, como havia não somente um Pigmalião no Chipre, mas

---

119. 2 Reis 23:7.
120. As palavras usadas pelos tradutores ingleses podem ou não descrever corretamente sua conduta, mas não há uma tradução precisa da palavra Kedeshim, que significa "Homens Sagrados". Nessa passagem é dito que as "Mulheres Sagradas" tecem vestes para os Asherim, ou pilares de madeira que ficavam nos Santuários. (N.T.: É comum as traduções da Bíblia em português chamarem os Kedeshim de "sodomitas" ou "prostitutos".)
121. Estabo. XI. 4.7.
122. Probius sobre Virgílio. Ecl. X. 18.
123. Frazer. *Adonis, Attis, Osiris*, p. 49.

pelo menos dois com esse nome que reinaram em Tiro. O que foi mencionado por Josefo[124] era o pai de Dido, fundadora de Cartago que, de acordo com a lenda, imolou-se na pira fúnebre quando Enéas se recusou a ficar com ela. A morte pelo fogo parece ter sido um método popular entre os fenícios, pois Amílcar também se entregou ao fogo depois da sua derrota.[125]

Já que, de acordo com todas as lendas, Adônis tivera uma morte violenta, precisamos descobrir se o mesmo aconteceu com Cíniras. Há três narrativas e de acordo com duas delas isso aconteceu, enquanto a terceira diz que ele viveu até os 160 anos. Talvez na história posterior tenhamos uma indicação de que o nome Cíniras fora usado por uma série de monarcas, do mesmo modo como Augusto entre os Césares, e quanto a isso não devemos esquecer que existe uma tradição judaica de que Hirão de Tiro viveu por mais de 400 anos, ou seja, até a destruição do Templo.

As outras duas versões sem dúvida estão mais perto da verdade, uma é que ele desafiou Apolo para um teste de habilidade musical, foi derrotado e depois morto pelo Deus pela sua ousadia em desafiá-lo.[126]

Essa história é quase idêntica àquela contada sobre Mársias, também um amante de Astarte,[127] que foi morto e esfolado por Apolo, que então pendurou sua pele em uma árvore.[128] Ritos horrendos semelhantes ocorreram em outras partes do mundo, notadamente no México, mas não podemos evitar a conclusão de que a lenda descreve uma prática anterior de matar o representante humano do Amante Divino e de pendurá-lo, ou sua pele, em uma árvore como parte dos Ritos de Fertilidade. Mesmo no tempo do Império, a imagem de um homem era pendurada em uma árvore como parte das cerimônias de Cibele, o que, sem dúvida, substituía o homem real.

---

124. Josefo. *Against Apion*. 1.18.
Ovídio. *Fasti*. III. 574.
Virgílio. *Eneida*. I. 346 sq.
125. Heródoto, VII. 167.
126. Escoliasta e Eustáquio sobre Homero. *Ilíada*. XI. 28. W. H. Engel. *Kypros*, II. 409-116. Stoll, S. V. *Kinyras*, em W. H. Roscher. *Lexikon der griech und röm Mythologie*. II. 1191.
127. Diodoro Sículo. III. 58 sq.
128. Apolodoro. *Bibliotheca*. 1. 4. 2. Higino "Fab." 165. Luciano. *Tragodopodagra*. 315. sq.

A outra história relata que ele se matou quando descobriu que cometera incesto.[129] Essa versão sugere que o velho rei era sacrificado quando nascia um filho para quem a Alma Divina era passada no nascimento, ou que de qualquer modo passaria assim que fosse necessário.

Contudo, podemos depreender que esses antigos reis cipriotas que representavam o Deus Moribundo, mais cedo ou mais tarde tinham que representar seu papel com seriedade mortal, embora os primeiros anos da influência civilizadora do pensamento grego tivessem amenizado o horror do Rito ao substituir o fato por uma representação teatral da morte, ou pelo uso de uma imagem no lugar de um homem real.

Até agora aprendemos que por toda a Síria, Fenícia e Chipre, os povos semitas adoravam Astarte e um Deus que, como Amante de Astarte, era chamado de Tamuz ou Adônis, mas que quando era visto separado dela costumava ser chamado de Melcarte ou Baal. Descobrimos que os reis semíticos representavam esse Deus e se casavam anualmente com a Deusa ou com alguma representante dela. Como seu Homônimo Divino, eram aparentemente mortos, embora não esteja claro se isso ocorria depois de um período determinado, quando um filho nascia para eles ou quando envelheciam.

Vimos que qualquer um dos filhos do rei poderia herdar essa Divindade e assim sofrer o mesmo destino que Adônis. Por esses motivos, será interessante descobrir a natureza da morte pela qual eles tinham de passar.

Está claro que o mais importante era que o homem-Deus *devia* morrer, embora o método exato provavelmente variasse de um lugar a outro e de um período a outro. Em alguns dos distritos mais selvagens, como o Cáucaso, e conforme as antigas lendas, a vítima era perfurada no flanco com uma lança, além de haver vestígios dela ser fixada a uma árvore antes de ser estocada, sendo que para os filisteus esse método perdurou quase até os dias atuais. Às vezes o membro masculino inteiro era cortado e o homem sangrava até a morte e em outros lugares ele era queimado. Em anos mais recentes, podemos supor certa tendência no sentido de amenizar a crueldade da

---

129. Higino, *Fabulae*. 242.

morte empregada, por exemplo, ao bater na cabeça da vítima antes de jogá-la ao fogo. Dos vários métodos, o fogo parece ter sido o mais popular entre os semitas, portanto, descartaremos os dois primeiros do modo mais rápido possível.

Entre os albaneses no Cáucaso havia um grande santuário à Lua, regido por um sumo sacerdote, ao qual estavam ligados vários "Homens Sagrados". Mais cedo ou mais tarde o Espírito Divino supostamente descia para dentro de um deles, fazendo-o perambular pelas florestas profetizando. Então, ele era detido e levado de volta ao Templo, onde era mantido em estado de semirrealeza por um ano, do mesmo modo como o rei-Deus no México. No final desse período, era sacrificado à Lua, varado no flanco por uma lança. Os adoradores decifravam augúrios a partir da posição em que o corpo caía e depois pisavam nele como um ato de purificação.[130]

Nessa lança talvez possamos ver a famosa lança de Marduk e, como seu descendente, a lança das lendas do Santo Graal que continuamente derramavam sangue.

Já vimos que Mársias foi morto e sua pele pendurada em uma árvore, sendo que um destino semelhante parece ter caído sobre Cíniras, outro amante de Astarte. Isso mostra que esse era um método utilizado para matar o representante humano de Tamuz. Entre os nórdicos, homens eram sacrificados a Odin em Upsala, pendurados em uma árvore, mas às vezes as vítimas eram penduradas e depois perfuradas com uma lança.[131] De fato, o próprio Odin teria "pendurado a si mesmo" em uma árvore e no poema chamado "Hamaval" ele diz:

"Sei que pendi da árvore sacudida pelos ventos,
Por nove noites inteiras,
Ferido com a lança, dedicado a Odin,
De mim mesmo para mim mesmo."[132]

Foi sugerido que o antigo costume inglês de enforcar e depois estripar criminosos surgiu do fato de que anteriormente os crimi-

---
130. Estrabo. XI. 4. 7.
131. H. M. Chadwick. *The Cult of Odin* (Londres 1899), p. 3-20.
K. Simrock. *Die Edda*. (Stuttgart, 1882), p. 382.
132. Hamaval. 139 sq. (K. Simrock, *Die Edda*, p. 55).

nosos eram sacrificados a Odin para apaziguar o Deus, o qual estaria irado com seus crimes. De qualquer modo, a última linha do verso anterior é mais significativa, pois nele o homem-Deus é a vítima falando com o Deus. Cada representante humano de Tamuz poderia ter dito o mesmo.

Um exemplo recente desse Rito sinistro sobreviveu até pouco tempo atrás entre os bagobos de Mindanao, das Ilhas Filipinas. A cada mês de dezembro, quando Órion aparecia às 19 horas, o povo sacrificava um escravo como um ato preliminar à semeadura. Esse costume, portanto, é muito semelhante às ideias por trás da morte de Tamuz, que supostamente morria ao se acasalar com Astarte ou, em outras palavras, representa o milho plantado no útero da Mãe Terra.

O pobre infeliz era conduzido para uma árvore grande na floresta, amarrado com as costas voltadas para a árvore e seus braços presos bem alto acima da sua cabeça. Enquanto ele pendia pelos braços dessa maneira, uma lança era enfiada em seu flanco bem abaixo da axila. Então o corpo era cortado em dois na linha da cintura, e a parte superior pendurada, de modo que o sangue fertilizador drenasse até o solo.[133]

É impossível não suspeitarmos que o ato de cortar o corpo em dois substituiu um processo mais antigo que, como indicado na história de Átis, consistia em cortar o órgão masculino e deixar o homem sangrar lentamente até a morte. Sem dúvida, à medida que a ideia original foi esquecida, um destaque cada vez maior foi colocado na qualidade fertilizadora do sangue e, portanto, parecia desejável obter o maior espargimento dele possível.

O costume de sacrificar animais, pendurando-os para depois matá-los com uma lança, foi difundido na Ásia Menor; e em Hierápolis as vítimas eram enforcadas em uma árvore antes de serem queimadas.[134] Assim, podemos ver que há evidências abundantes de que em muitas áreas os representantes humanos de Adônis pereciam presos a uma árvore e depois perfurados. De fato, é comum a relação

---

133. Fay-cooper Cole. *The Wild Tribes of Davao District Mindanao* (Chicago, 1913), p. 114 sq. (Field Museum of Natural History, publication, 170).
134. Luciano. *De dea Syria*. 49.

de uma uma árvore com o sacrifício, independentemente de a vítima ser alanceada ou, como em Hierápolis, queimada.

Voltemos agora ao método de cortar um membro masculino e depois deixar a vítima sangrar até a morte. Parece que a crueldade lenta desse método foi o que determinou sua amenização, quando o rito se desenvolveu em duas direções. Ou a vítima perdia seu órgão viril, mas o sangramento era interrompido, ou um método mais rápido de causar-lhe a morte era adotado, geralmente o alanceamento.

Contudo, a história de Átis mostra qual era o método original. Átis era o filho e também o amante de Cibele,[135] e fora concebido por sua mãe, embora uma virgem, porque ela colocara no próprio ventre uma semente de romã ou uma amêndoa. Indubitavelmente, ele é o mesmo Deus que Adônis,[136] e segundo uma versão da lenda, também foi morto por um javali,[137] embora a outra versão assevere que ele cortou o próprio membro viril sob um pinheiro e ali sangrou até a morte.[138] Sérvio, contudo, afirma que a ferida não foi autoinfligida.[139] Por causa dessa história, seus sacerdotes, os galli, mutilavam-se de modo similar, mas sem os mesmos resultados fatais.

Em seus ritos, celebrados pelos romanos no santuário de Cibele no Vaticano, uma imagem do Deus era pendurada em uma árvore no dia 23 de março de cada ano, mas, como posteriormente precisaremos considerar com mais detalhes essa forma bárbara e primitiva do Rito de Fertilidade, aqui só enfatizaremos o modo da sua morte, que, sem sombra de dúvida, representa a maneira como seus representantes humanos morriam. Devemos também nos lembrar de que Set cortou o órgão masculino de Osíris, o qual foi engolido por um peixe, conquanto que na história egípcia dos dois irmãos, o irmão mais novo, quando falsamente acusado de ter seduzido a esposa do seu irmão mais velho, cortou fora o próprio membro e o jogou no

---

135. Escoliasta de Luciano. *Jupiter Tragoedus*. 8. P. 60. Ed. H. Rabe. (Leipzig 1906) (vol. IV, p. 173, ed. C. Jacobitz).
136. Diodoro Sículo III. 59. 7.
H. Hepding. *Attis, seine Mythen und sein Kult*. (Giessen 1903).
137. Hermesianax em Pausânias VII. 17.
138. Pausânias. VIII. 17.
139. Sérvio em Virgílio. *Aen*. IX. 115.

rio Nilo, onde foi também engolido por um peixe.[140] Sem dúvida, na "história dos dois irmãos" temos uma tradição distorcida dos antigos Ritos de Fertilidade, incluindo a transmigração da alma para uma árvore e seu renascimento final em uma forma humana.

Contudo, o método mais usual parece ter incluído o holocausto, embora sejam frequentes as menções de que a vítima era morta antes de ser colocada na pira funerária. Essa forma de morte parece ter uma relação peculiar com Melcarte ou Moloque, pois não só eram as vítimas queimadas em sua honra, como também o próprio Deus ou, pelo menos, sua imagem, era queimada todos os anos. Portanto, caso o próprio Deus fosse queimado, não devemos nos surpreender se encontrarmos vestígios do mesmo fadário sendo empregado a seus representantes terrenos, mesmo enquanto eles fossem reis, embora nos anos posteriores essa cerimônia fosse amenizada permitindo que o rei simplesmente caminhasse pelo fogo.

Melcarte de Tiro foi adotado pelos gregos com o nome de Hércules. Conforme suas fábulas, quando sentiu a dor da túnica envenenada consumindo sua carne (túnica esta que foi enviada a ele por sua *esposa* e vestida quando ele estava prestes a oferecer um sacrifício), ele subiu em uma pira e persuadiu seu amigo a acender o fogo. Sua alma então ascendeu em uma nuvem enquanto o céu trovejava.[141] Embora a versão dada por Sófocles declare que a cena da sua transferência ocorreu no Monte Eta, outro relato localiza o evento em Tiro, o que parece mais correto, sob certo sentido.[142] Um festival anual celebrado em janeiro em Tiro comemorava esse evento e era chamado de "O Despertar de Hércules".[143] Assim, podemos ver que não só havia uma representação dramática da *morte* do Deus, mas também de sua *ressurreição*.

---

140. G. Maspero. *Popular stories of Ancient Egypt* (Londres, 1915). p. 9.
141. Sófocles. *Trachiniae*. 1119 sq.
Apolodoro, *Bibliotheca*. II. 7. 7.
Diodoro Sículo, IV. 38.
Higino. *Fabulae* 36.
142. S. Clementis Romani. *Recognitiones*. X. 24, p. 233, ed. E. G. Gersdorf (Migne's Patrologia Graecia. I. 1434).
143. Josefo. *Antiq. Jud.*, VIII. 5. 3. *Against Apion*. 1. 18., também 2 Macabeus. IV. 18.20, onde, contudo, se afirma que ele é celebrado uma vez a cada quatro anos e era provavelmente a mesma festa em uma escala mais esplêndida.

Como costuma ser o caso, precisamos retornar às fontes gregas para uma narrativa relacionada à vida desse Deus essencialmente semítico. Hércules,[144] apesar de ter Zeus como pai, tinha mãe humana e logo se tornou famoso por sua força descomunal. Mesmo quando bebê, ele estrangulou duas grandes serpentes, um incidente que sem dúvida aponta sua associação com o culto da serpente, geralmente associada aos Deuses da Fertilidade. Todas as lendas indicam que, além de sua força sobre-humana, ele possuía um temperamento peculiar e quase demoníaco, transformando-se às vezes em loucura homicida. Estava intimamente associado ao leão, cuja pele ele vestia, o que somado a suas outras peculiaridades mostra que Hércules, como outras formas da Divindade na Síria, era antes de tudo um Deus Leão, de uma natureza selvagem e sanguinolenta.

Os principais incidentes na sua vida, conhecidos pela maioria dos meus leitores, são os "Doze Trabalhos". A maioria destes obviamente se refere à passagem do Sol através dos signos do Zodíaco, e de um modo mais específico, ao trabalho e às dificuldades que o fazendeiro tinha que enfrentar durante os vários meses do ano. Assim, o fato de Hércules matar o Javali de Erimanto é apenas uma alegoria dos esforços necessários por parte dos fazendeiros em destruir javalis selvagens, que nos tempos primitivos causavam enormes danos às colheitas em crescimento. De modo semelhante, sua captura da Corça de Cirineia indica outro tipo de animal que era uma praga para as plantações.

Um estudo cuidadoso dos "Trabalhos" mostra que originalmente havia apenas dez, correspondendo ao antigo ano de dez meses[145] e não de 12. Meus leitores, sem dúvida, sabem que na Antiguidade dos países mediterrâneos o ano consistia em apenas dez meses e foi o rei romano Numa quem reformou o calendário, acrescentando dois meses novos, que a partir de então tiveram os nomes de janeiro e fevereiro. Até hoje o último mês do ano chama-se dezembro, o que significa o décimo e não o 12º. A mudança ocorreu por conta da

---

144. Ver E. M. Berens. *The Myths and Legends of Ancient Greece and Rome*, p. 234 sq.
145. Ver *Calendar, Encyclopedia Britanica*, 11ª ed., vol 4, p. 989.

expansão de um conhecimento mais preciso do curso do Sol e da astronomia, que deixou seus traços nas lendas de Hércules.

A tradição relata que o intransigente capataz de Hércules, Euristeu, por meio de uma objeção legal, se recusou a aceitar dois dos trabalhos da série original, embora só tivesse solicitado dez trabalhos, insistindo em mais dois como substitutos para aqueles cujas realizações ele considerava tecnicamente impossíveis.

Ora, esses dois últimos Trabalhos, chamados de 11º e 12º, são de um tipo bastante diferente dos outros, mais parecendo parte da história tradicional do que se passou com Hércules depois da sua morte na pira. Eles foram transferidos para sua vida mortal com o propósito de lhe dar mais dois Trabalhos adicionais, correspondendo aos novos meses, cuja aceitação aos poucos se espalhou para o Ocidente.

Na verdade, esses dois últimos Trabalhos representam a jornada do herói morto pelo Mundo Inferior, para depois ir até as Ilhas dos Abençoados. Esse último lugar era um tipo de Paraíso terrestre para onde as almas dos heróis iam, que não deve ser confundido com o Monte Olimpo, os Céus Superiores, onde apenas os Deuses podiam morar. Hércules foi finalmente admitido no Olimpo por causa de sua alma divina, mas, de acordo com Luciano, sua alma humana permaneceu com as outras sombras nas Ilhas dos Abençoados.[146]

Essa cuidadosa distinção entre as almas divinas e humanas desses Homens-Deuses é importante para nós, já que explica como a Alma Divina do representante morto de Adônis poderia ser transferida para um sucessor vivo.

Esses dois eventos não só foram transferidos para este mundo como foram transpostos, fato que disfarça ainda mais o verdadeiro significado deles. Começando pelo 12º Trabalho, descobrimos que Hércules foi enviado para remover Cérbero do Mundo Inferior. Ele não se contentou com isso, e tentou "resgatar as almas que estavam presas". A maioria das grandes religiões fala de algum ser benévolo que desceu até o Mundo Inferior para auxiliar aqueles que lá sofriam. A Igreja Cristã diz especificamente que foi Cristo, enquanto

---

146. Luciano. *Vera Historia*.

os budistas chineses afirmam que foi a abençoada Kuan Yin que de modo semelhante resgatou aqueles que estavam no inferno.

No caso de Hércules vimos que há uma vaga lembrança, portanto, da descida de Melcarte, isto é, Tamuz, para o Mundo Inferior e o alívio que ele trouxe aos sofredores que lá se encontravam. Outro detalhe interessante é que Hércules primeiro teria tomado a precaução de se iniciar nos Mistérios de Elêusis, tendo obtido com seus sacerdotes as informações necessárias para habilitá-lo e entrar em segurança nas terríveis regiões dos mortos.

Em seguida, foi levado por Hermes, o Guia dos Mortos, até o Mundo Inferior, e nos portais do Hades Hércules liberou Teseu do tormento que sofria e, depois, Esculápio. O rei do Mundo Inferior, Hades, tentou barrar seu caminho, mas Hércules o feriu tão dolorosamente que o rei não hesitou em lhe conceder passagem e, assim Hércules, levou Cérbero em triunfo.

O 11º Trabalho, que devia ter *seguido* o descrito acima, era pegar os pomos dourados do Jardim das Hespérides. Eles representam as Ilhas dos Abençoados, e durante essa aventura, ele quase foi oferecido como sacrifício humano no Egito. Por fim, Hércules obteve os pomos (ou maçãs) com a ajuda do gigante Atlas, mas quando foram colocados no altar de Palas Atena, ela os levou de volta para as Ilhas das Hespérides no Oeste, detalhe bastante significativo.

A morte de Hércules ocorreu deste modo: Hércules havia se casado com Dejanira depois de se divorciar da sua primeira esposa, mas seus hábitos de mulherengo o fizeram cortejar uma terceira dama, Iole, ou pelo menos era o que Dejanira acreditava. Desta feita, quando ele enviou uma mensagem pedindo que a esposa lhe enviasse sua túnica sacrificial, ela derramou nas vestes um líquido de um frasco do que acreditava ser uma poção do amor. Contudo, tratava-se de um veneno mortal e assim que Hércules vestiu a túnica as chamas do fogo sacrificial fizeram com que o veneno penetrasse em sua carne.

Incapaz de suportar a agonia, Hércules escalou uma pira funerária que, em meio a seus pedidos agonizantes, foi acesa por seu amigo Filoctetes. Enquanto as chamas ardiam para o alto uma grande nuvem desceu, relâmpagos flamejaram pelo céu e em meio ao rugido do trovão, Palas-Atena levou o semideus para o Céu em sua carruagem. Ali, em um gesto de reconciliação, sua inimiga de uma vida inteira, Hera, entregou-lhe a mão da filha Hebe, a Deusa da Eterna Juventude, em casamento.

Nessa lenda grega, temos indubitavelmente o tema principal do suposto trajeto de Melcarte, exceto pela descida ao Mundo Inferior, correspondendo ao rito de Iniciação de ser devorado por um monstro, que deveria vir depois do sacrifício na pira. Posteriormente, viria a ida até as Hespérides e somente depois ocorreria a Ascensão ao Céu. A menos, de fato, que escolhamos considerar os incidentes do Mundo Inferior e das Hespérides como pertencentes à alma humana ascendendo direto para o Céu da pira funerária.[147]

Pelo resumo anterior da vida de Hércules, vemos que ela contém uma anologia notável com Tamuz e embora os gregos o diferenciem de Adônis, sugiro que isso se deve ao fato de eles não reconhecerem que Melcarte e Tamuz eram apenas diferentes aspectos da mesma divindade semítica. Que Melcarte e Hércules são idênticos nenhum estudioso irá negar, e podemos até traçar a evolução da concepção artística grega de Hércules a partir de certas esculturas de Melcarte que foram encontradas em Chipre.

Em Gades, a moderna Cadiz, na Espanha, os fenícios queimavam todos os anos uma figura gigantesca de Melcarte, havendo abundante evidência de que o costume era muito difundido.[148] De modo semelhante, em Tarso, na Cilícia, Sanda, o Deus da Fertilidade daquela área, era queimado a cada ano e identificado pelos gregos como Hércules. Ora, como Sanda era o pai de Cíniras de Chipre e o avô do infeliz Adônis, é de vital importância descobrirmos que ele e Melcarte eram o mesmo e que sua estátua era regularmente queimada, pois assim completamos a história fatal desses antigos reis-sacerdotes, ou homens-Deuses, os amantes da Deusa Destruidora, Astarte, que era tanto a Grande Mãe quanto a Deusa semítica da Guerra.

---

147. Para uma descrição detalhada das crenças antigas em torno da "Geografia" do Submundo, das Ilhas dos Abençoados e da Cidade dos Deuses, ver Ward, *The Hung Society*, vol. 2.
148. Frazer. *Ibid.*, p. 113. Pausânias. X. 4. 5.

Em Tarso, o Deus Sanda era queimado em uma efígie[149] e as moedas da cidade mostram a pira sobre um altar com uma figura de Sanda no meio. Uma águia pousada na parte superior da pira sem dúvida representa a alma do Deus prestes a ascender ao Céu.[150] Esse último detalhe é importante e deve ser comparado com a águia que era liberada pela Divindade Babilônica no selo exibindo a descida de Tamuz, ou Shamash, no Mundo Inferior. Provavelmente, tratava-se de uma águia real, liberada em momento-chave, pois esse era o procedimento do funeral de um imperador romano. Na morte ou, às vezes, antes da morte, os imperadores romanos eram deificados e, portanto, quando um deles morria, uma efígie era solenemente cremada de pé em uma pira, enquanto no mesmo momento uma águia era solta da parte superior da pira para simbolizar a ascensão da Alma Divina do imperador à morada dos Deuses.

O principal símbolo de Sanda era o machado, especialmente um machado de duas lâminas, cuja aparência geral é muito similar a um martelo. Vamos encontrar esse símbolo em outro lugar, associado ao Deus sírio da Fertilidade, mas antes de seguirmos para o Norte, retraçaremos nossos passos para a Síria.

Assim, vemos que os sírios queimavam seu Deus todos os anos. O motivo exato para o costume ainda é discutível, mas a visão mais aceita é que eles purificavam o Deus, destruindo seu corpo terreno, ou seu substituto, de modo que seu espírito pudesse ascender puro e imaculado para os céus, reencarnando em um novo corpo.

Queimar uma efígie é simplesmente uma substituição de queimar um homem; tais substituições ocorrem quando a civilização é avançada o suficiente para tornar sacrifícios humanos abomináveis para a maioria. Além disso, o costume é mais razoável se a figura representa o próprio homem-Deus. Em suma, o rei do país representava o Deus da Fertilidade e, assim como Tamuz, precisava se casar

---

149. Dio Chrysostomom. *Or*, XXXIII, vol. 2, p. 16. Ed. L. dindorf. (Leipzig 1857).
K. O. Muller. *Sandon und Sardanapal*. Kunstarchaeologische Werke III. 6. sq.
Raoul-rochette, *Sur l'Hercule Assyrien et Phénicien, Memoires de l'Academie des Inscriptions, etc*. XVII. Segunda pt. (Paris, 1848) p. 178 sq.
150. G. f. Hill. *Catalogue of the Greek Coins of Lycaonia, Isauria and Cilicia* (Londres 1900), p. 180 sq. Ilustrações XXXIII. 2, 3. XXXIV. 10. XXXVII. 9.

anualmente com a Deusa, que costumava ser representada por uma das suas mulheres sagradas, embora isso talvez tenha sido mudado em uma data posterior e uma estátua também lhe servisse como substituta. Em períodos assim há uma considerável quantidade de intercursos promíscuos entre os adoradores, usados como magia simpática que aumentaria a fertilidade do país inteiro.

Como Tamuz era morto, sua encarnação humana também tinha que ser morta e, portanto, a vida desses Reis Divinos tendia a ser curta. Contudo, na prática, um sacrifício anual do rei tinha desvantagens óbvias, não para o homem, pois comunidades primitivas tinham pouco cuidado com os sentimentos do indivíduo, mas para toda a comunidade. Para lidar com essa dificuldade, surgiu a tendência de apontar um rei substituto a cada ano, vesti-lo em trajes reais, coroá-lo com a coroa do rei e tratá-lo como realeza. Ao final de um ano nesse posto, o rei substituto era morto e outro tomava seu lugar.

Maçons Operativos imediatamente perceberão a similaridade com seu drama. Tais reis substitutos existiam até tempos muito recentes na Europa, embora não estivessem mais sujeitos ao medo da morte real, já que essa parte se resolvia através do teatro. Sem dúvida, o Senhor da Desordem, que na Inglaterra presidia as festividades cristãs por 12 dias, é o descendente da linhagem do rei Saturno, que fora coroado de modo zombeteiro e morto de verdade na Saturnália celebrada pelos legionários romanos.

Esses substitutos para o rei provavelmente eram de descendência real ou semirreal, filhos de suas concubinas ou de mulheres sagradas, que poderiam assim salvar seu pai caso chegasse a hora em que o rei verdadeiro de fato tivesse que seguir o mesmo caminho cruel. Isso acontecia quando sua força corporal e, mais importante, sua capacidade de gerar descendentes, começasse a enfraquecer. Darei exemplos da permanência desse costume em algumas partes do mundo em um estágio posterior do livro.

Um exemplo familiar para todos os estudantes é o rei-sacerdote de Nemi. Qualquer homem que pudesse arrancar um ramo de visco do carvalho que ele guardava em Nemi poderia atacar o rei-sacerdote com impunidade e se conseguisse matá-lo, tornar-se-ia rei-sacerdote em seu lugar, até que ele mesmo sofresse o mesmo destino. Até hoje um costume similar existe entre os "Adoradores do Diabo" do Curdistão. O último chefe estava em uma sessão aberta na corte quando foi assassinado pelo irmão que imediatamente assumiu o trono e foi reconhecido como o soberano legítimo pela comunidade.[151]

Assim, havia um sacrifício anual de um rei substituto e ocasionalmente o assassinato do rei verdadeiro. Com o passar do tempo, as duas tragédias foram modificadas, a primeira por uma representação dramática ou pela substituição por uma estátua, como em Tarsus, e a segunda ao permitir que o rei caminhasse *pelo* fogo em vez de ser queimado nele. Sem dúvida, a partir do momento em que essa substituição foi aceita, haveria lugares onde o rei não precisaria de nenhum substituto, bastando simplesmente que caminhasse pelo fogo, como era o caso em Tiro, ou então representaria o drama inteiro, como ocorria na Babilônia.

Que os reis de Tiro precisavam caminhar pelo fogo, aprendemos com Ezequiel, e também que eles alegavam ser Deuses.[152]

Essas "caminhadas pelo fogo" ainda ocorrem na Índia, Fiji e em outros lugares, e enquanto algumas delas pareçam ter evoluído de uma ideia diferente, ou seja, do desejo de testar a fé, pureza, etc., do Candidato, a evidência conclusiva que possuímos é que os fenícios queimavam seu Deus anualmente e que seus reis alegavam ser divinos, não deixando dúvida que a caminhada sobre o fogo do rei de Tiro era um substituto para a morte pelo fogo.

Temos abundantes evidências de que vítimas humanas eram sacrificadas regularmente para Astarte. Até mesmo os gregos praticavam esse costume abominável. Por exemplo, homens e mulheres foram sacrificados para a Ártemis de Táurida, sendo primeiro mortos pela espada e depois queimados. Ifigênia teve a ver com esse horrível ofício e seu irmão Orestes levou a estátua da Deusa para a Grécia, onde, conforme as lendas, estabeleceu o mesmo terrível costume.[153]

Sem dúvida, as cinzas de tais vítimas eram então espalhadas pelos quatro pontos cardeais para que pudessem fertilizar o solo. Na

---

151. O Dr. Wigram se informou sobre esse fato, pois estava na região nessa época.
152. Ezekiel 28:14 e 2-9.
153. Ver capítulo VI.

Índia, os mortos são "queimados em honra a Shiva", cujo título é "Aquele que Destrói". Desse modo, suas cinzas são espalhadas pelas águas do Ganges, não para que não sobre resto algum de criaturas tão miseráveis, mas como um sacrifício simbólico à Mãe Ganges. No serviço funerário cristão a mesma ideia subsiste, pois o sacerdote espalha um punhado de terra no caixão com as significativas palavras "cinzas às cinzas, pó ao pó".

Como resultado de nossas investigações somos compelidos a acreditar que, originalmente, as vítimas eram penduradas em uma árvore, castradas e deixadas sangrando para que seu sangue pudesse fertilizar o solo. Então, o cadáver era queimado e as cinzas espalhadas pelo campo. Mais tarde, como no exemplo citado das Filipinas, o corpo poderia ser cortado em dois e depois queimado. Além disso, não devemos esquecer o que já aprendemos, ou seja, que criminosos muitas vezes herdam como sua punição o modo de sacrificar uma vítima, porque para expiar sua ofensa contra o Deus irado são sacrificados a ele. Se a penalidade de enforcamento e evisceração, isto é, extirpação, de um criminoso tem origem no costume de sacrificar uma vítima para Odin dessa maneira, penalidades cruéis semelhantes sem dúvida podem ser traçadas a partir da mesma ideia.

Na Índia, Vishnu teria assumido a forma de *leão* para vencer um terrível ogro, o qual ele matou e extirpou,[154] e nessa encarnação de leão ele frequentemente é mostrado fazendo um sinal peculiar, apontando com as duas mãos para o próprio estômago como se estivesse prestes a cortá-lo. Destarte, o sinal mostra que, originalmente, era *Vishnu* quem era desventrado e sem dúvida ele, da mesma forma como Odin, sacrificou-se para si mesmo. De fato, Vishnu tinha muitas das características de Hiram Abiff e devia representar, no início, um Deus da vegetação, ainda que, à medida que o Culto Solar evoluiu, passou a representar o Sol no seu meridiano. Ainda assim, estava intimamente associado ao elemento Água, e também ao trigo. Igualmente, os chineses usam esse signo e o denominam signo da Terra, um fato de óbvia importância.

---

154. Ward. *Freemasonry and the Ancient Gods*. Ilus. Op. p. 244.

Caso você corte pela cintura um corpo enforcado, as entranhas irão jorrar para fora, e parece que Judas Iscariote deve ter sido cortado assim pela metade, de outro modo, como que o ato de se enforcar faria com que suas entranhas jorrassem para fora? Portanto, parece que em certo período na evolução dos Ritos de Fertilidade, o representante de Tamuz fora enforcado em uma árvore, sendo seu corpo cortado ao meio, suas entranhas arrancadas e o corpo finalmente queimado até as cinzas, no centro da Corte do Templo, sobre o Altar do sacrifício. Pelos antigos registros, sabe-se que uma morte mais misericordiosa que por meio da fogueira lenta passou a ser concedida às vítimas oferecidas a Astarte.

Em Salamis, no Chipre, apesar da influência humanizadora da Grécia, sacrifícios humanos continuaram a ser feitos até o período do imperador Adriano. Eles eram ofertados a Diomedes no "Mês de Afrodite", embora ele compartilhasse o Santuário com Agraulo, a respeito da qual se dizia ser filha de Cécrope, mas que, na verdade, representava a ubíqua Astarte, a quem originalmente os sacrifícios eram oferecidos.

O homem que era sacrificado sem dúvida representava Tamuz, disfarçado como Diomedes em data posterior, a quem o sacrifício seria transferido. A forma da morte do homem era a seguinte: ele era levado ou arrastado por jovens (talvez com uma presilha ao redor do pescoço) ao redor do altar três vezes. Então, sua garganta era perfurada com uma lança e seu corpo queimado em uma pira.[155] A perfuração no pescoço corresponde ao costume de cortar a garganta de um carneiro como sacrifício e, talvez, as três jornadas simbólicas da vítima tivessem o propósito de provar aos adoradores que ele era uma vítima adequadamente preparada.

Também sabemos que ao oferecer sacrifícios humanos, os sacerdotes no México cortavam o peito da vítima e lhe arrancavam o coração,[156] e entre os romanos, que haviam substituído sacrifícios

---

155. Porfírio. *De Abistinentia*, ii. 54 s q.
Lactâncio. *Divin. Inst.* 1.2.
156. Prescott. *The Conquest of Mexico*, cap. 3, ed. J. Foster (Londres 1885).
Sahagun. *Hist. de Nueva-España*, lib. 2.

humanos por animais, o coração e as entranhas eram examinados e deles tirados os augúrios.

Embora o método usual de sacrifício incluísse queimar o corpo, há bom motivo para acreditar que entre as raças marítimas do Mediterrâneo o corpo era lançado ao mar, como uma oferta ao Deus do Mar, pois esse também era um dos atributos de Melcarte e, como tal, era adorado pelos gregos sob o nome Melicertes, sendo representado em montaria sobre um delfim. Confirmando esse ponto de vista, temos a importante evidência de Pausânias, pois ele diz que quando Cléon de Magnésia voltou a Gades, de onde fora mandado embora enquanto os fenícios estavam celebrando a queima de Hércules (Moloque), encontrou na praia os restos ainda ardentes de um enorme homem do mar.[157] Além disso, em Alexandria, depois de terminado o período de luto por Adônis, os adoradores lançavam a imagem do Deus, às vezes apenas a cabeça, ao mar.[158] De modo semelhante, na Índia o Maharam termina jogando as réplicas das tumbas em um lago. O objetivo de tais práticas é fertilizar o mar, ou lago, e fazer com que produza grandes quantidades de peixe, que para alguns povos são uma fonte de comida tão importante como o trigo.

Contudo, alguns povos deixavam a vítima à mercê dos pássaros do ar ou das feras selvagens, para que a vida animal pudesse se multiplicar. Esses povos geralmente são nômades e estão em um estágio de civilização semicaçadora. Mesmo no Tibete atual, quando um homem morre, seu corpo é cortado e distribuído entre abutres, cães selvagens, etc., que se aproximam, já sabendo o que vão receber. A explicação hoje fornecida para essa prática é que, dessa forma, o homem morto realizaria um feito meritório ao alimentar seus irmãos mais humildes. As Torres do Silêncio, onde os parses deixam seus mortos para serem devorados pelos abutres, devem ter surgido de ritos semelhantes.

Entre os mexicanos a vítima, cujo coração fora arrancado, era posteriormente devorada pelos adoradores humanos.[159] Arrancar o

---

157. Pausânias. X. 4. 5.
158. Teócrito. XV.
159. Prescott. *The Conquest of Mexico*, cap. 3.

coração é um método de punição presente no mundo inteiro, com o condenado deixado para apodrecer nas galés ou ser devorado por animais selvagens e pássaros. Na Inglaterra Medieval, depois do enforcamento, um traidor era cortado ainda vivo: arrancavam-lhe, em seguida, as entranhas e o coração e atiravam este em seu rosto. O corpo depois era dividido por esquartejamento e a cabeça era separada do corpo. As cinco porções resultantes eram fixadas em algum lugar conspícuo, como um aviso para os demais; sem dúvida a intenção original era que seus restos servissem de alimento aos pássaros do ar e, como já apontamos, os métodos de punição de um criminoso tinham sua origem no modo como as vítimas eram sacrificadas para algum Deus.

Embora tenhamos traços definidos da prática de jogar um cadáver ao mar, ou de queimá-lo, não podemos provar que na Síria o terceiro método, ou seja, jogá-lo às feras, também fosse popular. Contudo, em virtude da natureza difusa dessa prática em outros lugares, podemos suspeitar que também proliferasse em áreas mais remotas e montanhosas, como no Líbano, onde a caça era a fonte principal de comida. Talvez o costume selvagem, que surgiu em um período bastante tardio da história romana, de jogar homens aos leões, tenha sido adotado a partir de algum rito religioso asiático. De fato, as numerosas histórias que supostamente vêm da Ásia, como Daniel na cova dos leões, levam-nos a crer que esse costume subsistiu lá, pois Melcarte era um Deus Leão. Daí é que vem o nome da Garra do Leão, com a qual ele, na forma de Tamuz, elevava a alma das vítimas da corrupção para a incorrupção. Todos os fatos acima serão de interesse para os maçons.

Agora vamos ver o que podemos aprender sobre os Ritos de Adônis durante os anos iniciais da Era Cristã, pois ali poderemos reunir mais alguns detalhes acerca do que estava acontecendo na Judeia na época em que Salomão construía seu templo. Mais à frente veremos que a própria Bíblia descreve uma forma judaica do Rito de Adônis, que perdurou para além dos dias de Salomão, e não somente até a conquista de Jerusalém pelos babilônicos, mas até o período do Cristo.

Se voltarmos ao século II d.C., encontraremos informações muito mais detalhadas a respeito do culto de Adônis, mas devemos ter em mente que na época de Luciano, nossa principal autoridade no tema, a influência civilizadora da Grécia já amenizara, até certo ponto, a natureza primitiva e selvagem do Culto. Ainda assim, costumes cruéis sobreviveram, o que mostra que em um período mais antigo cenas ainda mais terríveis foram realizadas.

Luciano conta[160] que em Hierápolis, já aqui descrita, havia sacerdotes eunucos semelhantes aos de Cibele e de Diana de Éfeso. A lamentação por Tamuz ocorria na Primavera e os sacerdotes, levados a um estado de frenesi pela música selvagem das flautas e tambores, cortavam-se para que o sangue caísse e fertilizasse o solo. Em tais períodos, aqueles desejosos de entrar para o sacerdócio arrancavam todas as roupas e, pegando uma das espadas ali disponíveis, castravam-se. Então, segurando os fragmentos sangrentos em suas mãos, corriam pelas ruas e os jogavam dentro das casas, cujos proprietários, logo em seguida, forneciam-lhes trajes femininos completos, que a partir de então sempre deveriam vestir.

O método utilizado para se desfazer dos fragmentos diferia daquele usado pelos adoradores de Cibele em Roma.[161] Sem dúvida, acreditava-se que ao fornecer a um lar específico o emblema de fertilidade, o noviço conferia a seus proprietários a promessa de um ano fértil e próspero. Não sabemos como os donos da casa se livravam dos hediondos troféus, mas tomando como referência os ritos análogos de Cibele, podemos presumir que os enterravam nos seus jardins como uma oferta à Grande Mãe.

Por mais repulsivas que fossem tais cenas, não se restringiam à Síria e ainda não estão extintas em algumas partes do mundo. Os antigos sacerdotes egípcios, de acordo com Eustácio, sacrificavam do mesmo modo seu membro viril aos Deuses,[162] e a curiosa história dos "Dois Irmãos", a qual citamos anteriormente neste capítulo, também descreve um sacrifício semelhante. Nessa história, o irmão mais jovem foi abordado pela esposa do irmão mais velho com uma proposta inapropriada. Ele se recusou a fazer o que ela queria e, então,

---

160. Luciano. *De Dea Syria*, p. 49-51.
161. Ver p. 61.
162. Eustácio (sobre Homero. *Ilíada*, XIX. 254. p. 1183).

quando o marido chegou à casa, ela disse que o irmão mais jovem a tomara à força. Assim, o irmão mais velho foi atrás do caçula para matá-lo, porém o outro escapou para o lado oposto do Nilo e depois cortou o seu membro, jogando-o no rio. Em seguida, contou ao irmão a verdade e acrescentou que ia colocar seu coração, ou alma, em certa árvore de acácia. Quando a acácia foi cortada, tempos depois, uma lasca voou até a boca da esposa do irmão e ela engravidou. Desse modo, o irmão mais novo renasceu como filho dela.[163]

Sem dúvida, nessa história temos uma versão popular e distorcida do mito do Deus da Fertilidade e da Grande Mãe, Ísis, na sua forma mais primitiva, não refinada pelos sacerdotes. A semelhança com a lenda de Osíris é enfatizada em muitos pontos: por exemplo, o membro masculino de Osíris foi engolido por um peixe, enquanto que, de modo semelhante, o membro masculino do irmão mais jovem também foi engolido por um peixe. Nessa história, portanto, não só temos a autocastração do herói como também a transferência da sua alma para uma acácia e, por fim, seu renascimento no útero da Grande Mãe, pois é ela que representa a esposa perversa e traiçoeira.

Entretanto, esse costume de sacrificar o órgão masculino à Grande Mãe existia na África até o século XX. Entre os Ekoi do sul da Nigéria, em um festival anual celebrado para produzir uma colheita abundante, os homens eram castrados[164] e deixados para morrer de hemorragia.[165]

Um caso é citado pelo senhor Talbot,[166] em que um homem, na estação do plantio de inhame, cortou seu membro viril. No Congo, jovens são castrados para se tornarem aptos ao sacerdócio do culto fálico local e, em algumas vilas, esses jovens executam uma curiosa dança enlouquecida na Lua do Ano-Novo. Durante a dança, um galo branco, cujas asas foram aparadas, é jogado ao ar e, quando cai no chão, os eunucos o depenam ainda vivo. Antes, era um ser humano

---

163. G. Maspero. *Popular stories of Ancient Egypt* (Londres, 1915), p. 9. Sq.
164. P. Amaury Talbot. *In the Shadow of the Bush* (Londres 1912), p. 74 sq.
165. Parece haver evidências de que as mulheres também eram sacrificadas de modo semelhante. Sem dúvida para honrar uma Perséfone Ekoi ou Donzela do Milho.
166. Carta do senhor Talbot citada por Frazer. *Adonis, Attis, Osiris*, p. 270, nota 2.

que era jogado no ar e depois feito em pedaços,[167] lembrando-nos irresistivelmente da morte de Orfeu, despedaçado pelas Bacantes. A semelhança entre esses sacerdotes pretos africanos e os galli da Síria é óbvia. Além disso, a circuncisão dos iniciados, que é uma característica quase universal dos ritos primitivos de iniciação, é apenas uma modificação do mesmo sacrifício. A ligação dessa prática com a dos Maçons Operativos, que costumavam prender um laço corrediço conectado a uma corda ao redor do membro masculino inteiro, é óbvia e será abordada com detalhes no próximo capítulo.

Embora os gregos tenham modificado os Ritos de Adônis, não devemos esquecer que suas próprias lendas indicam claramente que, em determinada época, os sacrifícios humanos foram realizados até na Grécia e que, portanto, a modificação do culto de Adônis deve ser bastante tardia.

O Deus era pranteado sob o lamento de flautas, principalmente por mulheres que choravam sobre uma imagem preparada para ter a aparência de um cadáver. Esse "Cadáver" era então carregado em procissão solene como em um enterro, mas em vez de ser colocado na terra era jogado no mar ou, se fosse mais conveniente, em um riacho ou lagoa.[168] A ressurreição do Deus era celebrada logo depois, às vezes no dia seguinte.[169] A proximidade entre seu casamento com a Grande Deusa e sua morte é bem representada na narrativa do que aconteceu em Alexandria, no Egito, onde seu culto subsistiu até o século V d.C. Nessa, figuras de Adônis e Afrodite eram colocadas em dois divãs cercados por bolos, frutos e vasos de plantas, enquanto eram cobertas por um caramanchão feito de folhagem. O casamento do par era celebrado em um dia e no seguinte o cadáver de Adônis era levado por uma multidão chorosa, que o jogava no mar. De acordo com algumas versões, somente a cabeça era jogada no mar, talvez

---

167. A. H. Johnston. *The Races of Congo. Journal of the Anthrop.* Inst. XIII (1884), p. 473.
168. Eustácio sobre Homero. *Odisseia* XI. 590. Zenóbio. *Centur.* 1. 49.
Ateneu IV. 76.
Pólux. IV.
169. Luciano. *De dea Syria*, 6.
Orígenes. *Selecta in Ezechielem* (Migne – Patrologia Graeca XIII. 800).
Jerônimo. *Commentar. In Ezechielem*. VIII. 13, 14 (Migne – Patrologia Graeca XXV. 82 .83).
Cirilo de Alexandria. *In Isaiam*. Lib. Ii. tomus. III (Migne – Patrologia Graeca. LXX. 441).

o resto do corpo não existisse e consistisse apenas em roupas enroladas sobre alguns gravetos. Contudo, os adoradores se consolavam com a crença de que Adônis logo se ergueria dos mortos.[170]

Em Biblos, de modo semelhante, o povo chorava por Adônis, mas no dia seguinte ele supostamente surgia dos mortos e ascendia até o Céu na presença de seus adoradores,[171] entre suas manifestações de alegria. Como isso era simulado não sabemos, mas provavelmente liberando uma águia. Esse festival fenício ocorria em uma nascente, quando as águas do rio Adônis ficavam vermelhas, um evento que ocorria em fevereiro ou março.[172]

Uma lenda relacionada à morte de Adônis é que Afrodite, quando o viu ferido pelo javali, correu em seu auxílio e acidentalmente pisou em algumas rosas brancas, cujos espinhos feriram seus pés e o seu sangue pintou as rosas de vermelho. Nessa bela história temos, é claro, uma referência à rosa branca da virgindade sendo transformada na rosa vermelha da mulher casada.

Contudo, na Grécia o festival era celebrado próximo do início do verão,[173] a diferença no período talvez seja explicada pelo fato de que o Adônis da Fenícia tinha uma identificação peculiar com a cevada; e o festival de cevada naquele país ocorre em março. Na Grécia, por outro lado, Adônis era relacionado com a colheita de trigo que ocorria em junho.

Na Antióquia, o festival coincidia com a ascensão de Vênus, a estrela de Astarte, no Leste ao amanhecer, quando Vênus se torna "aquela estrela brilhante cuja chegada traz paz e salvação" à raça humana, proclamando que Adônis se ergueu do túmulo. Sabemos isso porque Amiano conta que o imperador Juliano entrou na Antióquia nesse período e que à medida que se aproximava da cidade, os lamentos viraram gritos de júbilo, que Juliano presumiu serem para ele, apoderando-se assim das saudações que seriam a Adônis.[174]

---

170. Teócrito. XV.
171. Luciano. *Ibid.* 6.
F. c. Novers. *Die Phoenizier*. I. 243 sq.
172. H. Maundrell, em Bohn – *Early Travels in Palestine*. Ed. Th. Wright (Londres 1848), p. 411 sq., também Renan. *Mission de Phenice*, p. 283.
173. Frazer. *Adonis, Attis, Osiris*, p. 227, citando Plutarco. (N.T.: no Hemisfério Norte)
174. Aminiano Marcelino. XXII. 9. 15.

Como Adônis representa o Deus da Vegetação, não nos surpreende a descoberta de que, segundo algumas narrativas, ele nascera do tronco de uma árvore de mirra, cuja casca se partira para que ele pudesse sair. Diz-se que havia ficado ali por dez meses e que o número corresponde aos dez dias da jornada de uma alma pelo Mundo Inferior. Por exemplo, Dante levou dez dias para atravessar o Inferno, o Purgatório e o Céu, e o mesmo número de dias é necessário no ritual da Sociedade Hung para que os Heróis Hung realizem sua jornada mística até a Cidade Santa. Então, dez meses, em vez de nove, indicam que ele estava viajando pelo Mundo Inferior, e no festival de Maharam o jejum por Hussain e Hussan também dura dez dias. O uso de mirra como incenso e para embalsamar corpos também significa que ele renasceu depois da morte, enquanto o fato de que ter renascido de uma árvore não só indica sua ligação especial com a vegetação como também a passagem da alma para uma árvore, explicando, assim, a parte importante que um ramo exercia nas cerimônias judaicas e na Maçonaria atual. Os judeus aspiravam esse ramo porque nele estava a alma de Adônis, que era transferida para o homem que aspirasse seu odor.

Em muitas áreas o culto do Deus da vegetação se misturou com um tipo de Véspera de Todos os Santos,* quando as almas dos mortos humanos eram favorecidas ao mesmo tempo em que o Deus morto era pranteado. Assim, é fácil compreender como os homens puderam concluir que, do mesmo modo como os mortos não perecem totalmente, o Deus da vegetação que foi morto nascia de novo, estando presente em cada planta e animal. Como o Deus, os humanos passam para as plantas que cresceram em seus túmulos, esperando uma oportunidade para novamente entrar no útero de alguma mulher e, desse modo, voltarem para a vida humana.

Essa crença se destaca na história contada por Virgílio, de como Eneias descobriu que Polidoro fora assassinado quando arrancou um galho de um arbusto,[175] mas como contaremos a história inteira no capítulo XXI, não precisamos no deter nela agora. Tudo que devemos

---

*N.T.: No original, *All-Hallows E'en*.
175. Virgílio. *Eneida*, 3. 19 sq.

notar é que ela mostra que as almas dos mortos deviam passar para as árvores. Um costume interessante relacionado a essas crenças era que as mulheres costumavam plantar sementes em potes e cuidar delas por oito dias. Chamadas de "jardins de Adônis", eram talismãs para promover o crescimento da vegetação na Primavera. Depois de oito dias, elas eram jogadas no mar ou rio com a efígie de Adônis. Cerimônias semelhantes ainda existem em várias partes do mundo, especialmente na Índia,[176] mas para nós seu principal interesse está no fato de que subsistiram na Europa e foram transferidas para São João no verão. Na Sardenha,[177] por exemplo, esses jardins ainda são feitos e até hoje sua destruição é acompanhada pelas notas da flauta, cuja associação com Tamuz já foi mostrada. Costumes parecidos são observados na Sicília e vale notar que uma das suas plantas favoritas é o manjericão,[178] que explica a origem do poema de Coleridge em "O pote de Manjericão".

Outras ações cerimoniais associadas com Adônis e o culto da vegetação também foram transferidas para São João. Por exemplo, os fogos dos solstícios de verão, banhos cerimoniais no Dia de São João e outros.[179] Assim começamos a ver por que a Franco-Maçonaria também é intimamente relacionada com os dois santos chamados João.

Um costume que ainda sobrevive na Escócia expõe esse ponto de modo admirável. Em Melrose, na véspera do solstício de verão, as Lojas maçônicas se reúnem entre as ruínas da Abadia de Melrose e seguem em uma procissão levando tochas nas mãos. Quando alcançam a capela, eles viram as tochas para baixo e as apagam batendo com elas no solo. Aqui temos uma tênue recordação de um costume que foi registrado especificamente sobre os Mistérios de Elêusis, onde uma tocha era "voltada para baixo" para indicar a morte e a descida de Perséfone até o Mundo Inferior, e outra era apontada para cima para lembrar os Iniciados de sua ressurreição.

---

176. Sra. J. C. Murray-Aynsley. *Secular and Religious Dances. Folklore Journal*, V. 1887, p. 253 sq. Baboo Ishuree Dass, "Domestic Manners and customs of the Hindoos of Northern India". (Benares 1860), p. 111 sq.
177. Tenant. *Sardinia and its Resources.* (Londres 1885), p. 187.
178. G. Pitre. *Usi e Costumi, Credenze e Presuidizi del Popolo Siciliano* (Palermo 1889), ii. P. 271-278.
179. Frazer. *Adonis, Attis, Osiris*, p. 246-249.

Contudo, é bom lembrar que o culto do Deus da Vegetação era, e é, muito mais difundido do que o culto do Deus individual Adônis, embora esse fato não afete os outros argumentos que vou estabelecer para mostrar que a Franco-Maçonaria descende do culto de Adônis.

Voltando à Palestina, Gerônimo escreveu uma significativa passagem na qual afirma que Belém tinha um bosque consagrado a Adônis, onde as mulheres choravam por Tamuz mesmo nos tempos do nascimento de Cristo.[180] Além disso, Belém significa "A Casa do Pão",[181] um nome peculiarmente apropriado para um lugar consagrado a Tamuz, o Deus do Milho. A evidência de Gerônimo de que o culto de Tamuz sobreviveu até aquela época é importante para nós, já que mostra que a população local não perdera sua devoção ao antigo culto, apesar do aparente triunfo do monoteísmo, e sugere que os essênios, cujos ritos secretos vamos considerar depois, devem ter conhecido Adônis.

Em Antióquia, como vimos, o festival de Adônis ocorria quando Vênus ascendia como uma estrela da manhã e em Afca, no Líbano, ele começava quando um certo meteoro, identificado como Astarte, caía em cada Primavera.[182]

Assim, percebemos que o culto de Adônis não só lida com morte e ressurreição, mas que seu herói foi assassinado e a celebração anual começou quando uma certa estrela brilhante apareceu no Oriente, ao amanhecer. Além disso, vimos que certos fragmentos desse culto ainda subsistem como costumes populares na Europa até hoje. Sendo assim, não é impossível que uma versão reformada dele tenha se refugiado na Franco-Maçonaria.

---

180. Gerônimo. *Epist*. LVIII. 3. (Migne – Patrologia Latina XXII. 581).
181. G. A. Smith, s.v. *Bethlehem*, *Encycl. Biblica*. 1. 560.
Frazer, "Adonis, Attis, Osiris", p. 257.
182. Zósimo. *Hist*. I. 58.
Sozomeno. *Hist. Eccles*. II. 5. (Migne – Patrologia Graeca LXVII. 948).

# Capítulo V

# O Deus Moribundo na Ásia Menor

Um Deus da Fertilidade correspondendo a Tamuz é encontrado por toda a Ásia Menor, relacionado com a Grande Mãe. As formas mais famosas dessas divindades são Cibele e Átis, essencialmente as mesmas que Astarte e Adônis. Entretanto, é conveniente distinguir os dois cultos, pois enquanto o de Adônis, sob a influência humanizadora dos gregos, tendia cada vez mais a perder seu aspecto selvagem e primitivo, o culto de Átis, adotado pelos romanos, manteve quase até o fim as características primitivas as quais, embora extremamente repulsivas para nós, são valiosas para a ciência, indicando o significado original de muitos dos "costumes de fertilidade", que em sua forma refinada são quase ininteligíveis.

Na Ásia Menor também encontramos formas intermediárias de culto, a meio caminho entre o culto primitivo de Átis e os Ritos de Adônis helenizados, na forma de antigas esculturas de pedra, da época em que o "Culto da Fertilidade" era ainda mais bárbaro do que na forma em que subsistiu sob o nome de Átis-Cibele.

Uma característica que chama a atenção no estudo dessas antigas esculturas de pedra de um povo há muito esquecido é que elas costumam ser encontradas perto do topo de uma ravina rochosa, junto a uma queda d'água, em meio ao mais belo cenário. Os locais equivalem, de um modo notável, àqueles relacionados com Adônis na Síria, especialmente os de Afca. Dentre os demais, o lugar em Boghaz-Keui pode ser considerado como o mais peculiar e praticamente constitui o espaço de uma Loja, cujas paredes são os lados da ravina e cujo teto é a Abóbada Celeste. De fato, mais uma vez lembramos um antigo dito maçônico que afirma que as Lojas no passado eram mantidas sob a Abóbada Celeste, fosse na colina mais alta ou no vale mais baixo, onde nem cachorro latia nem galo algum cantava; ou seja, bem longe das habitações humanas.

Quando voltamos para as grandes esculturas hititas em Boghaz-Keui, embora possamos ter certeza de que ele seja o Deus da Fertilidade, não sabemos por qual nome local ele era chamado. Boghaz-Keui significa "A Vila no Desfiladeiro" e se localiza na entrada de uma garganta nos bancos de um pequeno afluente do Hális. Ela fica no noroeste da Capadócia e imediatamente atrás estão as fortificações de uma cidade outrora poderosa, cujo nome se perdeu.[183] Essas paredes, com 4,26 metros de espessura, são interrompidas em intervalos pelos portais, que no sul são flanqueados por dois enormes leões de pedra. É estranho como repetidas vezes encontramos o leão associado ao Deus Moribundo. Como veremos mais tarde, isso acontece porque ele era um Deus Leão, gerado por uma Deusa Leoa e uma das características das cerimônias maçônicas é certo método de apertar as mãos, chamado "a Garra do Leão".

Contudo, é o santuário que está a cerca de uma milha e meia que mais nos interessa. "Aqui entre os penhascos de pedra calcária há uma espaçosa câmara natural ou salão de forma vagamente retangular, tendo apenas o céu como teto e cercada de três lados por rochas elevadas. Um dos lados curtos é aberto e através dele é possível olhar para os declives quebrados mais além... O comprimento da câmara é de cerca de 30 metros, sua largura varia 7,6 a 15,2 metros. Um relvado quase nivelado forma o chão. Do lado direito, quando você se volta para dentro, uma abertura estreita na pedra leva à outra câmara menor, ou antes, a um corredor, que parece ter sido o santuário interno ou Santo dos Santos."[184]

---

183. Frazer acredita que foi Ptéria que Creso, rei da Lídia, capturou durante suas guerras com Ciro. Ver Heródoto I. 76, e Frazer. *Adonis, Attis, Osiris*, I. p. 128.
184. Frazer. *Adonis, Attis, Osiris*, I. p. 129.

Pelas paredes da câmera maior duas procissões estão esculpidas em relevo. No lado esquerdo há homens e no direito, mulheres. As procissões se encontram na extremidade curta em oposição à abertura e cada uma é encabeçada por um grupo apropriado. Um Deus hitita barbudo é levado na frente da procissão dos homens, seus pés pousados nas cabeças de dois homens; ele segura na mão direita uma maça e na esquerda um símbolo curioso, uma espécie de tridente, sobreposto por uma forma oval com uma barra cruzada. Por trás dele há uma figura similar, representando o Alto-Sacerdote ou outro Deus, mas seus pés repousam sobre o que podem ser dois picos de montanhas ou dois pinhões. Os objetos em questão nos lembram as montanhas semelhantes ou pinhões entre os quais Shamash, ou Tamuz, está afundando, como mostrado no selo babilônico. Na mão direita ele segura uma maça como o outro Deus, mas na mão esquerda, uma espada. Ele seria o carrasco?

A procissão feminina é conduzida por uma Deusa que está de pé sobre uma *leoa* e sua mão direita segura seu símbolo que toca o símbolo da divindade masculina. O símbolo da Deusa parece consistir em um galho curto, com quatro ramos laterais cortados e sobrepostos por uma forma oval com uma barra cruzada. Sem dúvida, esse símbolo corresponde ao sistro de Ísis e representa a *vesica piscis* atravessada pelo falo.

Por baixo dos braços estendidos do Deus e da Deusa aparecem as patas dianteiras de dois bodes, um fato que sugere que a relação popular do bode com a Franco-Maçonaria moderna pode ter uma tradição sólida. Os animais levam nas cabeças os barretes hititas cônicos, os quais sugerem que, como o touro nos Ritos Órficos, eles podem estar vestidos assim para representar homens. Contudo, não sabemos ao certo se isso era verdade, pois o restante de seus corpos está coberto pelos corpos dos Deuses.

Logo atrás da Deusa e constituindo o único homem na procissão de mulheres, há uma figura masculina menor, em pé, e assim como a Deusa, sobre uma leoa ou pantera. Ora, a pantera ou leão eram frequentemente associados a Baco, o Deus da Fertilidade asiático adotado pelos gregos, e há até uma lenda que em certa ocasião ele se transformou em um leão para destruir alguns homens que o levaram como cativo em um barco.[185] Nessa ocasião ele também foi carregado por um urso misterioso e como essa parece ser uma das formas antigas de Astarte, vemos que Baco representa Tamuz, podendo até ser a forma helenística direta dessa divindade hitita.

Nessa escultura, o jovem sacerdote, ou Deus, segura um *machado de duas lâminas* com a mão esquerda, que nos recorda o símbolo de Sanda e do Maço maçônico. Na mão direita ele segura uma haste, que termina em uma "boneca sem braços, com o símbolo da forma oval com barras cruzadas em vez de uma cabeça",[186] algo que, naturalmente, indica uma relação íntima com as duas divindades da fertilidade. Sem dúvida, ele é o filho e amante de Astarte, enquanto a divindade com barba representa Moloque ou o Deus no seu aspecto de ex-amante.

Atrás do jovem há duas Deusas, ambas em pé sobre a mesma águia de duas cabeças, um emblema que mais uma vez se refere à Águia Bicéfala do Grau 30, ou Cavaleiros Kadosh. Como os *kadosh*, ou homens e mulheres sagrados, eram particularmente relacionados à adoração de Astarte e Adônis, não podemos deixar de lado esse interessante detalhe. Nem podemos esquecer que na queima de Sanda, ou Hércules na Ásia Menor, uma águia era libertada da parte superior da pira para simbolizar a ascensão da alma divina até o Céu.[187]

No santuário interno há uma procissão de 12 homens, que podem simbolizar os 12 signos do zodíaco e três outras figuras, somando 15 ao todo. Mas é para as três outras figuras que devemos voltar nossa atenção. A primeira é uma escultura colossal de um Deus com a cabeça de um homem e o corpo composto por quatro leões, enquanto as pernas dos joelhos para baixo formam uma enorme adaga. O rosto é sem barba e nos lembra aquele jovem Deus de pé sobre a leoa no salão externo.

Esse ser é o filho e amante de Astarte, apresentado em sua forma animal antiga, uma forma que, sem dúvida, era mostrada apenas

---
185. E. H. Berens. *The Myths and Legends of Ancient Greece and Rome*, p. 127.
186. Frazer. *Adonis, Attis, Osiris*, I. p. 131.
187. A mesma característica é exibida no selo babilônico.

a sacerdotes e iniciados. Enquanto para o mundo externo ele era representado na forma humana, aqui no santuário interno a terrível verdade era revelada: Tamuz era metade besta e metade homem. A adaga formada por suas pernas nos lembra que em alguns ritos de iniciação uma adaga exerce papel importante na admissão de um noviço.

As outras duas figuras parecem constituir um comentário a respeito da figura maior, e estão esculpidas em um recuo especial. Claramente, a maior representa o filho de Astarte em uma forma semelhante àquela em que ele aparece na câmera externa. Com a mão direita, que segura o símbolo da boneca sem braço, ele aponta para uma escultura colossal e a mão esquerda está colocada amorosamente ao redor de uma figura masculina menor como se a estivesse confortando ou protegendo.

Na opinião de Frazer, a figura menor é um rei-sacerdote.[188] Sua mão esquerda segura um báculo, enquanto o pulso direito é envolto pela mão esquerda do Deus. No canto superior da figura há um disco alado pousado sobre duas Colunas Jônicas. Nesse último símbolo, percebemos uma similaridade com os pilares que ficavam do lado de fora das portas do Templo de Jerusalém, entre os quais que os 25 anciões olhavam para o leste, esperando o sol nascer, o símbolo da ressurreição de Tamuz.

Frazer considera que a divindade barbada é distinta de Tamuz e representa o Deus do rovão, embora ele admita que anteriormente pensasse que fossem o mesmo. Contudo, ouso opinar que sua visão original estava correta e os pontos que ele parece enumerar contra essa opinião são explicáveis da seguinte maneira. Acredito que o Deus barbado representa Moloque, sendo o próprio Moloque simplesmente Tamuz no Céu. Tamuz, por outro lado, representava o Deus material, em carne e sobre a terra. Podemos quase dizer que Moloque era Deus Pai e Tamuz, Deus Filho, mas em essência os dois eram o mesmo. Portanto, o Deus barbado representa o Pai vindo saudar o Filho no momento em que este está prestes a perder seu relacionamento de filho com a Deusa, tornando-se seu esposo e, assim, pela subsequente morte do seu corpo, ascende até o céu, onde será um com o Pai.

Caso essa visão esteja correta, ela explicaria a queima de Moloque, ou Sanda, um Deus barbado. Também explicaria a presença da

---
188. Frazer. Adonis, Attis, *Osíris*, I. p. 131.

mesma divindade no casamento do filho Tamuz, misticamente idêntico a si mesmo. Por outro lado, se a divindade barbada é um Deus inteiramente diferente, por que ele é representado presente nas núpcias de Astarte com seu próprio filho e por que porta o mesmo símbolo que o filho? Para mim, essa escultura claramente indica a diferença entre eles e também a unidade essencial de Moloque e Tamuz, e tampouco somos obrigados a negar a esse Deus barbado os atributos do Deus do Trovão. Nas lendas gregas, Hércules, embora um Deus Leão e um Deus da fertilidade, ascendeu ao céu em um estrondo de trovão. Como o trovão costuma ser associado a chuva pesada e a chuva tem uma relação natural com o Deus da Fertilidade, não é difícil associar o Tamuz ascencionado, que mora no céu, ao trovão, sem perder de vista o fato de que os dois aspectos são essencialmente o mesmo. Tamuz encarnado na terra está condenado a morrer para que os homens possam viver e quando ele ascende ao céu em meio ao trovão, torna-se Moloque, que envia a chuva. Assim, as duas figuras masculinas na câmara externa são o mesmo Deus, e ainda assim representam o Passado e o Presente, o Pai e o Filho, o Eterno e os aspectos mortais do mesmo Ser.

Sem sombra de dúvida, a Deusa é a Grande Mãe e seu toucado, muito similar à coroa em forma de torre de Cibele, sugere que a forma hitita era muito similar a Cibele.[189] Seus leões também sustentam esse ponto de vista, pois Cibele costumava ser exibida em um carro puxado por leões. O leão também era associado a Astarte síria, particularmente em sua forma de Atargatis em Hierápolis Bambice,[190] onde ela também usava uma coroa em forma de torre. Além disso, na Babilônia, a Grande Mãe era representada com leões a seus joelhos,[191] sendo que os gregos a identificavam com Reia.

O jovem sem barba sobre o leão é Tamuz em seu aspecto de Filho[192] e amante da Grande Mãe,[193] e seu "relacionamento de sangue"

---

189. Lucrécio. II. 600 sq.
Catulo. LXIII. 76 sq.
190. Luciano. *De dea Syria*. 31.
191. Diodoro Sículo. II. 9.5.
192. Frazer. *Adonis, Attis, Osiris*, I. p. 137.
Sir W. M. Ramsay. *Journal of the Royal Asiatic Society*, N.S. XV. (1883), p. 118-120.
Prof. J. Garstang. *The Land of the Hittites*, p. 235.
G. Perrot e Ch. Chipies. *Histoire de L'Art dans l'Antiquité*, IV. 651.
193. O professor Perrot considera que o jovem e o Deus barbado são a mesma entidade e, assim, defende o mesmo ponto de vista que eu.

é mostrado pelo fato que, como a mãe, ele está de pé sobre um leão, trazendo o emblema do Deus barbado. Essa cena representa o casamento de Tamuz e Astarte, mas isso no Santo dos Santos aponta para uma tragédia iminente que sempre segue o casamento. Tamuz está mostrando ao sacerdote sua verdadeira forma, isto é, o monstro leonino. Ao adotar esse ponto de vista, parece que Frazer esqueceu a força da sua objeção à existência de duas representações do mesmo Deus na mesma cena! Tamuz está preparando seu sacerdote para desempenhar esse papel em alguma cerimônia religiosa. Qual era o Rito que exigia toda a coragem do rei-sacerdote e toda a ajuda que ele podia obter do seu Deus? Frazer nos diz em palavras que nunca poderão ser superadas. "Ele parece conduzir seu ministro à frente, confortando-o com a garantia de que não sofrerá mal algum enquanto o braço divino estiver ao seu redor e a mão divina segurar a sua. Para onde ele o conduz? Talvez para a morte. As sombras profundas das pedras que caem nas duas figuras no tenebroso abismo podem ser um emblema de sombras ainda mais escuras que logo recairão sobre o sacerdote. Todavia, ele segura seu cajado pastoral e segue em frente como se proclamasse: 'ainda que eu caminhasse pelo vale da sombra da morte, não temeria mal algum, pois tu estás comigo; tua vara e teu cajado me consolam'."[194]

Sabemos que em muitas partes do Oriente Próximo havia linhagens de reis-sacerdotes que representavam o Deus Tamuz e que ao assumirem o ofício perderam seus nomes pessoais. Nesse sentido, em Pessino, na Frígia, o sacerdote de Cibele era chamado Átis; assim como seu sumo sacerdote em Roma; os sacerdotes de Sabázio eram chamados Saboi; os adoradores de Baco, Bacchoi. Além disso, tais reis-sacerdotes usavam a regalia pertinente aos Deuses os quais serviam.[195]

Portanto, não há muito espaço para dúvida de que em certa época no grande espaço dessa Loja, tendo como teto a Abóboda Celeste, a terrível cena da morte do homem-Deus era encenada com um esmero sombrio. Podemos visualizar aquele grande templo guardado por rochas cheio de adoradores tomados por um frenesi báquico, como aquele que, de acordo com os gregos, levou a mãe e a irmã do *rei* Penteu de Tebas a despedaçá-lo.[196] Nesse caso, diz-se

---

194. Frazer. *Adonis, Attis, Osiris*, I. p. 139.
195. *Ibid.*, p. 141.
196. E. M. Berens. *The Myths and Legends of Ancient Greece and Rome*, p. 127.

de modo específico que a turba era constituída apenas de mulheres e talvez aí possamos ver que essas Bacantes representavam as mulheres sagradas de Astarte, que seriam inspiradas diretamente por ela. Se for esse o caso, aqui temos evidência que, a princípio, a morte de Tamuz foi causada pela própria Grande Mãe.

Tentemos imaginar a cena: a grande parede de rocha, o relvado inclinado, cheio de adoradores frenéticos e, entre os portais do santuário interno guardados por monstros, vem uma única figura humana. Ele está vestindo os trajes reais do Rei Divino. Leva na mão direita seu báculo e na esquerda ergue o símbolo do seu alto ofício.

As conchas são sopradas, as flautas gemem e as notas dos tambores rolam e reverberam de parede a parede da câmara. Mulheres, com cabelos desgrenhados, dançam ao som de címbalos, enquanto de mil gargantas são entoadas uma ladainha milenar. Os tambores batem cada vez mais rápido, as dançarinas giram com crescente abandono, enquanto a multidão cerca a pequena e solitária figura. Agora ele some, misericordiosamente ocultado de nossa visão, e só podemos adivinhar o que está acontecendo. Ele estava morto antes de ser despedaçado? E vimos de fato três homens, mais piedosos do que o resto, armados com pesados martelos de madeira, derrubá-lo? Não podemos dizer, pois a poeira de 3 mil anos cobre tanto os adoradores quanto o sacrifício com sua mortalha de esquecimento.

Como uma miragem a cena desaparece, e estamos sozinhos no relvado. O sol brilha forte no céu índigo e um pássaro trina sua canção de adoração ao Rei dos Reis, enquanto lentamente, tão alto que parece um ponto no céu, uma águia paira e nos lembra outra águia que certa vez foi liberada do topo de uma pira, onde um Deus fora queimado. E enquanto meditamos na estranha cena que surgiu diante dos nossos olhos nos lembramos de que as esculturas nesse estranho templo foram esculpidas por homens que viveram e morreram, muitos anos antes de o rei Salomão erguer seu templo em Jerusalém.

Agora, deixemos Boghaz-keui e consideremos Cibele e Átis, que são, de fato, apenas Astarte e Adônis sob outro nome, mas cujos ritos mantiveram sua forma mais selvagem e primitiva até quase o fim, formando assim um elo histórico com a cena representada no local mais antigo.

Esse culto cresceu na Frígia e Átis era o nome dado ao Deus da Vegetação, cuja morte e ressurreição eram celebradas todos os anos a cada primavera.[197] Mesmo os antigos costumavam identificá-lo com Adônis[198] e nisso estavam certos. Ele era um pastor que foi amado por Cibele, a Grande Mãe, e de acordo com algumas narrativas, era seu filho.[199] De qualquer modo, sua mãe se chamava Nama, que simplesmente significa "mãe", indicando que ela era a Grande Mãe. Contavam que era uma virgem que concebeu porque colocou uma romã, ou uma amêndoa, no próprio ventre. Já vimos que os povos primitivos acreditam que as almas dos mortos entram em uma árvore ou planta, e se a flor ou fruto de tal árvore cair sobre uma mulher ela conceberá, mesmo que seja uma virgem.

A romã era considerada o símbolo da abundância, ou melhor, da fertilidade, entre as nações mais antigas do Oriente Próximo, e devemos nos lembrar que fileiras de romãs adornavam os capitéis das duas Colunas do Templo do Rei Salomão. Também parece ser a fruta que a Deusa deixa cair no túmulo onde Shamash, ou Tamuz, está. Além disso, a romã teve um papel importante no mito do culto semelhante em Elêusis, porque foi em razão do fato de Perséfone ter engolido algumas sementes de romã que ela precisou permanecer parte de cada ano no Mundo Inferior, com Hades. Vemos, portanto, que essa fruta tipifica a semente de qualquer tipo de vegetação que é enterrada para que a Mãe Terra possa trazer a colheita.

A amendoeira tem um papel importante nos mitos frígios da criação, pois de acordo com Pausânias ela era o pai de todas as coisas[200] e, assim, tipifica a "Primeira Semente". O nome Átis merece atenção, pois ele também é chamado "Papa", "Pai", o que mostra que era pai e filho e, de certa forma, o pai de toda a vida. Esse título

---

197. Diodoro Sículo. III. 59. 7.
Firmicus Maternus. *De errore profanarum religionum*, 3 e 22.
H. Hepding, *Attis, seine Mythen und sein Kult*.
Hipólito, *Refutation omnium haeresium*, V. 9. P. 168. Ed. L. Duncker e E. G. Schneidewin (Gottingen, 1859).
198. Sócrates, *Historia Eccles*. III. 23. 51. sq.
199. Escoliasta sobre Luciano. *Jupiter Tragoedus*, 8. P. 60. Ed. H. Rabe. (Leipzig, 1906)
Hipólito. *Ibid*. V. 9. P. 168.
200. Pausânias, VII. 17.

"Papa" foi usado pelo seu sumo sacerdote e parece ser a origem do título do Papa, pois o grande centro do culto de Átis-Cibele em Roma era no Vaticano. Assim, o nome da sua mãe era "Mãe", e o seu era "Pai", e ele era o Pai, o Filho e o Amante.

Há duas versões para sua morte, uma delas dizendo que ele foi morto por um javali.[201] Essa versão é indiscutivelmente tardia, e foi provavelmente adotada a partir de uma forma grega do culto de Adônis. Sem dúvida, o javali seria o matador do Deus do Milho, em virtude do grande dano feito por porcos selvagens às plantações dos povos primitivos. A alegoria da outra história está mais próxima da verdade, embora com certeza foi inventada na sua forma atual para explicar os costumes dos galli, ou sacerdotes de Cibele, que castravam a si mesmos. Entretanto, como sacerdotes, eles não morriam da ferida, e vemos que esse costume era, em si, uma reminiscência modificada do costume de sacrificar um homem, castrando-o e então permitindo que ele sangrasse até a morte, como já foi sugerido.

Essa versão da sua morte diz que ele se castrou sob um pinheiro e sangrou até a morte,[202] e do seu sangue nasceram as violetas. Esse último detalhe explica uma superstição curiosa ainda em voga em algumas partes da Inglaterra, ou seja, que você não pode dar violetas a um amigo ou a uma amiga, pois se o fizer se afastará da pessoa. Como esse fragmento do culto de Átis alcançou a Inglaterra não será discutido agora, mas o significado é bastante claro. Se Átis, pela sua morte, foi separado da sua amada, as flores que nasceram do seu sangue como resultado naturalmente levariam a uma separação. Essa é uma linha natural de argumentação conforme a magia simpática. Sérvio,[203] contudo, diz que a ferida que causou sua morte *não* foi autoinfligida, embora sua versão confirme que ele foi castrado. A história original, em minha opinião, é que a Grande Mãe, no seu êxtase, arrancou o membro masculino dele, como faz a abelha rainha. Daí o nome "Abelha Rei" que era dado ao galli principal em Éfeso, ele mesmo um eunuco. Depois de sua morte, Átis foi transformado em um pinheiro.[204] Nesse

---

201. Pausânias. *Ibid.*
202. Arnóbio. *Adversus Nationes*, V. 5 sq.
203. Sérvio sobre Virgílio. *Aen.*, IX. 115.
Franz Cummont. *Les Religions Orientales dans le Paganisme Romain* (Paris, 1909), p. 77, 113, 335.
204. Ovídio, *Metamorfose* X. 103 sq.

detalhe vemos a antiga crença de que as almas dos mortos migram para plantas que cresceram nos seus túmulos, uma crença que explica a parte importante exercida por um ramo no culto judaico de Tamuz, e do ramo de acácia em outra lenda.

O culto de Cibele foi trazido para Roma em abril de 204 a.C., de Pessino na Frígia e uma pequena pedra preta, seu emblema, foi instalada em um templo no Palatino.[205] Essa pedra era usada para formar o rosto do ídolo,[206] sendo o restante da figura construído de metais preciosos. É significativo que, como a rainha de Sabá e a "Senhora" do Cântico dos Cânticos, Cibele era representada preta e até hoje na Índia, Kali, que sem dúvida representa o aspecto selvagem da Grande Mãe, também é pintada de preto e chamada de a "Deusa Negra". Sem dúvida, a cor escolhida pretendia representar a cor da terra e, depois, do Mundo Inferior.

Um dos objetivos daqueles que introduziram a adoração de Cibele é indicado pela frase de Plínio, dizendo que a colheita que seguiu a chegada da Deusa foi a mais abundante que Roma já teve.[207]

Os Ritos, celebrados em Roma durante o período dos imperadores, ocorria do seguinte modo: em 22 de março um pinheiro era cortado e levado até o santuário de Cibele por uma guilda especial de "Carregadores de Árvores". O tronco era envolvido com faixas de lã como se fosse um cadáver[208] e decorado com coroas de violetas, a flor sagrada de Átis, enquanto no meio do tronco fixava-se uma imagem de Átis.[209] Isso completava as cerimônias do primeiro dia. Em 23 de março o festival era formalmente proclamado por trombetas,[210] que eram purificadas em cerimônia.

---

205. Lívio XXIX. Caps. 10, 11 e 14.
Ovídio, *Fasti*. IV, 259 sq.
Herodiano, II, 11.
206. Arnóbio. *Adversus Nationes,* VII. 49.
207. Plínio, *Nat. Hist.*, XVIII. 16.
208. Compare com o "envoltório" do tronco de árvore por Ísis em Biblos; ver p. 91.
209. Juliano. *Orat.*, V. 168, p. 218, ed. F. C. Hertlein (Leipzig 1875).
Arnóbio, *Adversus Nationes,* V. capítulos 7, 16, 39.
Firmicus Maternus, *De errore,* 27.
Joannes Lydus. | De mensibus., IV. 41.
H. Hepding. *Attis*, p. 147. Sq.
210. Juliano. *Ibid*. 168.

O dia 24 de março era chamado de "Dia do Sangue". Ele começava com o sumo sacerdote tirando sangue dos braços e oferecendo-o em sacrifício para Átis, cujo nome era sempre dado ao sumo sacerdote. Os adoradores entravam em um estado de frenesi, atiçados pela música selvagem e a dança ainda mais selvagem dos sacerdotes, que se cortavam com facas até o sangue fluir, derramando-o na árvore sagrada e no altar.[211]

Mas as cenas mais hediondas ocorriam quando aqueles que estavam prestes a entrar no sacerdócio, agarrando as espadas que estavam sempre às ordens, castravam-se e jogavam os fragmentos sangrentos contra a imagem de Cibele.[212] Neste último detalhe, temos evidência conclusiva da crença subjacente de que a Grande Mãe precisa do órgão masculino dos seus amantes para fertilizar a si mesma e, através dela, toda a natureza, e que, portanto, era ela mesma que todos os anos matava seu amante, fosse ele chamado "Átis", Adônis ou algum outro nome. De fato, a lenda da geração de Átis reforça esse ponto de vista, pois nos diz que sua mãe concebeu porque colocou no próprio ventre uma romã que nasceu da genitália cortada de um monstro semi-humano chamado Adgestis, que era, claro, o duplo de Átis, assim como Melcarte era de Tamuz.[213]

Cenas parecidas ocorreram em Hierápolis e também em Éfeso, e até tempos recentes um sacrifício semelhante ainda era exigido na Nigéria, no Congo e em outros lugares. Não seria o particular modo de se conduzir um Candidato aceito em uma Loja Operativa, uma modificação daquela mesma cerimônia anterior? Até alguns anos atrás – e ainda de acordo com o ritual – os Candidatos eram, em primeiro lugar, despidos e banhados. Depois, tinham um manto branco, aberto na frente, colocado sobre seus ombros e várias cordas eram atadas a eles. Uma dessas, com um laço corrediço, cingia-lhes a genitália, e por essa e pelas outras cordas os homens eram conduzidos

---
211. Trebillius Pollio. *Claudius,* 4.
Tertuliano, *Apologeticus*, 25.
212. Minucius Felix, *Octavius*, 22,24.
Esc. sobre Luciano. *Jupiter Tragoedus*, 8.
Sérvio sobre Virgílio. *Aen.*, IX. 115.
Arnóbio. *Ibid.*, V. 14.
H. Hepding. *Attis*, p. 163 sq.
Frazer. *Adonis, Attis, Osiris*, 3ª ed., vol. I, p. 268 sq.
213. Arnóbio. *Adversus Nationes*, V. 5 sq.

para fora do recinto. A explicação para todo esse procedimento era a necessidade de provar aos afiliados que eles eram perfeitos em todas as suas partes, mas não deve ser verdadeira, pois bastava olhá-los para conferir tal perfeição. Contudo, a corda amarrada é uma maneira simbólica de sugerir que as castrações eram realizadas pelos galli.

Esse costume anterior é, sem dúvida, muito antigo e não pode ser dissociado do costume quase universal da circuncisão, que em todos os ritos primitivos é parte essencial da iniciação de um menino na maturidade. No que concerne às Lojas Operativas, aquelas que ainda existem omitiram recentemente o ato de despir e agora colocam a corda ao redor da cintura. Assim, daqui a 100 anos, se nenhum Ritual permanecer por escrito, provavelmente uma explicação nova e falsa surgirá a respeito do costume de envolver a cintura de um noviço com uma corda.

Conheço vários homens ainda vivos que tiveram de se submeter a esse costume, e 40 anos atrás uma cerimônia similar existia em algumas das Lojas Especulativas galesas.[214]

O verdadeiro objetivo do costume e sua origem real podem, de fato, ser associados ao rito semelhante da circuncisão. Da maneira como é feito agora entre os judeus, a extremidade do prepúcio é puxada para fora e um clipe de metal é preso perto da base do pênis, e então tudo além do clipe de metal é cortado. Assim, o clipe não só impede corte acidental do próprio pênis, como age como uma ligadura temporária e reduz a perda de sangue. De modo similar uma corda apertada ao redor do membro viril inteiro impediria que o corte danificasse o estômago, e ao mesmo tempo serviria como ligadura. Provavelmente esse era o propósito original do nó e com o tempo foi enrolado ao redor do membro, como uma substituição aceitável do verdadeiro sacrifício.

Ainda abordando o tema da circuncisão, devemos notar que nos ritos de iniciação mais primitivos o corte é mais doloroso e drástico do que entre os judeus da atualidade, e muitas vezes também envolve a subincisão. Os restos da parte cortada do prepúcio costumam ser enterrados cuidadosamente pelos meninos no solo como um sacrifício, sem dúvida à Grande Mãe, assim como os galli em

---

214. A. Heiron. *Ancient Freemasonry and the Old dundee Lodge*, nº 18, p. 153.

Roma enterravam seus membros cortados. É também muito significativo que o sinal de D. e P.* seja feito por um menino na África Oriental Britânica para mostrar que ele está pronto para o começo do corte,[215] e nos Ritos Yao em Niassalândia uma das suas "tábuas de delinear" exibem a Grande Mãe na sua forma animal com duas figuras pequenas fazendo o mesmo sinal para ela.[216] Durante os Ritos Yao os meninos são circuncidados, e além disso uma cova é aberta na forma de um homem fazendo esse sinal, e ela tem um papel importante na cerimônia.

Os fatos acima mostram que em teoria todos os homens teriam de sacrificar sua virilidade para a Grande Mãe para que pudessem trazer vida abundante e, embora muitos homens tenham evitado pagar o preço ao oferecer algo em substituição, alguns mais religiosos, sentem que devem sacrificar a si mesmos ou, se necessário, ser sacrificados, pelo bem da comunidade.

Assim podemos ver que o "Dia do Sangue" realizado em honra a Cibele tinha um nome apropriado. Nesse dia, os adoradores comuns choravam por Átis e, depois, a figura do Deus era removida da árvore onde estava pendurada para ser enterrada em seguida.[217] Durante todo o período de luto os adoradores jejuavam, assim como os adoradores jejuam por todo o Maharan, na Índia. Os motivos dados no caso dos adoradores de Cibele era que Cibele jejuara enquanto chorava por Átis.[218] O motivo verdadeiro, sem dúvida, era que seria hipocrisia moer o milho, a carne de Átis, no exato momento em que deveriam estar lamentando a sua morte.

Ainda existe uma narrativa de um escritor árabe a respeito do festival de Tamuz celebrado entre os sírios gentios no século X d. C. em Harran, o suposto local de nascimento de Jonas. Diz ele: "Tamuz

---

*N.T.: No original, *the sign of G. and D.*
215. Ward. *Fremasonry and the Ancient Gods.* Ilus. Op. p. 106.
216. Major Sanderson em uma carta particular para mim, e também uma fotografia da "Tábua de Delinear", ilus. Op., p. 178.
217. Diodoro Sículo, III. 59.
Escoliasta sobre Nicandro. *Alixipharmaca.* 8.
Arnóbio. *Adversus Nationes,* V. 16.
Sérvio sobre *Aen.,* IX. 115.
218. Arnóbio. *Ibid.*

(junho-julho). No meio desse mês ocorre o festival de El-Bugât, isto é, 'das Mulheres que Choram', é o festival de Tâ-uz, celebrado em honra do Deus Tâ-uz. As mulheres pranteiam-no porque seu Senhor o matou de modo muito cruel, moeu seus ossos em um moinho e então os espalhou ao vento. As mulheres (durante esse festival) não comem nada que tenha sido moído em um moinho, limitando sua dieta a trigo empapado, ervilhaca doce, tâmaras, passas e similares".[219]

Esse relato nos interessa por vários motivos. Em primeiro lugar, mostra que embora o Islamismo estivesse estabelecido na Síria havia 300 anos, ainda não conseguira, nem mesmo no século X, eliminar a adoração de Tamuz, pois, naturalmente, Tâ-uz é apenas uma contração do seu nome. Em segundo lugar, mostra que o Deus de toda a vegetação havia se tornado somente o Deus do Milho, sem dúvida porque a essa altura era a principal forma de comida vegetal de que os adoradores precisavam. Em terceiro lugar, o jejum só poderia se dever ao fato de que as pessoas sentiam que seria hipocrisia fingir chorar pelo Deus do Milho no exato momento em que o estavam moendo sob suas mós. Em quarto lugar, mostra por que o Eclesiastes faz uma menção específica ao fato de que "o som das mós está baixo",[220] mas vamos lidar com esse ponto no capítulo VIII, e assim não precisamos nos deter nele aqui. Contudo, muito já foi escrito para indicar a verdadeira origem do jejum pelos adoradores de Cibele durante o período.

Mas naquela noite a tristeza se transformava em alegria, pois uma luz aparecia quando a tumba era aberta e achada vazia, momento em que os sacerdotes declararam que o Deus havia se erguido dos mortos e que eles igualmente triunfariam contra o túmulo algum dia.[221] Essa luz era, portanto, a estrela que trazia salvação para a

---

219. D. Cshwolsohn. *Die Ssabier un der Ssabismus* (São Petersburgo, 1856), vol. II. 27.
Id., *Ueber Tammuz und die Menschenverehrung bei den alten Babyloniern* (São Petersburgo, 1860), p. 38.
Frazer. *Adonis, Attis and Osiris*, 3ª ed., vol. I., p. 230 citando o livro acima.
220. Ver Capítulo 8, p. 153.
221. Firmicus Maternus. *De errore profan Relig.* 22.
Fr. Cumont. *Les Religions Orientales dans le Paganisme Romain* (Paris, 1909), p. 89 sq.

multidão e, sem dúvida, relacionava-se com Vênus como a estrela da manhã, como acontecia em Éfeso.[222]

Embora Cibele tivesse seus festivais públicos, ela também tinha ritos de iniciação secretos, semelhantes àqueles dos Ndembo no Congo, e esses Ritos também tinham uma relação bem definida com a Franco-Maçonaria. Ao considerá-los, devemos nos lembrar que Cibele e Astarte, Átis e Tamuz são essencialmente os mesmos. As ligeiras variações que podemos detectar se devem ao fato de que os ritos romanos permaneceram mais próximos da forma bárbara original do que os de Adônis.

Essas cerimônias secretas buscavam trazer os adoradores para uma comunhão mais próxima com a Deusa do que era possível em festivais públicos. O iniciado era batizado no sangue de um touro. Ele ficava em um poço sobre o qual havia uma grade e o touro era lanceado até a morte sobre sua cabeça. Assim, o sangue jorrava sobre o noviço, que saía com as roupas literalmente tingidas de escarlate, era considerado lavado dos pecados pelo sangue de um touro[223] e renascido.[224] Depois, e por algum tempo, o iniciado fingia ser um bebê e era alimentado com leite.[225] Nisso ele se assemelhava àqueles que renasciam na Sociedade Ndembo do Congo, que fingem que nem mesmo podem falar na linguagem de seus companheiros.[226]

Essa cerimônia ocorria no Equinócio de Primavera,[227] no mesmo período da morte e ressurreição de Átis, e já que o touro era sagrado para o Deus, não há dúvida de que originalmente era um homem, e não um touro, que fornecia o sangue para o batismo. O

---

222. Ver capítulo IV, p. 77.
223. A origem do Taurobolium é ainda uma questão de disputa, mas certamente surgiu durante a parte do período imperial dos ritos de Cibele. Alguns estudiosos sustentam que fazia parte das cerimônias mitraicas, e uma grade similar foi encontrada em um templo mitraico em Roma.
224. Prudêncio. *Peristephan*, X. 1006-1050.
Firmicus Maternus. *De errore*, 28. 8.
*Corpus Inscriptionum Latinarum*, VI, nº 510.
H. Dessau. *Inscriptiones Latinae Selectae*, vol. II. par. 1, p. 10-142, nºs 4118-4159.
J. Toutain. *Les Cultes Paiens dans l'Empire Romain*, II. 84 sq.
225. Salústio. *De diss et mundo*, IV. *Fragmenta Philosophorum Gaecorum*, ed. F. G. A. Mullach, III. 35.
226. J. H. Weeks. *Among the Primitive Ba-Kongo*, p. 156 sq.
227. Salústio, como acima.

ponto favorito para essa cerimônia era no santuário de Cibele no Vaticano, no mesmo local onde a Basílica de São Pedro foi erigida.[228] Um fato muito significativo é que os testículos exerciam uma parte muito importante na cerimônia,[229] que imediatamente nos recorda o que aconteceu com o touro morto por Enkidu na história babilônica.

Além do banho de sangue, que entre os essênios judeus sem dúvida era representado pelo seu batismo com água, havia uma refeição sacramental. Não está claro em que exatamente consistia essa refeição, mas é quase certo que seus principais elementos eram pão e vinho. Também os essênios tinham uma refeição comunitária que devia ser sacramental. Só podemos especular em torno das outras cerimônias que ocorriam nos santuários internos, mas certamente incluíam uma representação dramática da morte e da ressurreição do Deus, onde o iniciado representava Átis.

Alguns dos títulos de Átis têm um interesse especial para nós. Sabemos que Abib significa "espigas de milho" e que uma certa Palavra de Passe significa o mesmo, e não podemos deixar de nos impressionar com o fato de que um dos títulos de Átis era "a espiga verde de milho",[230] sendo que os antigos escritores não hesitavam em identificá-lo com o milho. Espigas de milho e romãs adornavam suas estátuas,[231] etc., lembrando as fileiras de romãs esculpidas nas duas Colunas fora do Templo de Salomão.

Em certo grau mais elevado o galo aparecia como um emblema, sendo, portanto, significativo o fato de um galo, cujas penas da cauda eram representadas de modo semelhante a espigas de milho, estar representado em uma urna[232] que outrora conteve as cinzas de um

---

228. Frazer. *Adonis, Attis, Osiris*, I, p. 275.
*Corpus Inscriptionum Latinarum*, VI, nº 497-504.
H. Hepding. *Attis*, p. 83, 86-88, 176.
229. *Corpus Inscriptionum Latinarum*, XIII. nº 1751.
H. Dessau. *Ibid.*, nºs 4127, 4129, 4131, 4140.
H. Hepding. *Attis*, p. 191.
230. Hipólito. *Refutatio omnium haeresium*, V. 8 e 9.
Firmicus Maternus. *De errore*, 3.
Salústio. *De diss et mundo*, etc., III. 33.
231. W. Helbig. *Fuhrer durch die offentlichen Sammlungen klassicher Altertumer in Rom* (Leipzig, 1899), I. 481, nº 721.
232. Frazer. *Adonis, Attis, Osiris*, I, p. 279.

sumo sacerdote de Átis, ainda mais quando aquele Grau em particular tem relacionado aos Templários, que parecem ter levado adiante alguns dos velhos ritos de Tamuz de modo independente.

Átis significa "pai"[233] e outro dos seus títulos era "Papas" ou "Pai",[234] que era o título também usado pelo sumo sacerdote, aparentemente adotado depois pelos Papas, que não só tomaram o local do Templo de Cibele no Vaticano onde foi construída a Basílica de São Pedro, como também parecem ter adotado vários dos costumes relacionados a seu culto. Assim, hoje em dia os sacerdotes castrados de Átis são representados pelo coro de eunucos de São Pedro, e algum vestígio do antigo costume da mutilação sobrevive na regra que exigia que a masculinidade do Papa fosse testada pelo toque na Cadeira de Porfírio, embora o Pontífice não fosse privado de sua masculinidade.

Outros costumes relacionados ao Papado são de especial interesse para os Franco-Maçons, e como o Papa não deve tê-los adotado nos anos recentes, por serem de uma Ordem que ele oficialmente excomungou, parece que foram herdados da mesma fonte original, ou seja, Tamuz ou Átis. Por exemplo, quando no Natal de 1924 o Papa proclamou um ano de Jubileu, ele fez isso dando três batidas distintas com um martelo no lado externo de uma porta emparedada na Basílica de São Pedro. Com essas batidas, os tijolos, que haviam sido soltos, caíram e a porta foi aberta. No decorrer de todo o ano os Peregrinos do Jubileu devem entrar na Basílica por essa porta.

Sabemos que na Consagração de uma igreja o Bispo bate três vezes na porta antes de ser admitido por um oficial de guarda.

Quando um Papa morre, um alto oficial, armado com um pequeno martelo de marfim, vai até o homem morto e bate levemente nele: uma vez em cada têmpora, e uma vez no centro da testa. Depois de cada batida ele é chamado a se levantar e apenas quando o terceiro chamado foi feito em vão é oficialmente proclamada a triste notícia de que o Papa está morto e que, portanto, um sucessor deve ser eleito. Não podemos duvidar que nessa cerimônia temos um costume que substitui aquela em que o sumo sacerdote de Átis era atingido

---

233. *Ibid.*, 280.
234. Diodoro Sículo, III. 58. 4.
Hipólito. *Ibid.*, 1. 9.

na cabeça e morto para que um novo sumo sacerdote pudesse tomar seu lugar e servir como o veículo para a alma divina de Átis.

A própria alegação do Papa de ser um rei, assim como um bispo, pode ter surgido do tempo em que os sumos sacerdotes de Átis, como os de Adônis na Síria, eram reis-sacerdotes. Isso é perfeitamente possível, independentemente do fato de que considerações políticas em uma data posterior podem ter ajudado a reforçar essa alegação.

Os fatos acima não são os únicos que mostram que, quando o Cristianismo sobrepujou o culto rival de Átis em Roma, assimilou vários dos seus costumes, assim como absorveu e cristianizou costumes relacionados a Adônis, a Mitra e a outros sistemas gentios. Ao fazê-lo, a nova fé, sem dúvida, purificou-os de muitas das suas características mais primitivas e, transferindo-as para Cristo e Seus santos, deu-lhes significados mais elevados. Como podemos traçar esses velhos ritos na igreja moderna, não será surpreendente descobrir que um processo similar ocorreu em relação aos mistérios internos de Átis e Adônis.

Dois fatos se destacam claramente no caso de Átis e são de grande importância para decidir quem era realmente Hiram Abiff. Em primeiro lugar, seus sacerdotes perdiam os nomes pessoais e eram conhecidos pelos títulos e, em segundo lugar, representam-no no Dia do Sangue. Assim, como ele, eram castrados, mas embora sangrassem naquele dia como ele, nos tempos imperiais não sangravam até a morte. Contudo, em tempos mais bárbaros na Frígia eles eram de fato mortos, segundo a opinião de *sir* W. M. Ramsey, que escreveu que os frígios "reproduziam a história do seu nascimento, vida e morte; a Terra, a Mãe, é fertilizada apenas por um ato de violência contra seu próprio filho; a cada ano o representante do Deus devia ter uma morte cruel, exatamente como o próprio Deus morrera."[235]

Além disso, o fato de Salomão não permitir que ferramentas de ferro fossem usadas no local do Templo, onde Hiram Abiff estava trabalhando, é análogo a uma regra estabelecida por Creso, rei da Lídia, que armas de ferro não deviam ser postas perto do seu filho, que era chamado Atys.[236] Por fim, Atys foi morto enquanto caçava um

---
235. Artigo, "Phrygia". *Encycl. Brit.*, 11ª ed. (1911) XXI. P. 544.
236. Heródoto, 1. 34-45.

javali e a história é reconhecida pelos estudiosos como apenas uma variação da lenda sobre a morte de Átis.[237] Parece, então, que ferramentas de ferro não podem ser trazidas à presença do representante humano do Deus da Vegetação, sem dúvida porque com machados de ferro os homens cortavam as árvores do Líbano, bem como com foices de ferro ceifavam o milho. Exibir a causa da futura morte da vegetação diante do Deus encarnado obviamente era um insulto e causava sua fúria.

Como conclusão, devemos nos lembrar de que em Antióquia e Éfeso,[238] Cibele se misturava com Astarte e ali encontramos sacerdotes eunucos, alguns dos quais ficaram conhecidos como reis-abelhas, o que sugere que a permanência da abelha na Franco-Maçonaria pode se dever ao fato de que ela lembra aos homens o sacrifício do inseto masculino para que a rainha seja fertilizada, já que a teoria atual de que é um emblema da indústria é apenas uma explicação tardia oferecida quando o significado original se perdera. De qualquer feita, podemos dizer de modo bastante definitivo que como emblema de Astarte de Éfeso, ela dificilmente representaria a virtude da indústria (ou engenhosidade), já que era, em essência, lasciva. Tampouco pode ser dito que os galli ou reis-abelha[239] eram notáveis pela sua indústria e trabalho; de fato, os escritores clássicos geralmente os descreviam como vagabundos preguiçosos e ociosos que viviam da astúcia e das esmolas coletadas dos supersticiosos e ignorantes.

---

237. Stein sobre Heródoto. 1. 42. Ed. Meyer, S. V. "Atys" em Pauly-Wissowa, *Real-encyclopädie der classichen-Altertumswissenschaft*, II. 2. Col. 2262.

238. Será de especial interesse para alguns dos meus leitores que quando Éfeso foi sitiada por Creso no século VI a.C, a cidade consagrou-se para Ártemis esticando uma corda da cidade até o Santuário: depois disso, Creso recuou. Aqui, podemos ver que a cidade executou o papel de uma vítima oferecida em sacrifício com um laço ao redor do pescoço, ou de um iniciado dedicando-se de modo semelhante à Deusa. (Ver o artigo "Éfeso", *Encycl. Brit.* 11ª ed. (1911) IX, p. 672)

239. De acordo com o artigo na *Encycl. Brit.* Sobre "Artemis", 11ª ed. II, p. 665, um grupo desses sacerdotes chamavam a si mesmos de essênios, o que sugere que a seita judaica do mesmo nome pode ter se originado de uma ordem similar de sacerdotes de uma forma local de Astarte.

# Capítulo VI

# O Deus Moribundo em Outros Países

Lendas de um Deus Moribundo são encontradas no mundo todo, e é impossível devotar a mesma quantidade de espaço para elas que demos para Adônis e Átis. Para o antropólogo, elas são de grande interesse, já que mostram como é universal a crença em tal Deus e como são difundidas as cerimônias associadas com sua adoração que permanecem mesmo nos dias atuais.

Contudo, estamos investigando a difusão de um culto específico para termos certeza de que ele sobreviveu na moderna Franco-Maçonaria. Assim, esses outros cultos são primariamente de nosso interesse na medida em que parece possível que eles, e não Adônis, podem ser a origem de Hiram Abiff ou ajudaram a fortalecer e a manter viva a tradição de um Deus morto derivada de outro lugar. Com esse objetivo, podemos dispensar por alguns instantes as lendas do Deus Moribundo das terras teutônicas e célticas, devotando a maior parte do nosso espaço para a Grécia e o Egito. Vamos começar com nosso Deus Moribundo nacional, Baldur.

Baldur possui várias analogias com Adônis. Ele era o filho de Odin, aparentemente também morto,[240] pois a respeito dele se diz que pendeu em uma árvore por nove dias. Além disso, Odin desceu ao Inferno mesmo antes da morte de Baldur, para saber, como reza a lenda, qual era o destino reservado para Baldur. Nessa versão comparativamente

---

240. Ver capítulo IV.

tardia do mito temos uma tentativa de racionalizar a história da morte e ressurreição do Deus mais antigo. Assim, Odin corresponde a Melcarte e Baldur a Tamuz.

Nessa lenda, não há indício de uma ressurreição mais antiga do Deus. No máximo, há uma esperança tênue e distante que, depois da destruição do mundo no Ragnarok, outro mundo melhor surgirá, onde Baldur e sua esposa, Nanna, reinarão como rei e rainha no lugar de Odin e Frigga. O mito assim varia em um ponto muito importante em comparação com o de Tamuz, mas há motivo para suspeitar que a história que temos agora é tardia, não representando verdadeiramente o culto original.

As cerimônias relacionadas a Baldur ocorriam na época do Yule, ou Natal, o período em que o Tronco de Yule era,[241] e em muitos países europeus ainda é, acesso com muita cerimônia. Isso representa o Deus da Vegetação, demonstrado pelo costume de derramar milho nele ou perto dele, como acontece em muitos países. Contudo, na Idade Média um homem era escolhido e denominado "Senhor da Desordem". Ele reinava por 12 dias, durante os quais predominava um tipo de Saturnália. Na 12ª noite seu reino terminava e, incidentemente, as crianças eram surradas para lembrá-las de que a lei e a ordem haviam sido restauradas ao mundo.[242] Beijar sob o visco também era associado à morte do Deus da Lei e da Ordem, algo brando que substitui uma permissividade bem mais primitiva que ainda é encorajada em festivais de fertilidade semelhantes em países mais selvagens.

A partir desses antigos costumes do período natalino, agora praticamente extintos na Inglaterra, podemos ver que Baldur deveria nascer de novo depois de 12 dias no Mundo Inferior. Sem dúvida, cada um dos 12 dias representava um mês do ano. O desaparecimento dessa peculiaridade do mito pode se dever ao fato de que ele chegou até nós por intermédio de escritores cristãos, que poderiam hesitar em sugerir que Baldur, do mesmo modo como Cristo, voltou dos mortos.

---

241. Frazer. *Baldur the Beautiful*, 2ª edição, vol. 1, p. 246 sq.
242. Mas compare a surra de chicote do "Criminoso" rei da Babilônia. Talvez as crianças fossem surradas no lugar do Senhor da Desordem, assim como Eduardo VI tinha um "menino para chicotadas" (*whipping boy*).

No Edda também encontramos vagos fragmentos do mito de outro Deus que morreu, Odur, cujo nome pode ser simplesmente uma variação do nome Odin. Ele era casado com Freyja, sem dúvida uma Deusa da terra, mas a deixou, pois ela foi até o reino dos anões e obteve com eles um colar maravilhoso. Ela foi atrás de Odur em prantos, mas este jamais retornou. Essa lenda, por mais fragmentária que seja, lembra o culto de Astarte e Tamuz de modo mais próximo do que o mito de Baldur, mas no Edda ele é uma tênue lembrança e nada mais.

As velhas lendas célticas chegaram até nós em um formato tão fragmentado e tardio que podemos aproveitar muito pouco delas. Sabemos que os gauleses e bretões consideravam o visco sagrado e que cortavam cerimonialmente um raminho de carvalho todo ano. Também sabemos que de tempos em tempos queimavam grandes figuras de palha de gigantes ou Deuses, os quais eram enchidos com vítimas humanas e animais.[243]

Esse costume nos lembra imediatamente da queima de Melcarte e sugere que os celtas também tinham um Deus moribundo que era sacrificado para que a fertilidade do solo fosse mantida. Além disso, esses "Gigantes" subsistiram em muitas partes da França,[244] e mesmo na Inglaterra, até o século XIX, pois Gog e Magog no Salão da Guilda sem dúvida pertenciam a essa ilustre ascendência.[245]

Contudo, em algumas das histórias galesas, embora não possamos identificar com firmeza um Deus moribundo, encontramos traços de algumas coisas que tinham uma relação peculiar com o culto de Tamuz e, ainda mais, há uma tradição definida de que elas se orignaram na Síria. Como sabemos, os fenícios visitaram a Cornualha em busca de estanho, sendo bem possível que esses pormenores tenham sido importados diretamente do culto de Tamuz e como tiveram uma profunda influência nas Lendas do Graal, não podemos

---

243. César. *Bell. Gall.*, VI. 15.
Estrabo, IV, 4. 5, p. 197 sq.
Diodoro Sículo. V. 32.
W. Mannhardt. *Baumkultus*, p. 525 sq.
244. Madame Clement. *Histoire des fêtes civiles et religieuses de departement du Nord* (Cambrai 1836).
245. F. W. Fairholt. *Gog and Magog, the giants in the Guildhall, their real and legendary History* (Londres, 1859), p. 78-87.

ignorá-los aqui, embora em um capítulo posterior eles sejam abordados com mais detalhes.

No culto original de Tamuz entre os judeus, um caldeirão exercia um papel importante, sendo mencionado por Jeremias e Ezequiel, apesar de nos terem dado poucos detalhes a respeito. Ora, no Mabinogion,[246] na história de Branwen, a filha de Llyr, esse misterioso caldeirão é mencionado; e, como sua função é explicada, vamos devotar algum tempo para descobrir o que pudermos sobre ele.

Sabemos que Bendgeid Vran disse a Matholwch: "Dar-te-ei um caldeirão, cuja propriedade é que, se um dos teus homens for morto hoje e for lançado dentro dele, amanhã ele estará tão bem quanto esteve na força da idade, a não ser pelo fato que não recuperará sua fala." Aprendemos ainda que originalmente esse caldeirão pertencia a um homem gigante da Irlanda que, com sua esposa, se tornara amigo de Matholwch, mas que em última instância se tornou tamanho incômodo para a comunidade da Irlanda que o povo decidiu se livrar dele. Então, convenceram o gigante, sua esposa e filhos a entrarem em uma casa feita de ferro, e quando estavam lá dentro, empilharam lenha do lado de fora e acenderam o fogo. Quando a casa ficou branca de tão quente, o gigante e a esposa conseguiram atravessá-la e escapar para a Inglaterra onde foram generosamente recebidos pelos ingleses, mas as crianças morreram. Os refugiados deram seu caldeirão a Bendigeid Vran que, por meio dessa doação, restaurou-o à Irlanda.

Mais tarde, ele se arrependeu de sua generosidade, pois os irlandeses trataram muito mal sua irmã Branwen, e para vingá-la ele cruzou o mar com uma vasta hoste. Assim que atracou, os irlandeses quebraram as pontes do rio Linon e acreditaram que estavam seguros porque "um ímã no fundo do rio não deixava nenhum barco passar". Quando Bendigeid Vran, que era gigantesco, chegou ao rio, deitou-se sobre ele e formou a ponte para o exército, dizendo: "Aquele que quer ser chefe deve ser uma ponte", uma frase que se tornou um provérbio.

Na batalha inevitável, os ingleses se encontraram em grande desvantagem, porque toda noite os irlandeses jogavam seus mortos

---

246. Lady Charlotte Guest. *The Mabinogion* (Everyman ed.), p. 37-38. 44, também nota, *The Cauldron*, p. 295.

no caldeirão mágico e na manhã seguinte estes se levantavam tão bem quanto antes de sua morte, exceto pelo fato de não poderem mais falar. Percebendo que seu lado provavelmente seria derrotado, outro chefe inglês, fingindo estar morto, jogou-se entre os irlandeses caídos e foi colocado no caldeirão por engano. "Então ele se esticou dentro do caldeirão, de modo que arrebentou o caldeirão em quatro peças e também arrebentou o próprio coração."

A lenda de como esse caldeirão chegou à Irlanda também é instrutiva. Os tuatha de Danaan eram um povo de magos que veio da Síria e, na guerra com os sírios, usaram seu caldeirão mágico para reviver os próprios mortos. Mas os sírios adotaram a estratégia de atravessar uma estaca de freixo da montanha no peito de todos os corpos que haviam matado e "se eles fossem animados por demônios, instantaneamente se transformariam em vermes". Os tuatha então tiveram que deixar a Síria, perambulando rumo ao oeste até a Irlanda, ainda levando com eles seu caldeirão mágico.

Esse caldeirão também tinha a propriedade de fornecer fertilidade para a terra onde estivesse e, com o passar dos anos, foi convertido no Cálice das Lendas do Graal que, ainda assim, manteve muitas das propriedades mágicas do caldeirão. A história do Graal claramente indica um rito de iniciação semimágico de morte e ressurreição, como aqueles encontrados em outras partes do mundo e sua relação com o velho culto de fertilidade é comprovada não só pela menção de um caldeirão similar nos ritos judaicos de Tamuz,[247] mas também pelo fato de que para seus companheiros esse caldeirão tinha uma cabeça cortada, que em algumas versões falava,[248] a lança que pingava sangue e uma espada mágica.[249] A lança é semelhante à de Marduk, e à lança com que o representante humano de Tamuz era morto. A cabeça nos lembra a cabeça de Tamuz, que era jogada no mar em Alexandria, e a espada, a espada mágica de Salomão.

Consideraremos essas "relíquias" mais tarde, em relação ao Graal e os Templários; agora precisamos notar que sua presença nas

---

247. Ver capítulo VII.
248. Mabinogion, p. 45.
249. *Ibid. Peredur*, p. 185, 219.

lendas celtas indica uma ligação com o culto de fertilidade, assim como o ramo de visco cortado pelos druidas é um parente próximo do ramo usado nos ritos de fertilidade judaicos e do ramo de acácia.

O incidente do semideus Bendigeid Vran fazendo uma ponte para seu povo nos lembra da ponte mítica que conecta a terra e a cidade dos Deuses, sugerindo que ele tenha se sacrificado para salvar seu povo. Embora o verdadeiro significado do incidente tenha sido esquecido nos dias em que o Mabinogion foi registrado por escrito, o fato de ele ter morrido, mas sua cabeça continuar a falar, fortalece essa crença.

A importância das tradições célticas, por mais fragmentadas que sejam, está no fato de que elas indubitavelmente formam a base das lendas do Graal, que parecem ser um resquício do culto de fertilidade de Adônis. Como o Graal de algum modo estava associado aos Templários e estes últimos tinham uma relação clara com a Franco-Maçonaria, será necessário considerar essa parte da questão mais tarde. Agora só precisamos acrescentar que os fenícios vieram para a Inglaterra, e provavelmente para a Irlanda, e a tradição local em torno da fonte do caldeirão não pode ser ignorada. Por fim, os celtas tinham uma crença implícita na reencarnação, uma doutrina que era a base do culto de Adônis. Nesse ponto ainda não temos a evidência de César, mas na história de Taliesin ela forma a própria base da narrativa. Assim, Taliesin afirma:

"Fui o diretor principal da obra da torre de Nimrod,
Sou uma maravilha cuja origem não é conhecida.
Estive na Ásia com Noé, na Arca".

Ele também nos diz que durante sua última encarnação, como Gwion, se transformou em um pássaro, mas a mulher que o perseguia se transformou em um gavião; então, ele pousou no chão e virou uma *espiga de trigo*. A mulher metamorfoseou-se em uma galinha preta e o engoliu, mas ao voltar à forma humana descobriu que estava grávida. No devido tempo deu à luz um bebê que não era outro senão Taliesin.[250]

---

250. Lady Charlotte Guest. *The Mabinogion* (Everyman ed.), p. 263 sq.

Nessa história vemos uma analogia com a transmigração da alma do irmão mais novo na história egípcia, e nesse sentido não podemos nos esquecer de que Pitágoras, supostamente uma dignidade "Maçônica", ensinava a doutrina da transmigração das almas. Também é interessante notar que Taliesin alegou ser o principal arquiteto no edifício da Torre de Babel, uma construção que é mencionada em alguns dos mais antigos Rituais maçônicos, embora nos dias de hoje tenha praticamente desaparecido da Maçonaria.

Agora vamos sair das encostas enevoadas da Bretanha celta e partir rumo ao ar puro e às crenças mais precisas da Grécia antiga, onde encontraremos mais de uma história sobre um Deus moribundo, embora constatemos que elas não são as originais de Hiram Abiff. Seu valor consiste no fato de que lançam mais luz sob os princípios subjacentes do culto de Tamuz e da Franco-Maçonaria.

## Grécia

A Grécia foi o local de passagem para que muitos dos cultos da Ásia chegassem à Europa, neste processo sendo refinados e purificados de sua natureza selvagem original. Ainda assim, os próprios gregos mantiveram em suas lendas e, até em alguns casos, nos seus costumes, traços de ritos tão selvagens quanto aqueles que encontramos na Síria, parecendo até possuir seu próprio culto de fertilidade. Contudo, sua proximidade à Ásia e suas colônias em muitas partes da Ásia Menor resultaram na importação de tantos cultos e Deuses asiáticos que é difícil apontar definitivamente qualquer Deus ou costume e dizer: "isso é nativo".

## Os Conflitos dos Deuses

Os Deuses do Olimpo são divididos em três gerações, das quais o período clássico seria a terceira era, e eles eram regidos por Zeus.[251] Urano e Gaia foram produzidos pelo Caos, o primeiro representando

---

251. E. M. Berens. *Myths and Legends of Ancient Greece and Rome*, p. 11 sq. Eu utilizei esse livro na maior parte dessa seção porque é mais acessível ao leitor médio do que as autoridades clássicas originais, e apenas verifiquei ou suplementei as narrativas das autoridades originais como Hesíodo, Homero, etc.

os céus e a última a terra, de onde foram gerados uma série de divindades que incluíam os Gigantes e os Titãs. Destes últimos, o mais importante era Cronos. Como os Gigantes se mostraram rebeldes e turbulentos, Urano os jogou no Tártaro, mas isso enraiveceu sua mãe Gaia, que armou uma conspiração com Cronos.

Com o apoio dos outros Titãs, Cronos destronou Urano, castrando-o,[252] e do sangue que caiu sobre a terra nasceu uma segunda geração de Gigantes da Terra. Da mesma fonte surgiu Afrodite, que, no entanto, nasceu da mistura do sangue de Urano com o mar.[253] O significado dessa história é obvio quando nos lembramos de que Afrodite era apenas outra forma de Astarte. Urano, portanto, foi destronado e tornado impotente, mas ele amaldiçoou Cronos pela traição e previu que seria destronado do mesmo modo por seu filho.

Nessa história há óbvias analogias com a narrativa babilônica de Tiamat e embora Urano não tenha sido morto, o fato de ter ficado impotente mostra que o mesmo princípio por trás dessa lenda também é encontrado no mito de Átis. Tampouco podemos esquecer o fato de que na realidade a castração de Urano é provocada por Gaia, a Grande Mãe da Terra.

Cronos se tornou o regente supremo dos Deuses e desposou Reia, que também representava a Grande Mãe. Embora "pelo bem da decência" os gregos fizessem com que ela fosse a filha de Gaia, na verdade era a mesma entidade. Assim temos um filho que se torna o amante de sua mãe, como ocorre no caso de Átis. Além disso, a própria Reia não seria outra que não Cibele e, como ela, usava uma coroa com torres, viajando em uma carruagem puxada por leões. Seu lar original era Creta, onde era adorada com os mesmos ritos licenciosos que Astarte. Assim como a Grande Mãe em sua forma de Gaia causou o destronamento de Urano, na sua forma de Reia ela causou a queda de Cronos.

Cronos, atento à profecia do pai, cultivou o hábito de "engolir" cada um de seus filhos assim que nasciam, livrando-se, desse modo, dos cinco primeiros, mas quando Zeus nasceu, Reia substituiu o bebê

---

252. Hesíodo. *Theogony*, p. 159 sq.
253. Berens. *Ibid.*, p. 59.

por uma pedra, que Cronos engoliu do mesmo modo. Zeus ficou, então, escondido em uma caverna em Creta, no coração do Monte Ida. Quando se torna adulto, Zeus consegue persuadir Cronos a beber um emético, que o fez vomitar os demais cinco filhos de Reia.

Nesse incidente temos uma referência nítida a ritos de iniciação similares na Síria, onde os candidatos deviam ser engolidos por um monstro e depois vomitados. Meus leitores vão descobrir que, de modo semelhante, Salomão teria sido engolido pelo demônio Asmo-Deus e depois cuspido.[254]

Cronos, quando descobriu o truque que sofrera, atacou Zeus, que depois de uma luta longa e desesperada destronou o pai e o castrou,[255] como este havia castrado Urano.

Cronos, embora nos tempos clássicos fosse considerado um Deus do Tempo, parece originalmente ter sido um Deus do Milho, uma característica que ele manteve entre os romanos, onde era conhecido como Saturno. Geralmente, era representado como um homem barbudo segurando na mão esquerda espigas de milho e na direita uma foice, enquanto conduzia uma carruagem puxada por serpentes, um reconhecido emblema da fertilidade. Diante do costume bárbaro, que subsistiu entre os legionários romanos do Danúbio, de eleger um homem como rei Saturno que logo depois era morto,[256] é evidente que a castração de Cronos se assemelha à história contada sobre Átis e tinha o mesmo significado original.

## Héracles e Afrodite

Héracles, ou como os romanos o chamavam, Hércules, é simplesmente o fenício Melcarte e como já devotamos espaço considerável ao seu mito, tudo que precisamos fazer aqui é apontar que ele é uma variante do Deus Moribundo.

---

254. Ver Capítulo VIII.
255. Porfírio. *De antro nympharum*, 16.
Aristides. *Or*, III. (vol. I. p. 35. Ed. G. Dindorf, Leipzig, 1892). Escoliasta sobre Apolônio Ródio, *Argon*, IV. 983.
Ver também J. Weston. *The Quest of the Holy Graal*, p. 70. Compare p. 80.
256. J. G. Fraser. *The Scapegoat*, p. 308. Sq.

De modo semelhante Afrodite é apenas Astarte, mas os gregos, que tinham uma mania de especializar o panteão, subdividiram a grande Deusa da Fertilidade e criaram um número de Deusas, cada uma representando aspectos variáveis da mesma Divindade semítica. Deméter e Ártemis são variações similares de Astarte, mas para nosso propósito elas são tão importantes que devemos abordá-las separadamente e, por enquanto, vamos nos concentrar em outros dois representantes do Deus Moribundo, dos quais Dioniso é sem dúvida asiático, enquanto Orfeu provavelmente também deriva da mesma fonte.

## Orfeu[257]

Orfeu seria o filho de Apolo e Calíope, a Musa da Poesia Épica, e dizem que ministrava os Mistérios Órficos. Quando ele tocava a lira, as feras e pássaros se juntavam ao seu redor e até os ventos se detinham. Esses fatos sugerem, logo de início, que ele era o Deus da vida selvagem ou um Deus de fertilidade.

Orfeu se casou com Eurídice, mas seu meio-irmão Aristeu tentou raptá-la. Aristeu era uma divindade rural que teria ensinado aos homens como capturar abelhas e utilizar o mel. Aqui temos uma memória distorcida do significado da abelha no culto da fertilidade. Eurídice fugiu pelos campos, e na sua fuga pisou em uma serpente que a picou. A serpente, como meus leitores já estão cientes, tem uma relação íntima com o culto da fertilidade, tanto que outrora era comum falar do culto como a adoração da árvore e da serpente, e na própria Bíblia a serpente e a Árvore do Conhecimento, juntamente com uma mulher, de acordo com Gênesis, fizeram com que a morte viesse ao mundo.

Enquanto no culto sírio era o homem que perecia, aqui, como na história de Perséfone, era a mulher, e Orfeu, assim como ocorreu com Ishtar, partiu para o Mundo Inferior na esperança de recuperar seu amor perdido. Ele literalmente atravessou os horrores do Hades tocando a lira, e sua música por um momento trouxe paz e alívio aos sofredores mesmo no Tártaro. O severo rei Hades comoveu-se com

---

257. E. M. Berens. *The Myths and legends of Ancient Greece and Rome*, p. 80 sq.

sua devoção e ainda mais com a sua música, concordando em liberar Eurídice na condição de que Orfeu evitasse olhar para sua esposa até que os dois chegassem à superfície. Assim, Orfeu iniciou sua jornada de retorno seguido por Eurídice, mas enquanto se aproximavam dos confins do Hades, a visão de algumas das almas em tormento fez com que ela gritasse e Orfeu olhou para trás. Imediatamente ela desapareceu e ele soube que seu trabalho fora em vão.

Assim a história grega, ao contrário da síria, não teve final feliz e, a partir de então, as tragédias se acumularam. Embora houvesse retornado para o mundo superior, Orfeu recusou-se a ser confortado e nem suas antigas companheiras, as Ninfas, conseguiram aliviar sua melancolia. Por fim, ele encontrou no caminho um bando de mulheres trácias tomadas pelo frenesi dos ritos selvagens de Dioniso, os quais, devemos observar, eram um festival de fertilidade. Ele se recusou a se unir às orgias delas e, então, aquelas mulheres se voltaram contra ele e o fizeram em pedaços. Seus fragmentos mutilados foram enterrados pelas Musas no pé do Monte Olimpo, mas sua cabeça foi jogada no rio Hebrus.

Nesse último episódio, voltamos aos ritos asiáticos originais de Adônis. Já sabemos que a vítima, que representava o Deus da fertilidade, às vezes era despedaçada e devorada por adoradores frenéticos enquanto ainda viva. Sabemos que, em Alexandria, a cabeça da figura de Adônis era jogada no mar e, portanto, podemos ter certeza de que Orfeu é – ele mesmo – um Deus da Vegetação ou um dos seus numerosos representantes humanos que, em tempos primitivos, sofria de fato como o Deus. Ao considerar essa história, meus leitores não devem ignorar dois detalhes importantes: primeiro, Orfeu era divino, tendo um Deus como pai e uma semideusa como mãe e, em segundo lugar, ele ensinou os Ritos Órficos, mas a natureza exata desses ritos é incerta.

## Dioniso ou Baco

Dioniso era o filho de Zeus e Sêmele e quando considerado o importante papel que o fogo exercia no culto semítico de fertilidade, o primeiro incidente de sua vida se torna significativo. Sua mãe,

Sêmele, era a filha de Cadmo, rei da *Fenícia*, e foi persuadida por Hera, que estava com ciúmes dela, a pedir a Zeus que lhe aparecesse em toda a sua majestade divina. Tendo acabado de prometer fazer o que quer que ela pedisse, Zeus precisou atendê-la e, assim, ela foi imediatamente consumida pelo relâmpago que flamejava ao redor de sua cabeça. Ele, contudo, conseguiu salvar Dioniso das chamas, deixando-o aos cuidados de Hermes. Assim, o bebê nasceu entre as chamas e no meio das cinzas da mãe.

Como Hermes era o condutor das almas pelo Mundo Inferior, parece haver nessa história uma vaga recordação da queima do Deus fenício Melcarte e sua ressurreição entre os mortos. Dioniso foi, subsequentemente, criado em uma caverna entre ninfas da floresta, sátiros e pastores. Ele descobriu a possibilidade de fazer vinho a partir da uva e partiu em um tipo de peregrinação para ensinar o segredo para o resto do mundo. Viajou pela Síria, Arábia, Índia e Egito, plantando a vinha e acumulando seguidores. Então, voltou para a Grécia, onde, à revelia de seu progresso, sofreu oposição de Licurgo, rei da Trácia, e de Penteu, rei de Tebas.

Licurgo chegou a perseguir Dioniso até sua fuga para o mar, um incidente que novamente nos lembra de que em Alexandria uma figura de Adônis também era jogada às ondas. Entretanto, Dioniso escapou do perigo e Licurgo, como punição, enlouquece e mata o próprio filho. Penteu também teve um fim trágico, pois foi literalmente despedaçado por uma turba de devotas de Dioniso, lideradas pela mãe do rei, Agave, e suas duas irmãs, porque elas o flagraram espionando seus ritos. Assim, Penteu foi morto por três vilãs.

Que Dioniso não podia ser insultado com impunidade é demonstrado em outra história. Alguns piratas de Tirreno viram Dioniso na costa grega e imediatamente o levaram como escravo. Todavia, as correntes com que o prenderam caíram e o piloto, ao perceber que o jovem devia ser divino, implorou aos outros que o soltassem. Eles se recusaram e então os mastros floresceram e logo o navio inteiro estava envolvido em vinhas e heras,[258] plantas sagradas ao Deus, e sons de estranha música foram ouvidos. Então Dioniso transformou-se em

---

258. Luciano satiriza esse incidente na sua *Vera Historia*.

leão, enquanto um urso selvagem apareceu e despedaçou o capitão. O restante da tripulação se jogou no mar em pânico, logo sendo transformados em golfinhos.

Então, o Deus e o piloto seguiram seu caminho, desembarcando Dioniso em Naxos, onde se casou com Ariadne. Um dos últimos atos de Dioniso antes de *ascender* até o céu foi *descer* até o Mundo Inferior e trazer de volta sua mãe Sêmele em triunfo ao Olimpo, onde ela foi transformada em um dos imortais sob o nome de Tione.[259] Dioniso é representado coroado com hera ou folhas de vinha, montado em uma pantera ou leão, levando na mão o Tirso, uma vara envolta por ramos de vinha e com um pinhão no topo.

A partir dessa lenda, vemos que Dioniso era originalmente o Deus fenício da vegetação e que o pinhão era uma característica específica desses Deuses semíticos de fertilidade. Embora não haja nessa história nenhum relato da sua morte, o fato de que ele foi perseguido até o mar, para depois descer até o Mundo Inferior, salvando uma pessoa prisioneira da morte, mostra seu verdadeiro caráter. Sua identificação completa com o Deus sírio é provada, não só pela transformação em um leão, mas pela aparição do urso. Como já mencionamos, Astarte em uma das suas formas era uma Deusa Ursa, e nesse aspecto é representada em Afca prestes a destruir Adônis. Além disso, o incidente do navio sem dúvida se refere à barca solar, onde as almas dos mortos viajavam pelo Mundo Inferior e no seu caminho frequentemente encontravam feroz oposição dos poderes do mal. Mesmo o incidente do seu casamento com Ariadne, acompanhado como foi por comemorações entusiásticas, traz à mente as cerimônias nas quais a Grande Mãe se casava todos os anos com seu amante.

Dioniso era também considerado um patrono do drama e os Artífices Dionisíacos derivam dele o nome, que também era associado com certos ritos secretos de iniciação ligados a seus festivais públicos, as "Dionísias".

Nesses ritos secretos, um touro vestido com roupas humanas era feito em pedaços e devorado por devotos frenéticos, e há pouca dúvida de que originalmente era um homem, o representante

---

259. E. M. Berens. *The Myths and legends of Ancient Greece and Rome*, p. 124 sq.

humano de Dioniso, que perecia desse modo. Enquanto a carcaça desmembrada do touro era comida crua pelos adoradores, não há dúvida que a festa sacramental – pois não era outra coisa – fora, antes, uma refeição canibal. Parece provável que nos primeiros tempos esses ritos secretos estavam restritos a mulheres, mas em uma data posterior homens também foram admitidos. Como a maioria dos ritos de fertilidade, às vezes eles apresentavam um caráter licencioso, e devemos ter cuidado no sentido de os distinguir das cerimônias muito mais dignificadas de Elêusis. Nesses ritos, Dioniso, sob o nome de Iaco, também exercia um papel, mas sua posição exata ali ainda é uma questão de disputa entre os estudiosos. O incidente da morte de Orfeu, já mencionado, e o assassinato de Penteu mostram que os gregos nos tempos antigos eram tão selvagens quanto os semitas.

À guisa de conclusão, vemos que o culto de Dioniso provavelmente ajudou a fortalecer o culto de Adônis na Grécia, podendo, desse modo, ter contribuído para tradições maçônicas, mesmo que apenas em pequenas proporções. Contudo, ele subsistiu até 1908 na Trácia, em uma forma ligeiramente modificada em Viza, e pode existir até hoje.[260] Esse fato mostra como antigos costumes resistem e como não é razoável argumentar que os antigos mistérios maçônicos não podem ser uma reminiscência de um antigo rito de mistério.

## Deméter

Deméter tem muitas semelhanças com a Grande Mãe, mas, ao contrário de Astarte, ela sempre é representada como altamente "respeitável". Na história de sua procura por Perséfone há vários incidentes que nos recordam a Ísis egípcia, por exemplo, sua tentativa de tornar imortal o filho do rei Celeu. Não podemos afirmar de modo definitivo qual culto se inspirou no outro ou se ambos evoluíram de modo independente.

Há, contudo, uma importante diferença que distingue a ela e seus Mistérios dos cultos sírios e egípcios: a vítima é uma mulher e não um homem. Assim, Perséfone representa a "Donzela do Milho" que ainda existe em áreas agrícolas na Escandinávia e na Inglaterra.

---

260. R. M. Dawkins, *Journal of Hellenic Studies*, XXVI (1906), p. 191-206.

Além disso, o órgão masculino não tem um papel importante nos ritos, mas era uma característica dominante do culto sírio. Por fim, Deméter não está associada ao leão, e todos esses fatos sugerem que ela era provavelmente a Deusa grega original da fertilidade, ao contrário de Reia ou Afrodite, que sem dúvida foram importadas da Ásia.

## A Lenda[261]

Deméter teve uma filha com Zeus, chamada Perséfone, que colhia uma flor na costa do mar, quando de repente a terra se abriu e Hades apareceu, levando-a para o Mundo Inferior. Deméter saiu em busca da filha, levando nas mãos duas tochas, buscando-a em vão por nove dias. No décimo dia encontrou Hécate, uma antiga Deusa do Mundo Inferior, que mais tarde foi identificada com Ártemis. Esse ser lhe contou que ouvira os gritos de Perséfone, mas que não sabia para onde ela fora. Seguindo seu conselho, a mãe desesperada apelou para Hélios, o Sol, que vira tudo e que contou a Deméter o que acontecera. Os dez dias que se passaram entre a perda de Perséfone e a descoberta da sua mãe nos recordam lendas similares onde o número dez tem um papel importante. Por exemplo, Odin pendeu por nove dias na "árvore na ventania" e, presumivelmente, desceu dali no décimo dia. Dante levou dez dias para passar pelo Inferno, Purgatório e Céu, enquanto os heróis Hung, de acordo com o ritual da Tríade, passaram dez dias na sua jornada rumo à Mística Cidade dos Salgueiros.[262] Embora não haja um ramo de acácia nessa história, uma misteriosa flor exerce um papel importante, pois é colhendo essa flor que Perséfone faz com que os portões do Mundo Inferior se abram, um incidente análogo à superstição inglesa de que os portões do Reino das Fadas se abrem para aqueles que colhem um trevo de quatro folhas, enquanto uma história parecida também é contada na Irlanda.[263] Incidentalmente, o Reino das Fadas do folclore inglês sem dúvida representa o Mundo Inferior pré-cristão, pois em algumas das antigas baladas ouvimos que aqueles que ingerem alguma

---

261. E. M. Berens. *The Myths and legends of Ancient Greece and Rome*, p. 52.
262. Ward e Stirling. *The Hung Society*, vol. 1.
263. Enéas teve de colher um ramo de visco antes de poder entrar no Mundo Inferior. Ver Virgílio, *Aen*, VI.

comida no Reino das Fadas não podem voltar para a terra, o que nos lembra do que aconteceu no caso de Perséfone.

Quando Deméter descobriu que Zeus permitira que Hades levasse Perséfone, ficou furiosa e, deixando seu lar no Olimpo, recusou comida, disfarçou-se de velha e partiu em uma longa e cansativa peregrinação. Como resultado da sua fúria, a terra deixou de produzir colheitas e logo toda a humanidade estava prestes a perecer. Por fim, ela chegou em Elêusis, sentando-se sob uma oliveira perto de um poço. As filhas do rei Celeu vieram pegar água e, tendo pena daquela pobre estrangeira, levaram-na para a casa do seu pai onde ela foi bem recebida e empregada como ama do seu irmão bebê, Triptólemo. A estrangeira ainda se recusou a comer qualquer coisa por um longo período, mas acabou sendo persuadida a se alimentar de um pouco de cevada misturada com hortelã e água. Ela tomou conta do bebê e, todas as noites, em segredo, colocava-o no fogo para torná-lo imortal, mas certo dia a mãe dele, a rainha Metanira, espiou a estrangeira, e vendo o que estava fazendo com seu filho, soltou um grito. Nesse momento a Deusa arrancou a criança das chamas, revelou sua verdadeira identidade, contando à rainha que ela queria tornar o pequeno príncipe imortal, mas que a curiosidade da própria rainha tornara isso impossível. Em seguida, ela partiu, mas antes estabeleceu seus ritos sagrados em Elêusis.

Enquanto isso, Deméter continuou a impedir que o milho crescesse, até que um dia os Deuses imploraram que ela voltasse para o Olimpo e deixasse que o milho voltasse a florescer. A Deusa jurou pelo rio Estige que não realizaria o pedido dos Deuses até que Perséfone lhe fosse devolvida e, consequentemente, Zeus enviou Hermes até Hades para exigir o retorno da filha de Deméter. Isso foi concedido, mas se descobriu que Perséfone havia comido seis sementes de uma romã e, assim, Hades alegou que ela lhe pertencia. Como testemunha da sua declaração ele apresentou Ascálafo, fazendo com que a Deusa furiosa jogasse uma pedra sobre ele, que o prendeu no Tártaro até ser resgatado por Hércules.

Como um meio-termo, Zeus combinou que Perséfone permaneceria seis meses no Mundo Inferior, e pelo resto do ano residiria com sua mãe no Olimpo. Assim a vegetação uma vez mais cobriu a superfície da terra.

Essa lenda é a base dos Mistérios de Elêusis, e tudo que precisamos apontar é que, já que o personagem principal é uma mulher, Perséfone, e não um homem, eles não podem ser a origem da tradição maçônica. Ainda assim, há duas características para as quais precisamos chamar a atenção. Primeiro, o papel importante exercido pela romã, que nos recorda seu uso nas colunas no Templo de Salomão e sua presença no selo babilônico. Em segundo lugar, a tentativa de tornar Triptólemo imortal é similar à história contada a respeito de Ísis, a ponto de sugerir que uma deve ter sido influenciada pela outra. É difícil dizer, contudo, qual foi influenciada, e como a história egípcia localiza o incidente em Biblos, é possível que os dois cultos tenham sido influenciados pelo culto de Adônis. O fato de que Moloque era queimado todos os anos na Síria reforça essa possibilidade, e as lendas indicam que o princípio subjacente que causava essa cerimônia era a queima dos elementos humanos e perecíveis, renovando assim a juventude do Deus e preservando sua imortalidade.

## Ártemis

Os gregos compilaram sob o nome Ártemis diversas de suas Deusas primitivas, além de também várias formadas da Grande Mãe Semítica. Consequentemente, temos uma série de histórias que a representam em aspectos muito diferentes. Além disso, durante o período clássico eles tendiam cada vez mais a identificar Selene, a Lua, com Ártemis, e até com Hécate, uma Deusa antiga e primitiva do Mundo Inferior.

Portanto, é melhor considerá-la sob quatro aspectos, representados por quatro subtítulos distintos, ou seja, a Ártemis arcádia, braurônia, efésia e Selene.

A Ártemis arcádia era a Deusa da Vida Selvagem e, segundo as histórias, seria a filha de Zeus e Leto, e irmã gêmea de Apolo. Nesse aspecto ela é uma caçadora e uma virgem casta, tendo pouco em comum com Astarte. Contudo, algumas das suas lendas apontam para uma origem bastante selvagem. O fato de o urso ser um dos seus animais sagrados, e a história de como ela jogou seus cães contra Acteon, que morreu despedaçado, sugere analogias com a maneira como Orfeu e Penteu encontraram a morte. O fato de ela presidir o parto também sugere que Ártemis, mesmo entre os gregos, era originalmente uma Deusa da fertilidade. Além disso, ela era uma Deusa da Colheita e teria matado os Aloídas, ou Espíritos do Milho.[264] Em Orcômeno, uma imagem de madeira dela fora talhada em um grande *cedro*, uma árvore associada a Astarte e Adônis, como já observamos. Muitos dos seus títulos também indicam sua posição como uma Deusa das árvores, por exemplo, "A Deusa da Castanheira", enquanto seu título de "A Suspensa" é uma referência clara ao costume de pendurar sua imagem em uma árvore durante certos festivais, para indicar que ela era um espírito arbóreo.[265] Como Deusa dos animais selvagens ela era em especial uma Deusa dos ursos, e a lenda de Calisto, que foi transformada em uma ursa por Zeus, para naquela forma ser morta por Ártemis, é apenas uma lenda da Deusa na sua forma primitiva e totêmica de uma ursa.

Quando nos voltamos para Ártemis Braurônia, os aspectos primitivos da Deusa se tornam ainda mais evidentes. Uma das cerimônias relacionadas a essa divindade tinha a clara intenção de favorecê-la, como Deusa dos ursos, no sentido de matar ursos, e com esse propósito algumas moças dançavam uma "Dança do Urso" vestindo peles de urso.

Além disso, em sua honra os meninos espartanos eram açoitados até que o sangue jorrasse diante do seu altar em Limmaeum, na Lacônia, e há registros de que muitos dos pobres meninos morriam sob o chicote. Esse costume é sem dúvida similar ao dos sacerdotes de Cibele, que se cortavam até o sangue correr em seu altar para que a terra pudesse ser fertilizada. Tampouco podemos esquecer o fato de que, em Homero, ela era a Deusa da morte, tendo assim outra característica comum com Astarte, que não só era a Grande Mãe como também a Deusa da Guerra e da Destruição, sendo muito semelhante à Deusa indiana Kali, a esposa de Shiva.

---

264. Ver "Artemis" na *Encycl. Brit.*, 11ª ed. (1910, p. 663 sq.)
265. Farnell. *Cults of the Greek States*, II., p. 429.

A história de Ifigênia fornece muitos detalhes importantes a respeito da natureza da adoração da Braurônia ou, como era ocasionalmente chamada, da Ártemis de Táuris. Quando a frota grega estava prestes a navegar, não pôde partir por causa de ventos contrários, e se descobriu que Ártemis estava furiosa com Agamenon e só seria satisfeita se sacrificasse para ela sua filha Ifigênia. Assim, o rei mandou chamá-la, dizendo à sua rainha Clitemnestra que Aquiles desejava casar com ela. Quando a pobre garota chegou, apesar de suas súplicas, foi amarrada ao altar, mas assim que a faca do sacrifício estava prestes a descer ela desapareceu, aparecendo em seu lugar uma corça que foi ofertada em substituição a ela. Enquanto isso, Ártemis transportou a princesa para Táurida, na Crimeia, onde, contudo, descobriu que havia trocado um destino terrível por outro.

Ali ela teve de se oferecer, como um sacrifício a Ártemis, a quaisquer estrangeiros que chegassem ao país. Depois de muitos anos, dois estrangeiros foram levados até ela que, depois de algumas perguntas, os reconheceu como sendo gregos e que eram seu irmão Orestes e seu primo Pílades. Orestes fora até a Táurida para carregar a estátua da Deusa até a Ática, uma tarefa que teve de cumprir como expiação por ter matado sua mãe, já que esta matara seu pai e marido Agamenon.

Ifigênia e os dois homens conseguiram escapar, levando a imagem sagrada até a Grécia, onde a prática de oferecer sacrifícios humanos a ela continuava em Esparta, até o tempo de Licurgo, que a substituiu pelo açoitamento de meninos, mencionado anteriormente.[266]

Em Éfeso, Ártemis é simplesmente Astarte, não helenizada. Aqui ela parece ter sido adorada como a Deusa do Mundo Inferior, mas tinha todos os atributos usuais de Astarte, incluindo seus sacerdotes Eunucos. A parte superior da estátua tinha forma de mulher, mas com várias fileiras de seios, para indicar sua natureza fértil, enquanto a metade inferior era um pilar, onde foram esculpidas fileiras de animais, répteis, etc. Seus animais sagrados eram o leão, o urso, a abelha e a cabra. Contudo, como já tratamos dessa Deusa na sua verdadeira forma asiática, não precisamos nos deter a ela.

---

266. E. M. Berens. *The Myths and legends of Ancient Greece and Rome*, p. 36.

Ártemis Selene representava a fusão da antiga Deusa homérica, Selene, com Ártemis. Sob esse aspecto ela portava na cabeça uma lua crescente e lhe foram atribuídas algumas das lendas de Selene, como a de Endimião. Contudo, devemos nos lembrar de que a Lua teria, para os povos primitivos, uma profunda influência sobre o crescimento das plantações e na Ásia a Deusa da Lua logo se tornou mais ou menos identificada com Astarte.

Afrodite, embora à primeira vista bastante diferente de Ártemis, é apenas Astarte purificada de algumas das suas características mais cruéis e destrutivas. Nas mãos gregas, esse aspecto da grande Deusa semítica manteve seu caráter lascivo, mas na maior parte perdeu sua natureza selvagem e sedenta de sangue; essa característica, ou o que sobrou dela, foi transferida para Ártemis. Por outro lado, parece haver pouca dúvida de que, exceto como representante do planeta Vênus, ela não tinha uma versão original na Grécia primitiva.

## Osíris

De acordo com Plutarco, Osíris era filho do Deus da Terra Seb e da Deusa do Céu Nut e possuía dois irmãos, Hórus, o mais velho, além de Set, que depois o assassinou; e também tinha duas irmãs, Ísis e Néftis. Osíris se casou com Ísis, tornando-se rei do Egito, enquanto Set se casou com Néftis.

Osíris[267] civilizou os egípcios, que antes eram canibais; livrando-os desse hábito horrível ensinou o povo a plantar milho, que fora descoberto por Ísis crescendo em estado silvestre. Todavia, Set tinha ciúme do amor e adoração oferecido pelo povo agradecido a seu irmão e conspirou com outros 72 para assassiná-lo. Com esse intuito, fez uma arca e persuadiu Osíris a entrar nela. Assim que ele entrou, os conspiradores fecharam a arca com pregos e ele foi jogado no Nilo.

---

267. Referências gerais. Plutarco. *Isis et Orisis*, 12. 20.
A.Wiedemann. *Religion of the Ancient Egyptians* (Londres, 1897), p. 207 sq.
G. Maspero. *Histoire ancienne des Peuples de l'Orient Classique*, I. p. 172 sq.
E. A. Wallis Budge. *The Gods of the Egyptians*, II, p. 123 sq.
Id. *Osiris and Egyptian Resurrection*, I, p. 1. Sq.
J. N. Breasted. *Development of Religion and Thought in Ancient Egypt*.

Quando Ísis descobriu o que acontecera ela cortou o cabelo, vestiu luto e saiu em busca do corpo. Enquanto isso, a arca flutuou até Biblos, na Síria, a cidade sagrada de Adônis. Ela havia encalhado e um tamarisco ali brotou, crescendo ao redor da arca, envolvendo-a completamente por seu tronco. Essa árvore o rei de Biblos resolveu cortar para usar o tronco em uma coluna do seu palácio, sem saber o que ele continha. Ísis de alguma forma descobriu o que acontecera e partiu para Biblos. Quando chegou àquela cidade, sentou-se e chorou junto a um poço, sendo então encontrada ali por certas servas do rei que foram buscar água. Elas contaram à rainha sobre a misteriosa estrangeira junto ao poço e ela convidou Ísis para vir até o palácio e ser a ama do seu filho. A Deusa tentou tornar o bebê imortal, colocando-o no fogo à noite, enquanto se transformava em uma andorinha e flutuava ao redor da coluna que guardava o corpo do seu marido.[268]

A rainha, contudo, via tudo secretamente e nessa hora correu e tirou a criança das chamas, privando-a assim da chance de ela se tornar imortal. A Deusa se revelou em sua forma real e implorou pelo pilar, que lhe foi concedido; ela o abriu e obteve o cadáver. Quando isso aconteceu, ela se jogou sobre o corpo e o abraçou, o que a fez conceber, posteriormente.[269] Quanto ao tronco da árvore, ela o preservou cuidadosamente, envolvendo-o em fino linho, ungiu-o e o deu como presente ao rei e à rainha, que o instalaram em um templo local onde, de acordo com Plutarco, ali ainda permanecia em sua época.

Ísis, então, voltou ao Egito de barco, levando o corpo na arca em que estava, escondendo-a entre os pântanos do delta, onde ela, enfim, deu à luz Hórus. Depois do nascimento do menino, ela tomou o cuidado de ocultá-lo de Set, que desejava matar a criança. Certo dia, enquanto ela estava longe da arca visitando seu filho Hórus, em Buto, Set descobriu a arca enquanto caçava javalis, sob a luz da Lua Cheia.[270] Ele reconheceu o corpo e, cortando-o em 14 pedaços, espalhou-o por todo o país; mas Ísis novamente seguiu em sua exaustiva

---

268. A similaridade desses detalhes com aqueles encontrados na história de Deméter é bastante suspeita, assim como o fato de que os eventos teriam ocorrido na cidade sagrada de Adônis, Biblos.
269. "Pyramid Texts". Ver J. N. Breasted. *Development of Religion and thought in Ancient Egypt*, p. 28,
270. Plutarco, *Isis et Osiris*, 8. 18.

jornada e aos poucos reuniu todos os fragmentos, exceto o órgão genital, que fora devorado por um peixe. Para substituí-lo, Ísis fez uma réplica de madeira. Então, ela e Néftis levantaram as vozes em lamentação, o que nos lembra o luto dos sírios por Tamuz e dos judeus pelos seus reis.

"Vem para a tua casa. Vem para tua casa, ó Deus On... Eu sou tua irmã, a quem amas, não te afastarás de mim... Não te vejo, mas meu coração anseia por ti e meus olhos te desejam.[271] Vem para aquela que te ama... vem à tua irmã, vem à tua esposa... Eu te chamo e choro para que meu clamor seja ouvido no Céu, mas tu não escutas minha voz, ainda que eu seja a tua irmã, a quem tu amaste na terra, tu não amaste ninguém senão a mim, meu irmão! Meu irmão!"[272]

A lamentação das duas irmãs fez com que Rá, o Deus do Sol, enviasse Anúbis até elas; este, com o auxílio adicional de Thoth e Hórus, ajudou-as a reconstruir o corpo inteiro. Portanto, cinco pessoas ajudaram a ressuscitar Osíris, lembrando-nos dos cinco CC. MM.* Assim, eles o ergueram dos mortos e, a partir de então, Osíris reinou como o Senhor da Verdade e Rei do Mundo Inferior. Como ele ressuscitara dos mortos, todos os egípcios, confiando nele, acreditaram também que ressuscitariam outra vez.

Com Osíris juiz do Mundo Inferior, os egípcios tinham de aparecer diante dele, mas para ganhar entrada no seu reino, precisavam provar que haviam vivido uma vida de boa moral e que estavam repletos da Verdade. Aqueles que falhavam eram jogados em um lugar de tormento[273] ou, de acordo com algumas versões, aniquilados.[274]

Além da história da ressurreição de Osíris, temos narrativas a respeito de duas crianças criadas por Ísis. Na primeira, enquanto Ísis perambulava entre os pântanos do Delta, acompanhada por sete escorpiões, ela chegou a uma cabana. A mulher que era dona da casa ficou com medo dos escorpiões e fechou a porta diante da Deusa, o que levou um dos escorpiões a se arrastar por baixo da porta e a picar

---

271. Compare também com o Cântico de Salomão.
272. E. A. Wallis Budge. *Osiris and the Egyptian Resurrection*, II, 59 seq.
*N.T.: No original, *five F.C.'s*.
273. Maspero. *Popular Stories of Ancient Egypt*, p. 149.
274. E. A. Wallis Budge. *The Book of the Dead*, vol. I. p. lxv.

o filho da mulher, que morreu. Mas quando Ísis ouviu os gritos da mãe desesperada, seu coração foi tocado e, colocando as mãos sobre a criança morta, ela entoou palavras mágicas que removeram o veneno do seu corpo e lhe restauraram a vida.

A segunda história conta que certo dia ela encontrou seu próprio filho, Hórus, ainda uma criança, deitado e sem vida no lugar onde o escondera de Set, ou seja, em Buto. Fora picado por um escorpião. Assim, Ísis apelou a Rá, que deteve a barca solar onde estava viajando e enviou Thoth para ajudá-la. Este lhe ensinou um poderoso feitiço através do qual ela reanimou o corpo morto de Hórus.[275]

Essas duas histórias são de especial interesse, já que indicam que Ísis, que é naturalmente a Grande Mãe, é, em grande parte, a agente da Ressurreição. A morte e a ressurreição de Hórus, o filho de Osíris morto, sem dúvida representam o plantio da semente e sua ressurreição como milho verde, enquanto a morte de Osíris se refere à colheita da plantação anterior, seu joeiramento e subsequente semeio sobre o campo arado. Portanto, Osíris representa o Moloque emita e Hórus, Tamuz.

Voltando à lenda principal, os seguintes pontos são importantes:

1) A geração de um filho pelo cadáver, que claramente se refere ao milho morto na colheita e reunido em cestas, que, embora "morto", ainda é capaz de gerar no útero da mãe terra um filho, o milho.

2) A perda do falo mostra que originalmente no Egito, assim como entre os semitas, o Deus era privado do seu membro masculino pela Deusa, embora mais tarde o incidente seja lembrado em relação à sua forma animal, que aqui é um peixe, enquanto seu aspecto humano é eximido de responsabilidade. Entre os Yaos, a Grande Mãe ainda é representada como um monstro marinho.

3) O falo de madeira é um remanescente da concepção anterior de Osíris como um Deus arbóreo, um aspecto que nunca foi inteiramente esquecido no Egito.

---

275. A. Wiedemann. *Religion of the Ancient Egyptians* (Londres, 1897), p. 213 sq.
E. A. Wallis Budge. *The Gods of the Egyptians*, I. 487 sq., e II. 206-211.
*Idem. Osiris and the Egyptian Resurrection* (Londres, 1911), I. 92-96: II 84, 274-276.

4) O tamarisco que cresceu ao redor do cadáver e a subsequente veneração do tronco também indicam esse aspecto de Osíris como um Deus arbóreo.

5) A relação de Biblos[276] com o mito indica uma ligação muito mais próxima entre Osíris e Adônis do que a maioria das pessoas poderia suspeitar, sugerindo em parte que o mito de Osíris derivava dos semitas, muito embora não haja dúvida de que um culto de fertilidade se originara no Egito.

6) A semelhança de certos eventos em Biblos com aqueles associados a Deméter em Elêusis sugere que essas duas áreas amplamente separadas retiraram esses incidentes de um centro comum em Biblos, que é meio-caminho entre os dois países em uma rota pela terra. Além disso, como os fenícios eram grandes navegadores, é mais provável que tenham levado para o Egito e Grécia partes do seu culto do que a Grécia, nesse período tão antigo, tenha sido influenciada pelo Egito ou vice-versa. Quando juntamos esses fatos com a tradição de que Ísis foi a Biblos, parece-nos que não há muita margem para dúvida.

Assim, a morte de Osíris pode simbolizar a colheita e o plantio da semente, mas muito antes na história do Egito o Deus reuniu vários dos atributos da Lua e até do Sol. Outrossim, muitos estudiosos competentes[277] consideram que temos os registros parciais da existência de um homem real, um dos primeiros reis do Egito. Defendendo esse ponto de vista, Frazer[278] cita vários exemplos de reis verdadeiros que foram subsequentemente adorados como Deuses pelos seus súditos agradecidos. Até existem templos na Índia para Nicholson, um inglês que morreu no Motim.

Entre os Shilluks do Nilo Branco, os espíritos dos seus reis mortos são regularmente cultuados e até o país passar para o domínio britânico, os reis eram mortos assim que começassem a perder a virilidade, porque se pensava que se continuassem a reinar, o gado e plantações feneceriam.

---

276. Alguns estudiosos consideram que Biblos não é a cidade na Síria, mas no Delta. Plutarco, contudo, claramente indica a primeira.
277. Ver E. A. Wallis Budge em *Osiris and the Egyptian Resurrection*.
278. Frazer. *Adonis, Attis, Osiris*, II. 158 sq.

O fundador dessa linhagem, Nyakang, era um homem real e seu espírito é transferido de cada rei para seu sucessor por meio de certas cerimônias.[279] Como lidaremos com esse assunto em um capítulo posterior não precisamos nos deter nele agora, mas o fato, combinado com a adoração de um homem real, sugere que Osíris pode ter sido também um grande rei-sacerdote de um primitivo culto da vegetação.

Está claro que em uma data muito antiga o sistema religioso egípcio foi drasticamente reformado e o antigo culto semimágico de fertilidade foi em grande parte espiritualizado. As doutrinas elevadas e inspiradoras da ressurreição e da felicidade dos mortos conquistadas por uma boa vida moral na terra deve sua origem a um grande mestre. Todas as religiões de valor permanente começam com um fundador humano e muito embora mitos e lendas de cultos mais antigos se acumulem ao redor desses fundadores, isto não pode nos deixar insensíveis para o fato de que para que tal sistema comece, deve haver alguém a ensiná-lo. As doutrinas da fé egípcia são tão claras e explícitas desde o primeiro momento que quando encontramos algum registro delas, não podemos deixar de sentir que algum homem, provavelmente um rei-sacerdote do antigo culto, foi o profeta que transformou a antiga fé. É possível que Osíris represente não apenas um grande reformador, mas também o último dos reis-sacerdotes do Egito a ser morto. Morto pelos conservadores e reacionários seguidores do velho culto, que consideraram sua reforma uma interrupção de antigos valores. Se for assim, talvez como um outro Maior que ele, a morte de Osíris tenha garantido a vitória da causa pela qual lutou. Embora não seja ainda o momento de resolver esse problema, ele deve ser lembrado, pois uma explicação parecida pode dar conta da sobrevivência, entre nós, do nome Hiram Abiff.

O desmembramento de Osíris não só representa o milho espalhado sobre a terra, como também o velho costume selvagem de dilacerar membro a membro o representante humano do Deus do Trigo, como nos exemplos que vimos na Grécia. Ainda assim, na Europa

---

279. C. G. Seligman. *The Cult of Nyakang and the Divine Kings of the Shilluks* (Khartum, 1911), p. 216-232.
Diedricht Westermann. *The Shilluk People, their Language and Folklore* (Berlim, 1912), p. XXXIX sq.

moderna a figura da "morte" é tratada do mesmo modo,[280] e em algumas partes selvagens do mundo homens ainda são sacrificados dessa maneira para aumentar a fertilidade do solo.[281] Além disso, Plutarco nos informa, citando Maneto, que os egípcios sacrificavam homens ruivos[282] e espalhavam suas cinzas em uma peneira de joeirar na tumba de Osíris.[283]

Outrossim, de acordo com um relato, não somente Osíris era desmembrado, mas o mesmo acontecia com seu inimigo Set,[284] fato comemorado em um evento anual. Uma cerimônia semelhante também ocorria em Quios em honra a Dioniso.[285] Contudo, vamos deixar de lado esses detalhes sombrios e considerar outro aspecto importante do culto de Osíris. Na Babilônia, sabemos que os reis representavam o papel do Deus Moribundo e o mesmo ocorreu no Egito no Festival de Sed, que era comemorado uma vez a cada 30 anos. Ele remonta à origem da história egípcia e tinha como propósito "renovar" a força do rei.[286]

A cerimônia consistia em uma representação dramática da morte e renascimento do rei, onde ele representava o papel de Osíris. Nos monumentos, ele é exibido vestido como o Osíris mumificado e só pelo fato de seu nome estar gravado sob a figura é que podemos ter certeza de que se trata de um rei humano e não do próprio Deus. Durante a cerimônia a rainha ficava perto dele e disparava flechas na direção dos quatro pontos cardeais, enquanto o rei lançava anéis. Por fim, uma imagem do rei era enterrada na tumba.[287]

Flinders Petrie considera que originalmente o rei era de fato morto e seu lugar tomado pelo sucessor, que herdava sua alma divina, mas como os comportamentos se tornavam mais brandos, "esse

---

280. Frazer. *The Dying God*, p. 250.
281. Frazer. *Spirits of the Corn and the Wild*, I. 236 sq.
282. Provavelmente porque eram semelhantes à cor do trigo.
283. Plutarco. *Isis et Osiris*, 73. 33. Compare Diodoro Sículo I. 88. 5, também E. A. Wallis Budge, "Osiris and the Egyptian Resurrection". I. 197 sq.
284. Escoliasta em *Caesaris Germanici Aratea*, em F. Eyssenhardt ed. De maritanus Capella, p. 408. (Leipzig, 1866).
285. Porfírio. *De Abstinentia*, II. 55.
286. A. Moret. *Du caractere religieux de la royaulte Pharaonique* (Paris, 1902), p. 235-273.
287. J. Capart. "Bulletin critique des religions de l'Egypte" em *Revie de l'Histoire des Religions*, LIII. (1906), p. 332 sq.

costume feroz foi alterado, como em outras terras, ao apontar um rei substituo para morrer no seu lugar; uma ideia que subsistiu no Abu Nerus copta... Depois da morte do substituto, o rei verdadeiro renovava a própria vida e reinava."

M. Moret,[288] em sua importante obra sobre o assunto, diz que o festival de Sed "consistia essencialmente na representação da morte ritual do rei seguido pelo seu renascimento... Como essa ficção era representada? Pelo sacrifício de vítimas humanas ou animais. Em benesse ao rei, um sacerdote jazia na pele de uma vítima animal; ele assumia a posição característica de um embrião no útero da mãe: quando saía da pele, era considerado renascido; e o faraó, para quem esse rito era celebrado, também renascia... Talvez a morte fictícia do rei possa ser considerada um abrandamento do primitivo assassinato do rei divino, como a transição de uma realidade bárbara para o simbolismo."

Como podemos ver, os egípcios tinham, além de ritos externos, certos mistérios secretos, que na época dos Césares se espalharam pelo Império Romano sob o nome do Culto de Ísis. Talvez nas mais antigas representações do Festival de Sed, que datam de 5.500 a.C., tenhamos a origem do que envolviam esses ritos internos de mistério.

Contudo, esse não era o único caso em que o rei e a rainha do Egito desempenhavam um papel importante nas cerimônias que comemoravam o mito de Osíris. Firmicus nos conta que todo ano um pinheiro era derrubado, um grande buraco era feito no tronco e nele se colocava uma imagem de Osíris. Um ano depois a imagem era solenemente queimada,[289] um destino semelhante ao que acontecia com a figura de Átis, presa em um pinheiro.[290] Sabemos, pelos monumentos do Egito, que um dos grandes festivais era aquele relacionado à construção de um pilar ou de pilares, Tat e Tattu. Esse pilar, de acordo com o monumento, possuía quatro barras cruzadas no topo e às vezes ficava parecido com uma figura humana com o acréscimo de um rosto esculpido, a parte inferior vestindo uma túnica, enquanto na parte superior eram colocados os símbolos de Osíris.

---

288. Frazer. *Adonis, Attis, Osiris*, 3ª ed., vol. 2., p. 155 sq. Citando A. Moret, *Mysteres Egyptiens*.
289. Firmicus Maternus. *De errore profan. Relig.*, 27.
290. Ver Frazer. "Adonis, Attis, Osiris", vol. 1., p. 267-277.

Essa aparência deixa claro que Osíris era o Deus da Vegetação e da Fertilidade de modo geral. O tronco de árvore com quatro barras representa uma árvore com as folhas e a maioria dos ramos cortados. O Malho nos lembra do milho debulhado com ele, e o cajado indica a ligação do Deus com rebanhos. Assim, é bastante natural que os egípcios chamassem o Tat de espinha de Osíris, no seu aspecto de um Deus arbóreo, e a explicação fantasiosa defendida por alguns escritores de que as quatro barras representam a terra pode ser logo descartada. Se os egípcios desejassem representar o pilar com um emblema da terra no topo, teriam usado um quadrado. Tampouco podemos considerar o Tat como a origem dos pilares fora do Templo do Rei Salomão, que são claramente fálicos, em virtude de sua forma e ornamentação. O máximo que podemos admitir é que durante um período tardio esses dois emblemas podem ter sido confundidos na mente da população.

O professor P. E. Newberry, em uma carta particular para *sir* J. G. Frazer citada por este último,[291] estabeleceu uma interessante teoria sugerindo que Osíris originalmente era um Deus do cedro, importado para o Egito do Líbano, e que Tat era apenas um cedro cortado. Ele considera que o cetro ou malho é mesmo uma ferramenta usada para extrair incenso, e em apoio a esse ponto de vista, observa que os camponeses de Creta ainda usam um malho para extrair a goma do láudano dos arbustos.

Como o senhor Sidney Smith, por sua vez, também considera que Osíris possa ser um Deus semita da vegetação, esses pontos são importantes. Talvez devamos aos semitas não apenas a origem do monoteísmo como também do Deus moribundo e que, longe de o culto de Adônis estar em débito com o Egito, este último simplesmente assumiu e espiritualizou o próprio Tamuz. Os eruditos estão cada vez mais próximos da conclusão de que o povo dominante no Egito era de invasores semitas e, portanto, não é improvável que tenham trazido seus Deuses locais.

O modo reformado e espiritualizado do culto de Osíris pode se dever ao surgimento de um grande rei e mestre nas margens do Nilo, cuja

---
291. Frazer. *Adonis, Attis, Osiris*, vol. II. p. 109, nota 1.

personalidade marcou o culto com essas características peculiares, que a partir de então o distinguiram do culto original do qual era derivado.

Antes de voltarmos à Judeia, daremos uma olhada em uma certa divindade estranha, bem conhecida entre gregos e romanos, e que era então associada aos judeus.

## Sabázio

Essa divindade era um Deus frígio ou trácio, geralmente identificado na Grécia como Dioniso e às vezes Zeus. Sua adoração era muito próxima a Átis e, indubitavelmente, era este último sob outro nome. Segundo a declaração em Val. Max. 1.3.2, considera-se que na Antiguidade ele era o mesmo que o Sabaoth Judaico. Como Plutarco[292] declara que os judeus adoravam Dioniso e que seu Sabbath tinha o nome derivado de Sabázio, podemos sustentar o ponto de vista que mesmo nos dias dos Césares o antigo Deus da Fertilidade não havia perdido seus adeptos assumidos, entre os judeus.

Sabemos que em 139 a.C. os primeiros judeus que tentaram se instalar em Roma foram expulsos sob os termos de uma lei que proibia o ensino do culto de "Júpiter Sabázio" e, assim, parece não restar dúvida de que a adoração a Sabázio, ou Tamuz, era geralmente considerada comum entre os judeus.

Contudo, no segundo século d.C., esse culto ganhou uma base firme em Roma, pois numerosas tábuas votivas inscritas com seu nome foram ali encontradas. Aos poucos, ele se mesclou com Átis,[293] o que muito nos interessa neste livro, pois os fatos expostos acima mostram que o culto de Tamuz sob o nome de Sabázio era associado entre os romanos não só aos sírios, mas aos próprios judeus.

---

292. Plutarco. *Synus*, IV. 6.
293. Ver o artigo "Sabazius", em *Encycl. Brit.*, 11ª ed. (1911), vol. XXIII, p. 958.
J. E. Harrison. *Prologomena in Greek Religion* (1908), p. 414.

# Capítulo VII

# Os Ritos de Adônis em Judá

A visão de Ezequiel em c. 594[294] a.C. fornece uma imagem nítida dos ritos secretos de Tamuz. Ela começa da seguinte maneira:

Ele "me levou... até a entrada da porta do pátio interno voltada para o norte, onde estava a imagem do Ciúme, que provoca ciúme".

O que é a "Imagem do Ciúme" voltada para o norte – o local simbólico da escuridão? Era Astorete, ou seja, Astarte, a Grande Mãe, a Amante de Tamuz. Em 2 Reis[295] lemos que o bom rei Josias quebrou e profanou os lugares altos "que Salomão, o rei de Israel, havia erguido para Astorete", e também para Quemós e Milcom. Então, para que não houvesse dúvida quanto à situação do santuário de Astorete, explica-se que ele ficava no lado direito. Como o templo tem seu Santuário a oeste, o lado direito ficaria no norte. O ponto exato onde se localizava o santuário de Astarte é o Monte das Oliveiras.

Jeremias,[296] cerca de 600 a.C., oferece os seguintes detalhes significativos sobre uma das cerimônias executadas em honra a Astarte, a quem ele chama "A Rainha do Céu" que também era um dos seus títulos posteriores.

"Não vês o que fazem nas cidades de Judá e nas ruas de Jerusalém? As crianças colhem lenha e os pais acendem o fogo, e as mulheres moldam a massa *para fazer bolos* e derramar libações para outros Deuses".

Aqui devemos notar o uso do pão e do vinho para uma festa sacramental a qual sabemos, em razão de observâncias similares alhures,

---

294. Ezequiel 8:3 sq.
295. 2 Reis 23:13.
296. Jeremias 7:17 sq.

subsistiu na Europa até o século XIX, onde esses bolos tinham a forma do órgão masculino.[297]

Além disso, Jeremias se queixa que mesmo os remanescentes que fugiram para o Egito depois da queda de Jerusalém não abandonaram esse costume, e seus protestos deram uma resposta que explica tanto o propósito desses emblemas obscenos quanto os incidentes semelhantes ligados à adoração da grande Deusa da Fertilidade, que a essa altura absorvera em grande parte os atributos da Lua, assim como seu filho e amante já haviam parcialmente absorvido os do Sol.

Eles "responderam" a Jeremias dizendo:[298] "Quanto à palavra que nos anunciaste em nome do Senhor, não obedeceremos a ti; mas certamente cumpriremos toda a palavra que saiu da nossa boca, queimando incenso à rainha dos céus, e oferecendo-lhe libações, como nós e nossos pais, nossos reis e nossos príncipes, temos feito, nas cidades de Judá, e nas ruas de Jerusalém; e então tínhamos fartura de pão, e andávamos alegres, e não víamos mal algum. Mas desde que cessamos de queimar incenso à rainha dos céus, e de lhe oferecer libações, tivemos falta de tudo, e fomos consumidos pela espada e pela fome".

"E quando nós queimávamos incenso à rainha dos céus, e lhe oferecíamos libações, acaso lhe fizemos bolos, para a adorar, e oferecemos-lhe libações sem nossos maridos?"[299]

A partir dessa resposta, compreendemos que os adoradores acreditavam que a menos que oferecessem à Deusa esses bolos fálicos eles não receberiam dela a colheita. A razão é clara: o Deus do Trigo representa a semente que é enterrada no útero da terra. O órgão masculino do zangão é literalmente arrancado pela abelha rainha, permanecendo dentro dela pelo resto da vida; dessa maneira, ela é fertilizada, mas a custo da vida do zangão. De modo semelhante, Átis e Tamuz morrem para que a terra possa ser fértil, daí o motivo de os sacerdotes de Cibele e de Ártemis em Éfeso precisarem se castrar e oferecer seus órgãos masculinos à Deusa.

---
297. N. M. Penzer. *Ocean of Story*, vol. II, p. 13, nota 3.
298. Jeremias 44: 16 sq.
299. Eram apenas as mulheres que levavam os emblemas obscenos na procissão de Ísis no Egito. Frazer. *Adonis*, vol. 2, p. 112.

Portanto, as mulheres judias, como outros adoradores da Grande Deusa, ofereciam como substitutos dos órgãos masculinos dos seus maridos modelos feitos da "Carne" do Deus do Milho morto, e derramavam vinho para simbolizar o sangue que fluía naturalmente quando o órgão masculino humano era cortado, assim como no caso dos Sacerdotes de Cibele.

Com o intuito de serem unos com Deus, os adoradores comiam o pão e bebiam parte do vinho. Ritos semelhantes eram realizados no mundo inteiro para a Deusa da Fertilidade, e aqui percebemos com clareza sua permanência entre os judeus até 587 a.C.

Descobrimos ainda que essas ofertas de bolos só eram feitas pelas mulheres no portão norte no santuário de Astarte. Sem dúvida, fora nesse período que as mulheres choravam por Tamuz morto, cujo triste destino era assim comemorado, com a esperança de uma colheita abundante.

Entendemos também por que o fogo tinha função importante nesses velhos ritos. As crianças colhiam a lenha; outrora elas formavam o combustível para o sacrifício da queima! Os homens acendiam o fogo; eles haviam gerado as crianças, daí o simbolismo do ato! Contudo, eram as mulheres que faziam os bolos, pois delas vinham os homens, assim como o milho vem da terra.

Porém, o que os homens faziam enquanto as mulheres estavam ocupadas no portão norte? Veremos que algumas delas estavam no *centro* de uma cripta oculta, ou seja, a própria tumba, enquanto outras contemplavam o leste para que pudessem proclamar a ressurreição do Deus morto; que o milho brotaria do ventre da Mãe Terra; que um novo filho da Deusa nasceria, destinado como o pai a casar com a Deusa e assim perder a vida. Desse modo Astarte era, ano após ano, viúva, e seu filho era póstumo.

Contudo, embora as mulheres tivessem seus deveres fora da porta bem fechada dos mistérios ocultos, evidentemente não eram admitidas ali. Essa era a casa dos homens e, portanto, voltemos a Ezequiel e vejamos o que ele diz a respeito disso, tendo decidido quem a "Imagem do Ciúme" representava e o que ocorria diante dela.

Ezequiel descarta muito do que acontecia diante de Astarte com as palavras "... as grandes abominações que a Casa de Israel cometeu ali",[300] e então se volta para algo que lhe pareceu ainda pior: "E levou-me à porta do átrio; então olhei, e eis que havia um buraco na parede.[301] E disse-me: Filho do homem, cava agora naquela parede. E cavei na parede, e eis que havia uma porta. Então, me disse: Entra, e vê as malignas abominações que eles fazem aqui. E entrei, e olhei, e eis que toda a forma de répteis e animais abomináveis, e de todos os ídolos da casa de Israel, estavam pintados na parede e em todo o redor".[302]

Assim aprendemos que essa cripta, que ainda existe, era fechada com gesso úmido durante a cerimônia. Os répteis, etc., deviam ser os animais e feras, como a abelha, a serpente e o bode, sagrados para Astarte, que com os outros Deuses estavam pintados em afrescos ao redor dessa câmara. Também notamos que o profeta não os chama de Deuses dos Cananeus, mas da "casa de Israel", um fato bastante significativo. O que acontecia nessa câmera fechada, longe da luz do dia?

"E estavam em pé diante deles 70 homens dos anciãos da casa de Israel, e Jaazanias, filho de Safã, em pé, no meio deles, e cada um tinha na mão o seu incensário; e subia uma espessa nuvem de incenso."

O primeiro fato que chama a atenção é que havia 70, mais um Mestre de Cerimônias, cujo nome é fornecido. Eram os anciões de Israel, e já que sabemos que na época do segundo templo o Sinédrio reunia 72 anciões de Israel, dificilmente erraríamos se reconhecêssemos que estes também formavam um Sinédrio. Isso explicaria a amarga indignação do verdadeiro profeta, que assim viu os líderes espirituais do povo presidindo o que para ele eram ritos profanos. Mas se havia apenas 71, onde estava o membro que faltava? Podemos ter certeza de que ele estava ali, mas talvez não pudesse mais falar, visto estar simulando um cadáver ou, em uma interpretação mais provável e sombria, talvez estivesse de fato deitado, frio e rígido. Sem dúvida, era ele o representante de Tamuz, por quem as mulheres choravam na superfície junto ao portão norte.

---

300. Ezequiel 8:6.
301. Ezequiel 8:8 sq.
302. Isso na verdade ainda existe hoje no canto sudeste da "Pedra" do altar de sacrifício que leva até a cripta. Ver Dean Stanley. *Sinai and Palestine*, também Dudley Wright. *Masonic Legends*, p. 37. Sq.

Essa explicação é sustentada pela ênfase ao uso do incenso. Não devia haver estátuas nessa tumba escavada na pedra, pois de outro modo Ezequiel certamente as teria mencionado. Contudo, ele toma o cuidado de explicar que as figuras estavam pintadas nas paredes da câmera, e o incenso não era oferecido para afrescos em cerimônias religiosas.

Revivamos nossa memória quanto ao que acontecia na Babilônia quando da lamentação por Tamuz. "Os cantos fúnebres aparentemente eram entoados sobre uma efígie do Deus morto, que era lavado com água pura, ungido com óleo e vestido em trajes vermelhos, enquanto o odor do incenso subia no ar, como que para despertar seus sentidos dormentes pela sua fragrância pungente e acordá-lo do sono da morte."[303]

Assim, parece que a ênfase dada ao incenso é perfeitamente inteligível: não havia necessidade de Ezequiel entrar em detalhes já bem conhecidos para todos os judeus; ainda que a figura fosse na verdade um homem morto, a repugnância do profeta ao se referir a isso é perfeitamente compreensível. Os babilônios, que eram mais civilizados na época do que os judeus, podem ter substituído um homem por uma imagem, como os gregos fizeram mais tarde; talvez, depois de tudo correr bem, os judeus também tenham aprendido a fazer o mesmo, mas na hora do terror e perigo, sangue, e apenas sangue humano, é que poderia satisfazer a Deusa.

Os profetas de Jeová, Jeremias e Ezequiel, haviam proclamado que Ele condenara Judá à destruição. Contudo, o que dizer da Grande Mãe? Será que ela ao menos os ouviria? Nessa hora extrema, parcos substitutos não seriam o bastante. Podemos muito bem acreditar que os frenéticos adoradores de Astarte gritariam: "convém que um homem morra por todo o povo". E quem, a não ser o sumo sacerdote de Tamuz, poderia fornecer um sacrifício aceitável?

Entretanto, Ezequiel não nos deixa muita dúvida quanto à questão, pois em um capítulo subsequente ele diz: "Então me levantou o Espírito, e me levou à porta oriental da casa do Senhor, a qual olha para o oriente; e eis que estavam à entrada da porta 25 homens; e no meio deles vi a Jaazanias, filho de Azur, e a Feltias, filho de Banaías,

---

303. Frazer. *Adonis, Attis, Osiris*, 3ª edição, vol. I, p. 9.

príncipes do povo. E disse-me: Filho do homem, estes são os homens que maquinam perversidade, e dão mau conselho nesta cidade. Os quais dizem: Não está próximo o tempo de edificar casas; esta cidade é o caldeirão, e nós a carne".[304]

O significado dessa frase parece obscuro, mas voltaremos a ele em breve. Enquanto isso, encontraremos uma das chaves para o problema em dois versículos adiante, na feroz denúncia do profeta.

"Multiplicastes os vossos mortos nesta cidade, e enchestes as suas ruas de mortos. Portanto, assim diz o Senhor Deus: Vossos mortos, que deitastes no meio dela, esses são a carne e ela é o caldeirão... Temestes a espada, e a espada trarei sobre vós, diz o Senhor Deus."

Aqui, da flamejante e justificada ira do profeta, aprendemos que esses 25 homens, para evitar o ataque ameaçado pelos babilônios, recentemente tiveram um grande "Dia do Sangue", sem dúvida como o de Cibele em Roma, mas com resultados fatais. Aprendemos também que Jaazanias era um dos príncipes de Israel, e anteriormente vimos que os antigos reis sírios se consideravam encarnações do Deus Tamuz. Assim, creio que haja pouca dúvida de que um cadáver real ou simulado jazia na tumba de pedra enquanto a voz da lamentação soava no portão norte.

A referência ao caldeirão e à carne agora deve ser considerada. Jeremias, quando o Senhor perguntou "O que vês?",[305] respondeu: "vejo uma panela a ferver, cuja face está para o lado do norte". Devemos notar que a face da panela está voltada para o local onde ficava o santuário de Astarte: o lugar das trevas e do Mundo Inferior, o que é bastante significativo. À primeira vista pode parecer que essa panela seja apenas uma parábola, mas tudo leva a crer que era realmente uma das principais causas da ira de Jeová, já que simbolizava um Rito Pagão que Ele abominava. Havia um processo mágico disseminado, do qual encontramos muitos traços, por meio do qual se um homem fosse morto, cortado e cozido em um caldeirão, seria restaurado à juventude e à vida. De acordo com as lendas gregas, Medeia se aproveitou dessa superstição para causar a morte do seu sogro, e o antigo Deus bretão

---

304. Ezequiel 11:1 sq.
305. Jeremias 1:13.

do mar possuía um caldeirão mágico onde colocava os corpos dos homens que haviam morrido na batalha e os trazia de volta à vida.[306]

Na Alta História do Santo Graal temos um conto bastante desagradável relacionado a certo caldeirão. O filho de um rei que seguia a *Antiga Lei* fora morto por um gigante. *Sir* Gawain matou o gigante e trouxe de volta o cadáver do rapaz e, para seu espanto, o pai pegou o cadáver, cortou-o em pedaços, ferveu-o em um caldeirão e, então, distribuiu os pedaços entre seus principais seguidores.[307]

Muitos críticos competentes agora consideram que as lendas do Graal incorporam incidentes do antigo culto de Adônis,[308] um ponto de vista com o qual concordo, e se é esse o caso, vemos imediatamente que esse caldeirão foi usado pelos judeus para executar uma cerimônia com o fim de auxiliar no rejuvenescimento de Adônis morto, e esse motivo estava voltado para o norte. Se os adoradores, como o rei e os nobres na história do Graal, partilharam do hediondo repasto, não temos como dizer, mas infelizmente isso parece provável. Sabemos que festas canibais semelhantes ocorriam entre tribos selvagens; sabemos que o milho era considerado o corpo do Deus morto, e como tal era consumido sacramentalmente pelos adoradores; sabemos que o vinho era comparado ao seu sangue, e que esses substitutos eram uma sublimação de uma festa antropofágica mais antiga. Portanto, em um período de crise podemos temer que os judeus frenéticos que seguiam esse culto não hesitariam em ir tão longe.

De fato, as próprias fulminações do profeta apontam nessa direção. Sabemos que o profeta de Jeová, depois de se referir a alguma prática idólatra, sempre diz que um destino similar cairá sobre a nação inteira.[309] Por exemplo, nessa mesma passagem Ezequiel, depois de referir-se a esses assassinatos, diz que os homens que os cometeram serão executados também. Além disso, alguns capítulos depois, ao denunciar Judá, ele diz:

"Tomaste a teus filhos e tuas filhas, que me tinhas gerado, e os sacrificaste a elas, para serem consumidos."

---

306. *Mabinogion*, p. 37, 44. Everyman ed.
307. *The High History of the Holy Graal*. Trad. por Dr. S. Evans. Everyman ed. P. 76.
308. J. L. Weston. *The Quest of the Holy Graal*.
309. Ver também o destino dos falsos profetas em Jeremias 14:15.

"E mataste a meus filhos, e os entregaste a elas para os fazerem passar pelo fogo."[310]

O efeito combinado dessas duas passagens indica de modo bastante claro que as crianças não só foram sacrificadas pelo fogo como de fato comidas.

No versículo 13 do capítulo 11, Ezequiel nos diz que Feltias morreu. Talvez aqui tenhamos um indício de quem era o cadáver silencioso na câmara secreta, pois ali Jaazanias foi o único mencionado pelo nome.

Mas há outros incidentes conectados com esses ritos de Adônis, pois "Também me disse:[311] Verás ainda maiores abominações que eles fazem. Depois me levou à entrada da porta da casa do Senhor, que olha para o norte;[312] e eis que estavam ali mulheres assentadas chorando por Tamuz. Então me disse: Viste, filho do homem? Verás ainda maiores abominações do que estas. E levou-me para o átrio interior da casa do Senhor; e eis que estavam à entrada do templo do Senhor, entre o pórtico e o altar, cerca de 25 homens, de costas para o templo do Senhor, e com os rostos para o oriente; e assim, virados para o oriente, adoravam o Sol."

Ficamos sabendo ainda que "eles levavam o ramo ao nariz". Isso parece ser apenas um sinal de zombaria, mas um ramo ou árvore está sempre intimamente associado a Tamuz, como já vimos, e Stanley Smith do Departamento Assírio do Museu Britânico concorda comigo que essa é também uma das práticas rituais do culto. A alma do homem morto deveria adentrar uma árvore, que simbolicamente crescia do túmulo. A ideia original era que a semente que foi plantada e morreu transmitiu sua alma para a planta ou ramo que cresceu dela.

Jeremias mostra que os judeus encenavam um drama sobre a árvore, similar ao do culto de Átis. "Porque os costumes dos povos são vaidade; pois corta-se do bosque um madeiro, obra das mãos do artífice, feita com machado."

"Com prata e com ouro o enfeitam, com pregos e com martelos o firmam, para que não se mova."

---
310. Ezequiel 16: 20 sq.
311. Ezequiel 8:13.
312. Onde ficava a imagem de Astarte e, aparentemente, o caldeirão fervilhante.

"São retas como a palmeira, porém não podem falar; certamente são levados, porquanto não podem andar. Não tenhais receio deles, pois não podem fazer mal, tampouco têm poder de fazer bem."[313]

Isso indica o transporte cerimonial de uma árvore decorada, provavelmente com uma imagem de Tamuz fixada sobre ela, como já vimos alhures, particularmente na adoração de Átis.

Sabemos que eles diziam de um madeiro, isto é, um pilar de madeira, "tu és meu pai". Esses madeiros eram pedaços comuns de madeira, simples troncos de árvores, e está claro que não eram apenas símbolos do falo, mas também a moradia do Espírito da Vegetação. Entre muitos povos primitivos existe a crença de que as almas daqueles que esperam pela reencarnação habitam as árvores, a tal ponto que alguns povos pensam que uma mulher pode engravidar se a semente ou flor de certas árvores cair sobre ela. Assim, certas nações da África Central acreditam que se a flor roxa da bananeira cair sobre as costas de uma mulher, mesmo que ela seja solteira, terá um bebê.[314]

Nessa crença temos a causa e origem de muitas histórias bem conhecidas pelos estudantes de folclore, em que uma virgem dá à luz uma criança porque cheirou uma flor, comeu uma fruta ou simplesmente pegou em uma dessas coisas. Por exemplo, o próprio Átis teria nascido porque sua mãe virgem, Nana, colocou certa semente em seu colo. A propósito, Nana significa Mãe e, claro, é o nome da Grande Mãe. Provavelmente a resposta dada à criança curiosa que quer saber de onde veio o novo bebê, ou seja, que brotou de um arbusto de groselha,* é uma versão amena dessa crença quase universal na Antiguidade. Por mais fantástico que pareça, mesmo agora muitas tribos não sabem que uma mulher não pode se tornar Mãe sem o auxílio de um homem.[315] Eles dizem que ela se torna mãe apenas quando uma alma que está esperando pela oportunidade pode entrar nela, e que o método mais comum adotado por esses embriões no aguardo é se esconderem em uma semente ou flor, ou simplesmente cair de um arbusto em uma mulher. Os povos que ainda sustentam tais crenças são as tribos

---

313. Jeremias 10:3 sq.
314. Rev. J. Roscoe. *The Baganda*, p. 47 sq.
*N.T.: Uma versão inglesa da história da cegonha.
315. Prof. Malinowski. *The Beliefs of the Trobriand Islands, New Guinea*.

da Nova Guiné e os aborígenes australianos. Assim, para essas pessoas um parto de uma virgem não é nada impressionante.

Ora, todas essas tribos acreditam na reencarnação e sua linha de argumento é algo assim: nós enterramos nossos mortos no solo e, vejam só, uma árvore ou planta cresce no local. Ela contém o princípio vital da pessoa que morreu, sua alma está nele e é dela que saltará para uma mulher e assim nascerá novamente. Francamente, o homem moderno que, enquanto reconhece que um ser humano tem uma alma, parece acreditar que a alma é criada pelo mesmo procedimento que cria o corpo de um bebê é ainda mais ilógico, pois como pode um ato material criar um ser imaterial e imortal?

A doutrina da reencarnação se liga ao Espírito da Vegetação em um grau muito mais elevado. O Deus morre e é enterrado, uma árvore brota do seu túmulo e ali reside a alma que pode novamente entrar na carne. Tão poderosa é essa alma divina que pode expulsar ou pelo menos se sobrepor à alma humana ordinária que reside em um corpo adequado e toma seu lugar. Portanto, algumas das cerimônias do Culto da Vegetação incluem detalhes elaborados para transferir a alma do homem-Deus morto para um corpo físico forte e saudável, que a partir de então deverá possuir a Alma Divina, e em última instância sofrer o mesmo destino que seu predecessor. Entre tais ritos estão levantar o Cadáver e puxar a respiração do homem morto; caminhar sobre o cadáver ou sobre seu túmulo, etc. Assim, parece que a transferência da Alma Divina de Adônis na Judeia foi feita por alguém cheirando um ramo, que fora parte da árvore de Adônis ou que havia sido plantada no seu túmulo. Esse fato explica o significado do ramo de acácia na Maçonaria.

Agora compreendemos por que os judeus diziam "tu nos geraste" de um tronco de madeira ou "madeiro". A passagem literal é a seguinte:

"Que dizem ao pau: Tu és meu pai;[316] e à pedra:[317] Tu me geraste; porque me virou a nuca, e não o rosto."[318]

---

316. Ou "tu me geraste".
317. Essas pareciam ser pedras achatadas com um soquete onde o "madeiro" era encaixado. Elas simbolizariam a Mãe Terra, e o "madeiro", o Espírito da Vegetação. O simbolismo do falo e da *yoni* é óbvio.
318. Jeremias 2:27.

A versão autorizada diz "costas", mas o texto anterior vem do hebraico literal e fornece uma peça de informação importante. "Suas costas" poderia ser apenas alegórico, mas a outra frase mostra de modo admirável o que os 25 anciões estavam fazendo, isto é, com as cabeças dobradas para trás olhando para cima, vendo o Sol se levantar acima do horizonte, o que indicaria que a alma de Tamuz morto havia se elevado e passado para o ramo que seu sucessor estava prestes a cheirar.

Assim, vemos que nas duas passagens da escritura há uma referência à adoração do Sol e a uma árvore, e em cada caso a ideia primitiva é claramente o renascimento ou ressurreição do Deus morto, Tamuz, pelo qual as mulheres no portão norte estavam chorando, enquanto os 71 anciões na tumba tentavam revivê-lo pela oração e por incenso. Temos pouca dúvida de que um ramo, possivelmente de acácia, estava sobre a rocha do sacrifício, sob a qual jazia o representante humano de Tamuz, enquanto os vigias silenciosos aguardavam a aurora dourada no Leste para proclamar a grande verdade "Adônis, o Senhor, ergueu-se dos mortos; toda a terra será fertilizada pela sua energia Divina." Então, sem dúvida, os vigias pegariam o ramo ou árvore e o cheirariam em cerimônia.[319]

Assim, vemos uma tendência de unir em Tamuz, o Espírito da Vegetação, ou Deus do Corn, e também o Deus do Sol, e tampouco faltam provas de que ele também acumulou detalhes que pertenciam estritamente à Lua. Por exemplo, a lamentação por Adônis durava três dias, o que nada significaria se ele fosse um Deus puramente Solar ou apenas ligado ao milho, enquanto a Lua desaparece do céu por três dias inteiros todo mês. Por outro lado, isso acontece 13 vezes por ano e não uma vez por ano, assim como o enterro das sementes. Astarte também assume, em uma data bastante antiga, os atributos da Lua e de Vênus, um ponto que tem certa importância para nós. Também deve ser notado que ela era desde cedo não só a Deusa do Amor como da Guerra e Destruição, mostrando assim uma semelhança com Kali, na Índia, e fornecendo um bom motivo para seu companheiro ter um título como "Aquele que destrói".

---

319. Compare com a morte ritual e rito de ressurreição entre os aborígenes australianos. Ver Capítulo XX.

A data da lamentação por Tamuz devia ser próxima do Solstício de Verão na Judeia; em outras palavras, na reunião da Colheita, que na Palestina ocorre em duas partes: a cevada em abril e o trigo ao final de maio e início de junho. A segunda metade de junho e a primeira metade de julho ainda são chamadas de Tamuz pelos judeus. A lamentação era sincronizada com a debulha,[320] daí o porquê de o Templo ser construído na eira de Araúna, o Jebuseu. Acredita-se que tenha realmente ocorrido durante o Dia do Solstício de Verão, ou São João no Verão* como devemos chamá-lo, e o Professor Jastrow diz: "O calendário da religião judaica ainda marca o 17º dia de Tamuz como um jejum, e Houtsma mostrou que a associação do dia à captura de Jerusalém pelos romanos representa apenas a tentativa de fornecer a um antigo festival uma interpretação mais digna".[321]

Assim, aprendemos muito na própria Bíblia sobre os Ritos de Tamuz e aqui e agora devemos observar que 600 anos depois da época de Ezequiel, ou seja, nos dias de Josefo, os essênios desenvolveram um Rito de Iniciação secreto de quatro graus, e embora fossem considerados bons judeus, ainda assim rezavam para o Sol antes da aurora como se estivessem invocando-o a nascer.[322] Certamente esse fato é bastante significativo e sugere que nos essênios temos pelo menos uma das cadeias pelas quais o antigo Culto de Adônis, limpo e purificado, foi transmitido aos Colégios Romanos dos Arquitetos e, portanto, através dos Maçons Comacinos Medievais até nós.

Agora vamos recapitular o que descobrimos sobre os Ritos de Adônis entre os judeus, como revelado nos seus próprios escritos. Há pelo menos três cortes no Templo do Rei Salomão, que podem sugerir três graus. A primeira era a corte das mulheres, além da qual elas não podiam passar, simbolizando o nascimento. A segunda corte era a dos homens e, obviamente, simboliza a vida nesse mundo de trabalho e guerra. A terceira estava restrita aos sacerdotes, onde fica localizado o grande altar de pedra natural; sobre o qual eram oferecidos os sacrifícios em holocausto e, por baixo dele, estava a misteriosa

---

320. Frazer, *Adonis, Attis, Osiris*, 3ª ed., vol. I, p. 231.
*N.T.: Para o Hemisfério Norte.
321. Prof. M. Jastrow. *The Religion of Babylonia and Assyria*, p. 547, 682.
322. Josefo. *The Wars of the Jews*, 11:8: *Antiquities*, 13.5 par. 9. 18. 1. Par. 5.

câmara burilada em rocha, que ainda existe. Não seria essa tumba aberta – o túmulo – o símbolo da morte e também, devemos acrescentar, do sacrifício?

Mais além ficava a varanda, onde os 25 anciõess olhavam na direção do Sol. Aqui ocasionalmente ficava o trono do rei: não poderíamos chamá-lo de cadeira do Mestre? Por trás dele ficava a parte fechada do Templo, dividido em dois, e no *Sanctum Sanctorum* apenas o sumo sacerdote poderia entrar.

Para nós a varanda simbolizaria o Mestre Instalado, o Rei Renascido, além do qual estaria o mistério da unidade da Divindade e do Nome Sagrado, enquanto os segredos mais íntimos estavam reservados ao sumo sacerdote, que corresponderia ao J. do A. R., e suas cerimônias ao Grau maçônico do sumo sacerdote, que parece ter sido parte original dos segredos de J.[323]

Devemos notar que se for esse o caso, o rei ou Mestre tinha assento a Oeste, que é precisamente o que ainda encontramos em uma Loja Operativa, e a posição atual em uma Loja Especulativa pode se dever ao crescente triunfo do Culto Solar sobre o velho Culto da Vegetação.

Os estudiosos são da opinião de que os reis de Judá eram ungidos, coroados e entronizados entre os Pilares, e sabemos que Adônis em outros reinos sírios era o Rei Divino da cidade. Seus trajes eram vermelhos, como aqueles de Z. no A. R., e quando os soldados romanos coroaram zombeteiramente Jesus, vestiram-no em escarlate real[324] de uma maneira similar àquela em que a figura de Adônis era paramentada.

As mulheres certamente não estavam na cripta secreta e, portanto, a regra que lhes impedia a aproximação ao altar além da sua própria corte não era um comando javístico exclusivo. Assim, é bastante provável que houvesse em Judá, tal como havia em outras antigas religiões, um culto exotérico e outro esotérico. Os adoradores comuns nunca iam além dos segredos substituídos, que nesse caso

---

323. Ward. *An Explanation of the R.A. Degree.*
324. Púrpura nos tempos bíblicos e clássicos significava "vermelho", não a cor violeta que agora chamamos de púrpura.

seriam uma explicação de que a cerimônia era um ato mágico para aumentar a fertilidade do solo; contudo, os sacerdotes, que adentravam o próprio Templo, aprendiam ali, não só uma interpretação alegórica das cerimônias externas, mas o que era ainda mais importante, que Deus era um, e apenas um. Esse ensinamento, como os maçons bem sabem, forma a essência do A. R. e é comum a muitas fés, mas na Judeia parece que alguns membros desse Grau, tomados pelo zelo do verdadeiro Deus, recusaram-se a permanecer em silêncio. Eles proclamaram em altos brados sua grande descoberta, de que havia apenas um Deus e, apesar da perseguição e provavelmente em muitos casos da própria morte, persistiram ensinando.

Ainda assim, pode ter havido outros homens de temperamento espiritual que, embora reconhecessem que o antigo Culto de Adônis apresentava muitos elementos repulsivos, perceberam que ele também continha muita coisa boa e, desse modo, dedicaram-se a purificá-lo de certos elementos reprováveis. Veremos no próximo capítulo que os escritos atribuídos ao rei Salomão parecem ter sido o início de uma tentativa de atribuir um sentido alegórico a algumas das cerimônias. Sugiro que depois do Cativeiro essa escola de pensamento tenha usado esse Culto como uma alegoria e que por meio de representações dramáticas ensinou a grande verdade, de que a morte não é o fim de tudo, pois além do túmulo do sacrifício voluntário está a ressurreição, e apenas por meio desse caminho os homens podem verdadeiramente chegar ao conhecimento de Deus. Penso que esses homens eram representados nos dias de Josefo pelos essênios.

Agora vamos nos concentrar no que eram os Ritos de Adônis:

1) Havia uma árvore e a matança de um homem-Deus; tal cerimônia, em tempos de prosperidade, teria sido apenas uma representação dramática, mas em períodos turbulentos, como até hoje acontece na Índia,[325] indubitavelmente homens eram mortos.

---

325. Em janeiro de 1915, eu estava no Kaligat em Calcutá e vi os bodes sendo chacinados como um sacrifício diante da porta do Templo de Kali. Meu guia brâmane comentou: "antes de os ingleses chegarem eram sacrificados homens a ela, e mesmo agora, quando chega a fome na terra, o povo secretamente oferece um homem à Grande Deusa". Kali representa o lado destrutivo de Shiva, mas também é a Grande Mãe. Ela é a única divindade na Índia ainda adorada com sacrifícios de sangue.

2) Havia uma cerimônia com um caldeirão.
3) As mulheres ofereciam bolos na forma do falo para Astarte e choravam por Tamuz, sendo os bolos claramente os substitutos para os órgãos masculinos dos seus maridos.
4) Enquanto isso, em uma caverna secreta sob o altar de sacrifício, os Anciões tentavam trazer o homem morto de volta à vida.
5) Diante do altar e voltados para o sol nascente, 25 outros Anciões invocavam o Sol, esperando que ele nascesse, já que esse era o sinal de que aquele que havia morrido como um homem entrara no Céu como um Deus.
6) Depois disso, um ramo de uma árvore executava um papel importante e era cheirado por alguns dos adoradores. Esse ramo aparentemente crescia do túmulo do homem morto.
7) Há uma refeição sacramental consistindo de pão e vinho, simbolizando o corpo e sangue do Deus da Vegetação, que em todos os ritos semelhantes substitui uma festa mais canibalesca, indicada pela presença do caldeirão, que mais tarde aparece na lenda do Graal, já no século XII. Essa festa parece ter sido uma parte integrante dos Ritos Essênios.

Ora, todos esses aspectos, como vimos, são parte dos Ritos da Grande Mãe e do seu Filho e amante no mundo todo, sendo que a maioria permanece, de modo mais decoroso, na Maçonaria atual, tanto no Simbolismo quanto nos Altos Graus.

Além disso, ainda não esgotamos todas as informações sobre essas cerimônias que podemos obter da própria Bíblia. No capítulo seguinte aprenderemos bastante de dois livros que supostamente foram escritos pelo rei Salomão.

Contudo, existiam entre os judeus não somente os Ritos de Adônis abertos, mas também uma cerimônia secreta interna. Podemos, então, traçar quaisquer outras características do Culto de Adônis, em particular o que supostamente ocorria com a Alma do representante de Adônis, durante os três dias entre sua morte e ressurreição? Essa pergunta será abordada nos capítulos seguintes, pois não há dúvida de que a lenda de Jonas lida com esse tema.

# Capítulo VIII

# A Participação de Salomão nos Ritos de Adônis

Na Bíblia, a tradição atribui ao rei Salomão a autoria de dois livros, colocando-os na mais íntima justaposição. São estes o Eclesiastes e o Cântico dos Cânticos. Quanto ao primeiro, os rabinos narram a seguinte tradição:[326]

Salomão aprisionou AsmoDeus, um rei demônio, e, então, embebedando-o com vinho o obrigou a obter o Shamir para Salomão, um verme mágico, por intermédio do qual o rei de Israel fora capaz de cortar as pedras para o Templo sem usar ferramentas de metal. Na verdade, o Shamir parece ter sido uma pedra dura usada para cortar outras pedras, provavelmente um tipo de pedra de amolar usada para trabalhar as pedras da construção. Em Seringham, perto de Trichinopoli, no sul da Índia, vi pedreiros nativos esculpindo uma figura em pilares de pedra altos, que foram usados para reparar um Templo de Shiva. Em vez de usarem ferramentas de metal, utilizaram o que parecia ser exatamente uma pequena pedra de amolar, com a qual poliam a face da coluna, deixando nela um padrão em relevo. Era um método trabalhoso, porém muito eficaz.

Sem dúvida a lenda original agora associada ao Shamir mágico vem de um procedimento semelhante. O Smiris, ou Sh Mir, ocorre em certas passagens da Bíblia,[327] onde ele é traduzido respectivamente

---
326. Hershon. *Talmudic Miscellany*.
Dudley Wright. *Masonic Legends and Traditions*, p. 51.
327. Jeremias 17:1 e Ezequiel 3:9.

como Diamante e Adamante, indicando que pode ser usado para polir ou cortar.

Tendo obedecido a Salomão muito a contragosto, AsmoDeus por sua vez persuadiu o rei a remover a corrente que o prendia. Logo que Salomão assim o fez, AsmoDeus o pegou e o *engoliu*, "vomitando-o", depois, em um local a 400 milhas de distância, onde Salomão era desconhecido, e sem um tostão. O rei então perambulou pela terra pregando sobre a vaidade da grandeza humana e, ao mesmo tempo, tentando convencer o povo que ele era o verdadeiro rei. Enquanto isso, AsmoDeus, por meio de artes mágicas, assumira a forma de Salomão para reinar no seu lugar. Por fim, Salomão conseguiu convencer os notáveis de Israel de que ele era o verdadeiro rei, e o usurpador fugiu enquanto Salomão retornava ao seu trono. Foi durante esse período de dificuldades e miséria que, de acordo com os rabinos, ele compôs o Eclesiastes.

Embora a lenda na forma apresentada seja absurda, pode ainda assim conter um grão de verdade e ser uma memória distorcida do Rito de Iniciação sírio, que incluía a ingestão simbólica do iniciado por um monstro, representado nessa lenda pelo demônio. Se for o caso, o Eclesiastes era certamente parte do ritual utilizado na época, representando de modo verídico e preciso os sentimentos de um homem que descera misticamente até o Inferno.

Cedo ou tarde, todos os grandes místicos passam por um período de amarga desilusão, quando descobrem que seus supostos amigos são falsos, e as grandes causas pelas quais lutaram incessantemente são vãs. Assim, o Eclesiastes chega a uma altura que não havíamos antes testemunhado nos Ritos de Fertilidade da Síria, indicando que por trás de um culto semimágico para a manutenção da fertilidade do solo, grandes pensadores haviam construído uma mensagem mais elevada e mais nobre para a alma aspirante.

Assim, é significativo o fato de que em muitos trabalhos Provinciais, o último capítulo do Eclesiastes ainda desempenhe um papel importante no Terceiro Grau da Maçonaria. Talvez ele tenha vagado até chegar a nós para um lugar bem adequado, um fato que parece mais provável se o compararmos cuidadosamente com o Cântico dos Cânticos.

Antes de fazê-lo, seria interessante sugerir que, embora Salomão tenha sido um homem real, talvez na Palestina ele tipificasse o Mestre de uma Loja, que passou por vários estágios, como que por muitos Graus maçônicos. De fato, o título de Mais Sábio pode ser uma vaga recordação de um tempo em que o Soberano de certo Grau era chamado Salomão; de qualquer modo, todo Mestre de uma Loja é informado que está sendo Instalado no Trono do Rei Salomão.

Se for esse o caso, então atribuir o Eclesiastes e o Cântico dos Cânticos ao sábio rei não seria uma surpresa, mesmo que ele não tenha escrito essas obras, o que é possível. Contudo, se as escreveu, devem ter sido compostas após ter passado por certas cerimônias, uma possibilidade que é quase uma certeza quando nos damos conta de que o rei da Babilônia anualmente assumia o papel de Marduk em um drama mímico, descendo até o túmulo representando Marduk,[328] quando dali era resgatado pelo sumo sacerdote, que representava Nabu, o *Deus Pedreiro*. Desse modo, não é absurdo supor que Salomão possa ter feito o mesmo.

Entretanto, podemos ir mais longe, pois todos os reis da Fenícia, incluindo Hirão de Tiro, alegavam representar o "Deus Moribundo," em que uma lenda de um Deus Moribundo está associada ao Templo do Rei Salomão, sendo rei subsequentemente aceito como Mestre em vez de Hiram, o qual passou a ser conhecido como o Arquiteto.

Voltemo-nos agora ao Cântico dos Cânticos. A morte de Tamuz resultou da sua sedução por Astarte, sendo que o último capítulo do Eclesiastes faz uma referência clara à morte e aos sentimentos de um homem que desceu misticamente até o Mundo Inferior: com todos esses fatos diante de nós, esse Cântico se torna inteligível.

Outrora, costumava-se explicar o Cântico dos Cânticos como uma visão profética do Cristo e da Sua Igreja, e os tradutores da versão autorizada aceitaram essa opinião e a enfatizaram nos breves sumários que colocaram no início de cada capítulo. Hoje em dia, nenhum estudioso bíblico sério ou confiável aceita esse ponto de vista,

---

328. Sidney Smity. *The Relations of Marduk, Ashar and Osiris. Journal of Egyptian Archaeology*, vol. 8, partes 1 e 2. Abril, 1922.
Prof. Heinrich Zimmern. *Zweiter Beitrog zum Babylonischen Neujahrsfest* (Leipzig, 1918).

todos concordam que é uma canção de amor erótica do Oriente, mas esse fato, agora totalmente reconhecido, só cria um novo problema, ou seja, como um poema erótico foi incluído no volume das Escrituras Sagradas?

A explicação pode de início parecer surpreendente, mas mesmo assim está correta. O Cântico dos Cânticos é um cântico ritual do antigo Rito da Fertilidade de Astarte. A chave do problema, como costuma ser o caso, está dentro do próprio poema, no capítulo 2, versículo 12, mas antes de abordarmos esse ponto pode ser necessário provar para o benefício de muitos dos meus leitores que não são estudiosos bíblicos, que o Cântico é erótico e da terra – de natureza terrena.

"Ele passa a noite entre meus seios".[329]

"Sua esquerda apoia minha cabeça e sua direita me abraça."[330]

Não parece que seja necessário citar mais exemplos para provar que os sentimentos da dama para com "seu amado" não eram místicos nem platônicos! Quando consideramos sua relação com os Ritos de Fertilidade não podemos deixar de reparar a referência contínua feita à Primavera e às plantas, especialmente à vinha, à palmeira, à romã, etc., mas qualquer dúvida em relação ao verdadeiro propósito é eliminada pelo capítulo 2, versículo 12, que supostamente é recitado pelo homem, e que na versão autorizada é assim:

"Levanta-te, meu amor, formosa minha, e vem. Porque eis que passou o inverno; a chuva cessou, e se foi; aparecem as flores na terra, o tempo de cantar (dos pássaros) chega, e a voz da rola ouve-se em nossa terra. A figueira já deu seus figos verdes, e as vides em flor exalam o seu aroma; levanta-te, meu amor, formosa minha, e vem."

Que esse é o período da Primavera é óbvio, mas a passagem significativa é "o tempo de cantar", etc. As palavras entre parênteses são, na versão autorizada, impressas em itálico para mostrar que não estão presentes no original em hebraico e foram inseridas pelo tradutor para que fizessem sentido. Infelizmente, eles não conhecem o significado exato da palavra hebraica "Zamir", que traduziram como "cantar", mas que hoje em dia conhecemos, em razão da existência

---
329. Cântico dos Cânticos, 1:13.
330. *Ibid.* 2:6.

de uma palavra similar na Babilônia. "Zamir" significa "Canção Ritual" e não tem nada a ver com pássaros canoros. Além disso, essa palavra só ocorre em cânticos rituais, e na Babilônia é usada em canções rituais[331] ligadas a Tamuz.[332]

Portanto, a linha deve ser lida como "o tempo do cântico ritual chega, e a voz da rola ouve-se em nossa terra". A pomba é o pássaro de Astarte e os versos chamam as pessoas para cantar na liturgia da corte de Tamuz por Astarte. A mulher no texto é a própria Astarte e o homem é Tamuz ou, talvez de modo mais preciso, o representante humano daquele Deus.

Assim, o Cântico dos Cânticos é liturgia da corte e do casamento de Astarte e Tamuz, executada todos os anos na Palestina durante a Primavera, que inevitavelmente levava à morte ou perda do Deus masculino, para que a terra se tornasse fértil. Como consequência, muitas características estranhas e inexplicáveis no poema se tornam inteligíveis. Se fosse apenas uma canção de amor ordinária, por que subitamente interromper com uma frase que diz: "Apanhai-nos as raposas, as raposinhas, que fazem mal às vinhas, porque as nossas vinhas estão em flor".[333] Como uma canção para promover fertilidade por meio da magia simpática, a "interrupção" se torna perfeitamente inteligível, e significa: "Ó Deusa, destrói as criaturas que anulariam as cerimônias mágicas que agora estão sendo executadas para te auxiliar em tua tarefa".

Contudo, é difícil achar um verso no Cântico que não tenha essa explicação, por exemplo: "Eis que és formoso, ó amado meu, e também amável; o nosso leito é verde. As traves da nossa casa são de cedro, as nossas varandas de cipreste".[334] O Cântico, porém, tem indícios de uma tragédia iminente e inevitável. "Eu abri ao meu amado, mas já o meu amado tinha se retirado, e tinha ido; a minha alma desfaleceu quando ele falou; busquei-o e não o achei, chamei-o e não me respondeu.

---

331. T. J. Meek, Univ. of Toronto em "The Song of Solomon. A Symposium", apresentado ao Oriental Club of Philadelphia, 1924.
332. O trabalho acima editado por H. Schoff contém artigos sobre o assunto, abordando-o de modo completo e erudito, e as contribuições incluem seis das principais autoridades da época, que não deixam dúvidas quanto a esses pontos.
333. Cântico dos Cânticos, 2:15.
334. *Ibid.* 1:16 sq.

Acharam-me os guardas que rondavam pela cidade; espancaram-me, feriram-me, tiraram-me o manto os guardas dos muros."[335]

Aqui temos a morte, o lamento e a busca de Ishtar por Dumuzi, até mesmo quando ela é privada de duas vestes, enquanto passava na sua busca pelo Mundo Inferior, pelos Guardiões dos seus Portões.

Tampouco resta dúvida do que aconteceu com o corpo de Tamuz morto, pois o poema diz:

"Não acordeis, nem desperteis o meu amor, até que queira... Eis que é a liteira de Salomão; 60 valentes estão ao redor dela, dos valentes de Israel. Todos armados de espadas, destros na guerra; cada um com a sua espada à cinta por causa dos temores noturnos."[336]

Aqui temos o cortejo funeral[337] com sua guarda armada de honra e as espadas talvez fossem usadas para outros propósitos mais sinistros do que honrar o cadáver, real ou falso, que jazia na liteira dourada. Luciano nos conta que na sua época, *c.* 150 d.C., em Hierápolis no Líbano, havia homens que iam a essas festas e, levados pelo entusiasmo, agarravam as espadas disponíveis para esse propósito e se castravam como um rito dedicado à Grande Deusa. Aqueles que nunca viram uma turba Oriental tomada pelo frenesi religioso em tais momentos não têm ideia de até onde os homens podem ir.

Temos uma cuidadosa descrição da liteira onde jazia Tamuz, ou local da cama. "O rei Salomão fez para si uma liteira (ou carruagem) de madeira do Líbano. Fez-lhe as colunas de prata, o estrado de ouro, o assento de púrpura."[338]

Por fim, o capítulo fecha com essa peroração dramática: "Saí, ó filhas de Sião, e contemplai ao rei Salomão com a coroa com que o coroou sua mãe no dia do seu desposório e no dia do júbilo do seu coração".[339]

---

335. *Ibid.* 5:6 sq.
336. *Ibid.* 3:5 seq.
337. Na lenda já citada de J. Hershon, "Talmudic Miscellany", é dito que o rei Salomão, apesar de ter recuperado seu trono, sempre temia de que Asmodeu tentasse levá-lo embora novamente e, por isto, dormia com 60 homens ao seu redor para protegê-lo. Aqui, sem dúvida, temos uma lembrança tênue e distorcida da relação ritual original entre o Monstro do Rito de Iniciação e o local de se deitar.
338. Cântico dos Cânticos, 3:7.
339. *Ibid.* 3:11.

Se os Reis da Judeia, como os reis fenícios de Chipre, casavam-se anualmente com a Deusa da Fertilidade, a passagem acima se torna clara. Se, como os grandes reis da Babilônia, eles também precisavam representar o papel do Deus Moribundo, o significado total da frase é óbvio.

Se fosse apenas para imitar a morte, sem dúvida o próprio rei realizaria seu papel, mas se ainda fosse necessário que um homem morresse pelo povo, então, como ocorria alhures, uma pessoa mais humilde, provavelmente um príncipe de sangue real, por um tempo curto era coroado rei de Israel, pagando o preço.

Assim, a interpretação do verso seria a seguinte: "Eis o Rei Divino, ainda com a coroa que recebeu ao se casar com a Deusa Astarte, entre pompa e glória. Contemplem e chorem, ó filhas de Zião, pela vaidade da grandeza humana e pelos dias fugidios da felicidade".

Com tal imagem diante dos nossos olhos podemos compreender bem o verdadeiro Salomão, preparando-se para escrever o Eclesiastes. Talvez aqui possamos traçar o início de um processo que gradualmente transformou um Rito de Fertilidade mágico em uma alegoria da vaidade da grandeza humana. Temos de fato uma notável analogia do antigo México. Todo ano, um homem era escolhido para representar um Rei Divino e se casava com quatro belas esposas, que representavam Deusas. Por um ano ele vivia em meio à pompa e esplendor em um palácio magnífico, com tudo que um homem poderia desejar, sendo honrado pelo povo como se fosse Deus e rei. Porém, no final do ano, a vítima infeliz era levada do seu palácio e cruelmente sacrificada em um altar no topo de uma pirâmide (um lugar alto) diante das pessoas que dias atrás se curvavam até o chão sempre que ele passava. E os sacerdotes explicavam sua trágica história como uma alegoria da vaidade da grandeza humana.[340]

Como a narrativa dessas cerimônias, no Cântico dos Cânticos, pode não estar muito clara para meus leitores, agora descreverei o festival de Haharan, nominalmente, um festival muçulmano em honra a Hussain e Hussan, mas na verdade apenas o antigo festival de Tamuz, sob novo nome.

---

340. Prescott. *The Conquest of Mexico*, cap. 3.

Está escuro, pelas ruas sai uma multidão frenética de homens. Mulheres não ousam aparecer, pois, caso o fizessem, estariam sujeitas ao ultraje, se a mão forte do Raj Britânico não estivesse por perto para protegê-las. Contudo, elas também têm seu lugar determinado, que é nas mesquitas, onde gemem diante de réplicas dos túmulos de Hussain e Hussan assassinados, do mesmo modo como as mulheres judias faziam diante dos portões do templo. Pelas ruas estreitas, preenchendo-as de lado a lado, vem a procissão ao som de estranha música oriental e do rufar de tambores. Uma turba enlouquecida passa, acenando com tochas acesas nas mãos, e cantando uma estranha e misteriosa ladainha. Então, chegam homens armados com espadas nuas, dançando com entrega fantástica, cantando músicas que parecem despertar a loucura no sangue dos homens. Aqui e ali algum devoto mais fanático que os outros corta sua carne, de modo que o sangue corre por uma dúzia de feridas, como ocorria com o sumo sacerdote na Antiguidade.

Então, chegam as réplicas dos túmulos, grandes estruturas de madeira dourada e papel, que na luz fraca das tochas parecem feitas de ouro e pedras preciosas. Elas chegam carregadas nos ombros dos homens, e ai daquele que despertar a fúria dos adoradores nessa hora solene! Ao longo de toda a noite, sob os raios prateados de uma lua tropical, flutuando na negrura aveludada da noite, de um lugar a outro a grande procissão corre. À medida que a excitação aumenta, os homens esquecem tudo sobre as regras que proíbem o disparo de armas de fogo em ruas públicas, e a noite é pontuada pelo estrondo de armas, que ecoam de um lado a outro das estreitas ruas locais, enquanto os dançarinos giram, gritam e uivam por Hussain e Hussan mortos.

Até o amanhecer, vários lugares são visitados, onde os mais fanáticos caminham destemidos por grandes fogueiras. Por fim, tudo termina e as grandes "tumbas" douradas são levadas até algum lago conveniente e ali jogadas na água para que afundem, do mesmo modo como em Alexandria Adônis era lançado no mar.

Homem algum que não tenha visto tal noite, que não tenha ouvido os sons intoxicantes da música selvagem, terrível e bárbara, poderá ter a mais leve ideia dos frenesis enlouquecidos com os quais são tomados os adoradores em tais períodos. Se 1.500 anos de feroz zelo islâmico não conseguiram eliminar tal cerimônia, podemos facilmente compreender como os profetas hebreus acharam tão difícil destruir o Culto. É exatamente uma cena assim que esses versos no Cântico dos Cânticos indicam, versos que formam parte da liturgia do Festival e contêm ainda uma imagem vívida da cena final do drama.

Com essa cena ainda diante de nossos olhos, vamos retornar ao último capítulo do Eclesiastes, que poderia muito bem ter sido entoado sobre a forma representativa de Tamuz morto.

"... e cessarem os moedores, por já serem poucos".[341]

Por que eles são poucos? Entre os árabes, no século X, um Festival de Tamuz ainda era celebrado. Ele ocorria na colheita e durante o Festival as mulheres se recusavam a moer trigo porque, como já vimos, elas não moíam o corpo do Deus do Milho sob mós no momento em que lamentavam explicitamente sua morte.[342]

Mas continuemos com a leitura do Eclesiastes:

"Como também quando temerem o que é alto, e houver espantos no caminho, e florescer a amendoeira, e o gafanhoto for um peso, e perecer o *desejo*."

Por que o desejo pereceria quando um homem morre? Essa linha é suficiente para nos dizer quem morreu! De acordo com a antiga lenda, o desejo pereceu entre os animais e homens quando Ishtar desceu até o Mundo Inferior em busca de Dumuzi. E assim podemos interpretar a linha "porque o homem segue para seu lar de longa data e os lamentadores vão para as ruas". Isso indica por que Tamuz, o Homem Divino, vai para o Mundo Inferior e as pessoas choram por ele nas ruas. Está claro que aqui comemoramos a morte de Tamuz, que representa, a princípio, o Espírito da Vegetação, especialmente do milho e, *aí então*, o próprio Homem.

Qualquer homem de propensão espiritual, ao assistir tal cerimônia, não deixaria de fazer comparações entre o destino do representante humano de Tamuz e a sina geral do homem, resumindo-as nas palavras obscuras de desespero: "Vaidade das vaidades, tudo é

---
341. Eclesiastes 12:3 sq.
342. Frazer. *Adonis, Attis, Osiris*, 3ª ed., vol. I, p. 230.

vaidade"; palavras estas que, não podemos duvidar, foram ditas aos iniciados que, nas cerimônias secretas do Culto, diferente dos festivais populares, reproduziram de forma dramática a trágica história de Tamuz. Podemos até suspeitar que na frase, "eles terão medo do que está no alto", haja uma pista do título de Hiram, que significa "A Exaltação da Vida", e de qualquer modo podemos sentir que, assim como no Cântico dos Cânticos, temos um fragmento do ritual do Culto externo, de modo que no Eclesiastes tenhamos o ensinamento alegórico, reservado para os homens totalmente iniciados, do significado interior da morte de Tamuz. Se for esse o caso, sua retenção na Maçonaria moderna é significativa e apropriada.[343]

---

343. Os que gostariam de ver mais evidências desse ponto devem notar o uso repetido da frase "Meu Amado", um dos títulos característicos de Tamuz, e também a referência enfática ao Líbano, o grande templo de Astarte-Adônis, no capítulo 4, versículo 8, tendo em mente o fato de que o Líbano nunca foi parte do reino de Israel. Além disso, a donzela é descrita como negra (cap. 1, ver. 5), sendo Cibele representada em Roma por uma grande pedra negra que formava o rosto da imagem da Deusa.

# Capítulo IX

# Os Altos Graus de Tamuz

A história de Jonas[344] sempre foi tema de especulação, mas a Igreja Cristã sempre reconheceu um aspecto, o de que Jonas era o protótipo do Cristo, pois assim como Jonas permaneceu três dias no estômago de uma baleia[345] e ainda saiu vivo, do mesmo modo, Cristo esteve no túmulo por três dias e então retornou dos mortos.

Esse aspecto sustenta o ponto de vista agora amplamente defendido por estudiosos, de que a história é uma alegoria da jornada da alma pelo Mundo Inferior e, provavelmente, trata-se de uma narrativa um tanto distorcida de uma cerimônia de Iniciação antes praticada na Fenícia e na Síria, que ensinava a respeito da vida além do túmulo.[346] Se compararmos Isaías 26:19 a 27:1, veremos que a ressurreição dos mortos é associada à destruição por Deus do Leviatã e do dragão que está no mar.

Os próprios judeus não têm dúvida de que a história era acerca da morte e ressurreição, como indica claramente a 11ª pergunta feita a Salomão pela rainha de Sabá.[347] Observarei no momento que Balkis, a rainha de Sabá, parece ter substituído Astarte nas lendas bíblicas e maçônicas, sendo as perguntas que ela fez a Salomão muito semelhantes aos enigmas feitos a iniciados em certos ritos iniciatórios

---

344. Jonas 1:1 sq.
345. É popularmente chamado de baleia, mas a Bíblia simplesmente o chama de "grande peixe".
346. Expresso minha dívida para com N. M. Penzer, editor de *The Ocean of Story*, pelo seu valioso auxílio sobre esse tema e, especialmente, por me chamar a atenção para *The Jonah Legend*, de Simpson, onde o autor fornece fortes argumentos apoiando o ponto de vista que era um rito de Iniciação. Ver também as notas sobre Jonas nas p. 193-194, vol. II do *The Ocean of Story*.
347. Dudley Wright. *Masoic Legends and Traditions*, p. 130.

primitivos, como os dos Yaos. Muitas das perguntas dela, como questões similares feitas pelos selvagens, são grosseiras e obscenas, demonstrando seu verdadeiro caráter como representante da Grande Mãe, Astarte. Nem todas, contudo, são desse tipo reprovável, sendo 22 o número de perguntas, número exato das cartas ilustradas no baralho do tarô, que é fato bem significativo, cujo uso para o propósito da divinação, relacionado aos ritos iniciáticos, é bem conhecido. Essa lenda de Salomão não está na Bíblia e é um desenvolvimento judaico, o que aumenta seu valor, pois indica que Salomão, Sabá, Jonas e outros eram figuras associadas a ritos iniciáticos. A questão aqui importante para nós é o número 11.

SABÁ: O morto viveu, o túmulo se moveu e o morto rezou. O que é isto?

SALOMÃO: O morto que viveu e rezou, Jonas; e o peixe, o túmulo móvel.[348]

O fato de a data do livro de Jonas ser bem posterior ao Tempo de Salomão nada prova. O rito já podia estar em uso na época do grande rei e sua lenda pode ter sido posta em papel em uma data mais tardia. Por outro lado, pode ter evoluído de material ainda mais antigo do que a época em que foi escrito.

Outro detalhe importante é que Jonas em hebraico significa "Uma Pomba", e em Harran, que alguns estudiosos consideram ter sido seu local de nascimento e uma cidade sagrada para o Deus da Lua, a pomba, como é dito especificamente, nunca era sacrificada. A pomba também era sagrada para Astarte.[349] Tamuz nessa época absorveu alguns dos atributos da Lua, por exemplo, jazer "morto" por três dias. Além disso, a pomba representa para muitos povos a alma dos mortos, cuja identificação astrológica com a Lua é bem conhecida. Um exemplo da associação íntima da pomba com a Lua e com o Mundo Inferior deve ser suficiente. Quando Eneias estava buscando o "Ramo dourado" que o admitira ao Mundo Inferior, foi conduzido até ele por duas pombas.[350] Aqui não só temos a pomba como também um

---

348. D. Wright. *Ibid.*, p. 130, citando Dr. Jewis Ginzberg, *Legends of the Jews*.
349. Frazer. *Adonis, Attis, Osiris*, 3ª ed., vol. I, p. 33.
J. Selden, *De dis Syris* (Leipzig), p. 274.
350. Virgílio, *Eneida*. Livro VI, linha 199 sq.

ramo que, como já vimos, estava intimamente associado aos mortos. Portanto, a pomba, que simboliza a Lua e a alma, entra na boca do peixe e ainda assim retorna viva.

Ora, em muitos ritos iniciáticos primitivos, os iniciados são supostamente engolidos e mortos por um monstro, mas em última instância esse monstro abre a boca e os restaura à vida, não mais como meninos, mas como homens totalmente iniciados. Esse sistema prevalece entre os Kai, Tami e várias outras tribos que vivem perto de Finsch Harbour e do Golfo de Huon, no que costumava ser a Nova Guiné Germânica. Os iniciados são engolidos e depois vomitados por um monstro mítico cujo rugido é simulado por meio de berrantes. Esse monstro consiste em uma enorme cabana com 30 metros de comprimento, construída para esse propósito específico – no capítulo XX fornecerei mais detalhes a respeito. Esses fatos podem nos permitir compreender melhor a história na Bíblia, que se desenvolve da seguinte maneira:

## A História de Jonas

Foi dito a Jonas que se dirigisse até Nínive para prevenir seus cidadãos da ira de Deus, despertada pela perversidade deles, mas Jonas teve medo de fazê-lo e decidiu fugir para Társis.[351] Ele pegou um *barco* em Jope (ou Jopa) e pagou a *tarifa* da passagem. O Senhor, então, provocou uma grande tempestade e os marinheiros rezaram aos seus Deuses para salvá-los. Ficaram perplexos ao descobrirem Jonas dormindo em vez de rezar e descobriram que ele era a causa da ira de Deus. Ele os aconselhou a jogá-lo no mar, no fim, o fizeram e a tempestade cessou. Jonas, em vez de se afogar, foi engolido por um grande peixe e permaneceu no seu estômago por três dias.

Antes de prosseguir com a narrativa, vamos notar alguns detalhes significativos. É dito especificamente que Jonas pagou por sua passagem, um procedimento que em princípio parece tão óbvio que podemos ter certeza de que foi mencionado por um motivo específico. De modo semelhante, recorda-se, com atenção, que Gilgamesh precisou pagar uma taxa a Ur-Shanabi, o barqueiro que o levou pelas águas

---
351. Onde Sandon era queimado.

da morte, antes que pudesse entrar em sua barca.[352] O preço que Gilgamesh pagou consistia em troncos de árvore que ele teve de cortar na floresta com um machado, e como um tronco de árvore cortado na floresta e levado até a cidade era uma característica regular dos ritos de Adônis e Átis, essa árvore simbolizaria o espírito da vegetação.

A menção cuidadosa ao fato de que Jonas pagou uma tarifa implica duas coisas. Primeiro, acreditava-se que os mortos tinham de pagar uma taxa ao guardião do portal, ou barqueiro, do Mundo Inferior; e em segundo lugar, sugere uma taxa de iniciação. Quanto ao primeiro, temos inúmeros exemplos dessa crença. Entre os habitantes das ilhas Trobriand, na Nova Guiné, os mortos devem pagar um preço a Topileta, o guardião do Portão do Mundo Inferior,[353] e todo estudioso clássico sabe que uma pequena moeda era colocada nos olhos dos mortos pelos gregos e romanos para habilitar o cadáver a pagar a taxa de Caronte. Esse costume subsistiu na Inglaterra até o início do século XIX e talvez ainda não esteja extinto. Nos tempos modernos as pessoas explicavam que colocavam moedas nos olhos do cadáver para manter as pálpebras fechadas, mas essa é uma explicação bastante recente, inventada quando o motivo original já estava esquecido.

Na história, o barco representa a barca solar na qual as almas dos bons tinham permissão de entrar e viajar com o Sol pelo Mundo Inferior, pelo rio subterrâneo do oceano.[354] Aqui temos uma indicação de que os malévolos não podiam viajar por esse barco,[355] mas teriam que seguir por terra no Mundo Inferior, e esse era o destino que caiu sobre Jonas quando foi engolido pelo grande peixe ou monstro.

Assim, a história de Jonas combina perfeitamente com o que acontecia aos mortos entre os antigos povos orientais, e o fato de ele retornar à vida na terra e ir até Nínive indica que a história não se relaciona com uma morte real, mas, sim, uma morte simbólica; uma jornada pelo Mundo Inferior, uma ressurreição simbólica. Em

---

352. *Epic of Gilgamesh*. Brit. Mus., p. 53.
353. Prof. Malinowski. *Baloma: The Spirits of the Dead in the Trobriand Island*. Pub. R. Anthro. Inst.
354. Ver Ward. *The Hung Society*, vol. 2, para detalhes sobre a "geografia" do antigo Mundo Inferior e a viagem do Barco Solar.
355. O Barco Solar não é apenas dos antigos egípcios. Ocorre na lenda babilônica de Gilgamesh, nas lendas medievais do Graal, no ritual da Sociedade Hund na China e alhures.

suma, ele parece ter passado por uma iniciação especial para se qualificar para seu trabalho como profeta. Ora, um curso bastante similar deve ser seguido por um aborígene australiano da tribo Arunta que deseja se tornar pajé e vidente, embora já tenha passado pelos ritos de iniciação ordinários de outros aborígenes. Antes que possa ser admitido ao grupo dos pajés reconhecidos, ele precisa passar por um tipo de grau superior, além do ofício, para depois ter o direito de atuar como Mestre de Cerimônias na iniciação dos meninos à idade adulta. As cerimônias dos aborígenes comuns consistem em três graus, sendo que no último deles um homem deita em um túmulo, onde uma árvore parece crescer dele. Assim, temos um grau de morte e ressurreição que, no caso do pajé, é seguido por um grau que supostamente irá lhe revelar o que acontece aos mortos no mundo vindouro.[356] Voltaremos a esse grau mais adiante neste livro.

A verdadeira natureza das experiências de Jonas é representada com deleite nas suas próprias palavras, pois quando ele estava no estômago do grande peixe, rezou e disse: "Na minha angústia clamei ao Senhor, e ele me respondeu; do ventre do inferno gritei, e tu ouviste a minha voz."[357]

Aqui, inferno significa Mundo Inferior e não necessariamente o local dos condenados, e assim vemos que o próprio Jonas declara que o estômago do peixe representa o Mundo Inferior, e a parte mencionada – estômago – nos lembra que, de acordo com antigas narrativas, no centro do Mundo Inferior havia uma fossa para onde iriam os mais perversos. Então, Jonas nos fala de outras características geográficas desse Mundo Inferior, dizendo: "Eu desci até aos fundamentos dos montes; a terra me encerrou para sempre com os seus ferrolhos; mas tu fizeste subir a minha vida da perdição, ó Senhor meu Deus."[358]... "Falou, pois, o Senhor ao peixe, e este vomitou a Jonas na terra seca."[359] Depois disso, Jonas recebeu nova ordem de ir até Nínive, e obedeceu.

---
356. B. Spencer e F. J. Gillen. *Native Tribes of Central Australia* (Londres, 1899), p. 523 sq.
357. Jonas 2:2.
358. Jonas 2:6.
359. Jonas 2:10.

Quando consideramos essa história, cresce a convicção de que ela é uma alegoria da jornada da alma pelo Mundo Inferior, e o capítulo 2 parece ser uma explicação do significado da cerimônia de Iniciação. Os próprios judeus da Antiguidade a consideravam uma alegoria.

Por meio dela descobrimos que a alma, em sua jornada posterior à morte, devia passar pelas montanhas e ser trancada por trás de grades. Essas são as montanhas do crepúsculo, que supostamente se erguiam como dois pilares na borda Ocidental do mundo e, entre eles, o Sol saía do alcance da vista dos homens para o Mundo Inferior. O ocaso, muitas vezes, fazia com que barras de luz e escuridão aparecessem no Oeste, que poderiam ser consideradas grades dos Portões que trancavam os habitantes do Mundo Inferior.

A declaração de que Deus "fez a vida subir da perdição" lembra certas orações do *Livro dos Mortos do Antigo Egito** que pedem que o morto não veja (ou experimente) a corrupção do corpo.

Os três dias denotam o período durante o qual a alma fica no Mundo Inferior e esse período exato deve se basear no desaparecimento da Lua do céu ao final de cada mês lunar por três dias, antes que ela reapareça como a Lua Nova. De modo semelhante, Adônis era pranteado por três dias, mas em algumas variações do Rito do Deus Moribundo, dez ou mesmo 12 dias eram atribuídos à sua jornada pelo Mundo Inferior.

Contudo, o fato mais notável é que o Deus era morto apenas uma vez por ano e, assim, correspondia a um processo agrícola definido que só ocorre anualmente, e não um evento como o desaparecimento da Lua do céu, que ocorre a cada mês. Tampouco podemos dizer que qualquer lugar fora do Círculo Ártico o Sol desapareça por completo uma vez por ano por três dias. O Deus da Vegetação morre na colheita quando o milho é ceifado, ele é enterrado no outono e renasce na Primavera. Na Síria, a colheita ocorre no Solstício de Verão e, consequentemente, encontramos a tendência de confundir os atributos do sol com aqueles do Deus da Vegetação. A adoção dos três dias da Lua ocorre de modo também natural, pois a Lua Crescente ou Minguante teria influência sobre o crescimento ou declínio da vegetação.

---

*N.E. Sugerimos a leitura do *Livro dos Mortos do Antigo Egito*, tradução para o inglês de E. A. Wallis Budge, Madras Editora, 2019.

Entretanto, não só o milho é plantado no outono, mas todas as plantas silvestres soltam suas sementes nesse período, e elas caem no solo, tornando-se cobertas por folhas mortas e, depois, enterradas. Portanto, há pelo menos três meses entre a colheita, ou a matança do espírito do milho, e o plantio ou enterro. Mas, como três meses é tempo demais para que o homem primitivo mantenha o luto, logo o mês será substituído por um dia que passará a representá-lo. Esse período, representando os três dias da Lua perdida, cuja influência na vegetação era universalmente aceita, gera a tendência natural de identificar o Deus morto com a Lua.

Então o mesmo Deus em épocas variadas e a partir de pontos de vista diferentes representa o Sol, a Lua e o Espírito da Vegetação; uma contradição surpreendente para o estudante moderno, que espera um significado lógico por todo o simbolismo, ignorando o fato de que o homem primitivo não é de modo algum lógico, e que o Deus morto, como o conhecemos, é o resultado de uma série de evoluções culturais e concepções religiosas, cujo desenvolvimento geral parece ter sido a adoração, em primeiro lugar, das forças vagas da natureza, depois da Lua e finalmente do Sol.

Sem dúvida, todos esses cultos deixaram traços na lenda de Jonas. Originalmente, Jonas representava o espírito da vegetação, seus três dias no peixe se fundamentam no desaparecimento da Lua, seu barco é a Barca Solar e em tempos posteriores ele passou a ser considerado um representante do Sol. Em uma carta pessoal a mim dirigida, datada de 3 de outubro de 1924, *Sir* John Cockburn, médico, K. C. M. G. e P. Dept. Gr. M,* da Austrália Meridional, escreveu: "Você questiona a respeito de Jonas como se ele fosse um modelo solar. Não há dúvida quanto a isso. Os três dias e três noites do Solstício o indicam. A comprovação pode ser encontrada no Gulistan de Sadi:[360] 'Ora, a primeira hora da noite havia passado, o disco do sol se recolhera na penumbra e Jonas adentrara a boca do peixe'."

---

*N.T.: Em inglês, as inicias K.C.M.G e P. Dept. Gr. M. se referem respectivamente a *Knight Commander (of the Order) of St Michael and St George* e *Past Deputy Grand Master*.
360. O *Gulistan* (Jardim de Rosas), de Sadi, é uma famosa obra persa traduzida por *sir* R. Burton e publicada em 1888.

A referência ao Solstício se deve ao fato de que nos Solstícios de Verão e Inverno o Sol parece parar por três dias, isto é, os dias parecem ser exatamente da mesma duração, e os antigos acreditavam que em tais períodos de sua jornada, o Sol enfrentava uma oposição mais feroz dos seus inimigos. Essa ideia fez surgir em alguns ritos a existência de três portais, ou estágios, pelos quais o iniciado tinha que passar e em cada um deles teria de enfrentar com sucesso certos testes.

Tais portais são representados na Maçonaria pelos três primeiros véus no Grau do Excelente Mestre, que na Escócia antecede o A. R., e portais similares também aparecem no Ritual da Ordem Real da Escócia. Do mesmo modo, ocorrem no ritual da famosa sociedade secreta chinesa, "a Liga Hung".[361] Como esse ritual chinês também representa a jornada da alma depois da morte, e inclui uma Barca Solar, a existência desses portais ali é bastante significativa.

Assim, podemos ver que Jonas, sob determinado ponto de vista, tipifica a Alma (a pomba), e, por outro lado, o Sol. Como as almas supostamente acompanhavam o Sol na barca solar, não há contradição real nesse caráter duplo ou triplo, pois ele não só representa a alma de cada iniciado como sugere as experiências de Tamuz, o representante dos homens, que morreu, e até das plantas, mas que assim voltou para uma vida maior e mais gloriosa.

A lenda de Jonas, portanto, representa "um grau superior" dos Ritos de Tamuz, e podemos reconhecer mesmo nessa época uma tendência de transformar a antiga cerimônia mágica de Tamuz em uma alegoria da morte e ressurreição do homem. Com o passar do tempo, esse aspecto aumentou de importância e o antigo significado mágico do rito, cujo propósito era, por meio da magia simpática, auxiliar as forças da natureza na produção de uma colheita abundante, foi diminuindo. Apesar de tudo, esse aspecto mágico nunca desapareceu completamente das cerimônias "abertas" e ainda subsiste em certas partes da Europa. Contudo, podemos postular que mesmo nos dias de Ezequiel havia homens naquela câmara secreta sob o altar do sacrifício que viram, na morte Ritual de Tamuz, a profunda verdade espiritual de que os mortos se erguiam dos seus túmulos.

---

361. Ver Ward e Stirling. *The Hung Society*, vol. I, para detalhes completos.

Antes de deixar Jonas, vale a pena chamar atenção para o fato de que, segundo as lendas judaicas, ele era o filho da viúva de Sarepta, a quem Elias ressuscitou. Vemos repetidas vezes que o representante de Tamuz é chamado de filho de uma viúva, e a tradição de que Jonas foi mesmo ressuscitado dos mortos, portanto, torna toda a sua lenda particularmente interessante.

Felizmente fomos capazes de "captar" a história desse rito de iniciação sírio muitas centenas de anos depois. A data exata da história de Jonas segundo a Bíblia é uma questão de disputa entre os judeus. A data tradicional é próxima de 862 a.C., mas os estudiosos tendem a considerá-la um pouco posterior, enquanto Luciano viveu em 120-180 d.C.

Luciano nasceu em Samósata, à margem do Eufrates, no norte da Síria, sendo um cínico empedernido que zombava das religiões e filosofias contemporâneas, mas entre suas zombarias podemos descobrir mais acerca desses assuntos, pois, sírio de nascimento e criação, ele estava em posição de saber bastante a respeito dessas crenças locais. Uma das suas obras mais importantes foi "Sobre a Deusa Síria Mylitta", a Deusa da Lua, isto é, Afrodite ou Astarte, onde ele fornece muitas informações genuínas sobre os galli, seus sacerdotes eunucos, e outros detalhes valiosos aos quais já nos referimos. Portanto, suas informações acerca das crenças religiosas sírias são dignas da mais cuidadosa consideração, ainda que em "Uma História Verdadeira" ele zombe delas.

Seu "Asno de Ouro", de modo similar, é uma paródia de *Metamorfoses de Luciano de Patroe*, um livro que é também a fonte do "Asno de Ouro" de Apuleio, que nasceu em 125 d.C., e nessa obra ele trata dos Ritos de Iniciação de Ísis. Com esses fatos em mente, veremos que sua narrativa na "História Verdadeira" do navio que foi engolido por uma baleia nada mais é senão uma paródia cínica da antiga lenda de iniciação síria da alma sendo engolida por um grande peixe.

Nesse relato podemos colher uma série de detalhes da cerimônia, além daquilo que descobrimos sobre Jonas; e o fato de que os viajantes alcançaram as Ilhas dos Abençoados é uma pista valiosa da verdadeira natureza da narrativa, e apesar da sua própria declaração de que é tudo mentira, sabemos por Josefo que os essênios da palestina também acreditavam que os justos iam para as Ilhas dos Abençoados, enquanto os malévolos seguiam para um local de tormento, que também é descrito por Luciano.[362]

---

362. *Encycl. Brit.*, 11ª ed. (1911), vol. 17, p. 100.
H. W. e F.G. Fowler. *The Works of Lucian of Samosata.*
H. W. L. Hime. *Lucian, the Syrian Satirist.*

# Capítulo X

# O Relato de Luciano sobre os Ritos de Tamuz

Luciano deu a seu livro o título de Vera Historia porque, de acordo com ele, não continha nada além de mentiras, declarando expressamente se tratar de uma ficção direcionada como uma provocação aos historiadores supostamente sérios que relatavam como verdade o que era pura invenção. Contudo, se ele pretendia que seus leitores acreditassem que inventara do nada todos os incidentes da sua narrativa, talvez ele próprio não dissesse a verdade, pois muito embora alguns fossem produtos da sua fértil imaginação, outros eram antigos mitos e crenças correntes, das quais ele zombava.

Além disso, em dois ou três casos ele relatou coisas que foram, e ainda são, de fato verdade, como o Mar Congelado e a Floresta no Oceano, sendo esse último simplesmente um mangue, como aqueles que existem na Costa Oeste da África e também nas Índias Ocidentais. Do mesmo modo, seu continente para além do grande oceano que ele chama de *os Antípodas* é sem dúvida uma tradição a respeito do que mais tarde seria redescoberto e chamado de América.

No caso da primeira ilha visitada, onde ele diz ter encontrado traços de Hércules, temos uma descrição bastante adequada da Ilha da Madeira, ou seja, uma "ilha íngreme e arborizada". Quanto às pegadas gigantes, devemos nos lembrar que no Ceilão ainda é mostrada aos visitantes uma gigantesca pegada chamada de "Pegada de Adão", no Pico de Adão. Contudo, os budistas a chamam de Pegada de Buda e em muitos pagodes em Burma são exibidos supostos moldes, ou modelos, dessa pegada. O que eu vi no Pagode de Shwe Dagon, em Rangum, tinha mais de 1,83 metro de comprimento e era sem dúvida uma relíquia de algum mito ou costume quase esquecido, que fora transferido para o Buda. Na Índia, "moldes" similares existem e são chamados de "Pegadas de Vishnu", mas aqui é impossível discutir a origem e significado desses objetos, embora seja importante percebermos que temos a comprovação definitiva de que havia uma base sólida para a história louca das pegadas de Hércules e Dioniso, muito embora Luciano fizesse pouco das histórias que escutou e compreendeu mal. De modo semelhante, a história das Donzelas do Vinho na ilha é uma lenda antiga, que atesta a antiga crença de que a vinha tinha uma alma ou espírito cujo sangue formava o vinho.

Pelos fatos anteriormente inseridos na sua história, podemos ver que a *Vera Historia* é na verdade uma coleção um tanto heterogênea de mitos e crenças correntes, a respeito das quais o cínico e espirituoso sírio debocha. Que ele tenha acrescentado peças, misturado as lendas e que as tenha distorcido para que parecessem mais ridículas, sem dúvida é verdade (ele fez o mesmo com o Cristianismo), mas às vezes ele as trata de maneira mais respeitosa, meramente acrescentando incidentes humorísticos para animar a narrativa. Essa reticência é peculiarmente clara no seu tratamento das "Ilhas dos Abençoados", em que sua descrição corresponde de modo bastante preciso às crenças clássicas de sua época. Mas ele "anima as coisas" inventando incidentes, como a terceira fuga amorosa de Helena.

Contudo, seu livro é de grande importância para estudiosos do folclore e dos ritos iniciáticos, já que é um dos principais elos, por intermédio dos quais as antigas crenças, tradições e lendas da Ásia foram transmitidas até a Idade Média e, assim, até nós. Por exemplo, parece provável que a Viagem de São Brandão seja uma lembrança distorcida de certos eventos na *Vera Historia*, embora no processo tenha sido nitidamente espiritualizada e recebido um significado alegórico mais elevado. Porém, a teoria alternativa não pode ser ignorada, ou seja, que a Viagem de São Brandão é a versão cristianizada da antiga cerimônia de iniciação síria da qual Luciano debocha.

Seja a viagem de São Brandão a filha ou a irmã mais nova da *Vera Historia*, uma coisa é certa. Ambas descendem do Rito Iniciático Sírio da Barca Solar e do grande monstro que engole os candidatos. Parece, de fato, que a estrutura original seguiu rumo ao Oeste e foi cristianizada, e seguiu para o Leste onde se tornou a fundação do ritual da Sociedade Hung na China, encontrando um local permanente no *Mahabharata* da Índia. Ela tem analogias com ritos selvagens primitivos tão distantes quanto na Nova Guiné e entre os Yao da Niassalândia.[363]

## A Viagem

Luciano içou velas em um barco *rumo ao Oeste*, até o Grande Oceano, parando primeiro em uma misteriosa ilha coberta de árvores, onde viu as pegadas de Hércules e Dioniso. Também encontrou as donzelas da vinha, cujas partes superiores do corpo pareciam mulheres, enquanto as partes inferiores consistiam em caules torcidos das vinhas. Quando alguns dos marinheiros quebraram os dedos delas, vinho, em vez de sangue, escorreu dos tocos, mas as donzelas da vinha gritaram de dor. Essa foi a origem dos rios na ilha, que consistiam em vinho em vez de água.

Essa seção parece uma paródia dos ritos de Dioniso que era o Deus asiático da fertilidade, originalmente similar a Tamuz, a quem já nos referimos antes. É possível que seu nome, Iaco, seja a origem do nome de uma das Colunas do Templo do Rei Salomão, que na Bíblia é chamada Jaquim; como poderíamos esperar, um dos seus emblemas era o falo.

As Donzelas da Vinha são os espíritos das uvas e assim representam o espírito feminino da vinha, assim como Dioniso simboliza o espírito masculino. Desse modo, podem ser consideradas descendentes e representantes do grande e abrangente espírito da fertilidade, Astarte.

---

363. Todavia, a semelhança entre esses vários ritos pode se dever à sua descendência de uma forma mais primitiva de cerimônia, como aquela que existe ainda na Nova Guiné. Dessa forma, as cerimônias podem ter se desenvolvido em várias áreas de acordo com o padrão da civilização de cada uma. Se aceitarmos essa visão, isso não significa, em princípio, que o ritual Hung derive da Síria, mas a história de Luciano certamente sim, já que ele era sírio.

A referência a Hércules também é significativa, pois, como vimos, ele era Melcarte de Tiro, cuja estátua era queimada todos os anos pelos fenícios. De acordo com a lenda grega, ele foi queimado até a morte em uma pira e sua alma ascendeu até o Olimpo. Apesar disso, Luciano nos diz posteriormente que encontrou a sombra de Hércules nas Ilhas Abençoadas e soube que apenas a alma divina dele teria ido para o Olimpo. Essa afirmação é importante, já que indica a crença, encontrada entre muitas raças, de que os homens-Deuses só diferiam dos outros homens por terem duas almas, uma humana e outra divina. Era a alma divina que voltava ao céu ou era transferida ao sucessor do homem-Deus morto. Esses três pontos bem no início da obra de Luciano mostram uma clara relação com o culto sírio.

Depois de uma série de aventuras, o navio foi pego por um furacão e levado até a Lua, onde os viajantes encontraram uma feroz guerra em andamento entre os homens da Lua e os do Sol em razão de uma proposta de colonizar o planeta Lúcifer, isto é, Vênus. Aqui temos uma referência ao conflito entre a Lua e o Sol, por Vênus. Em muitas das lendas asiáticas Tamuz é intimamente identificado com a Lua, e Astarte com Vênus, enquanto o Sol é hostil aos amantes, como mostrado pela história do pastor Mársias, esfolado vivo por Apolo.

Tendo entrado em contato com a Lua, o barco voltou à terra, e foi imediatamente engolido inteiro por um enorme monstro marinho ou baleia. Aqui relembramos do fato de que Jonas teria vindo de Harran, uma cidade sagrada para a Lua. Entretanto, podemos notar que, enquanto na lenda de Jonas o navio representando a barca solar segue seu caminho em segurança e apenas Jonas entra no peixe, aqui o próprio navio é engolido, retratando assim, de modo mais preciso, as antigas crenças em torno da jornada da barca solar pelo Mundo Inferior.

De início está tudo escuro no interior, mas no momento seguinte em que a baleia abre a boca, os viajantes veem que há terra formada a partir dos sedimentos engolidos pelo monstro, e nela havia uma floresta e até sinais de cultivo, em outras palavras, estavam no Mundo Inferior.

Então, os viajantes, com *varetas de fogo*, fizeram um fogo por fricção, uma cerimônia muito antiga e mágica. O método costumeiro desse período era com pederneira e aço, e a menção específica do método antigo dá a entender que era um rito religioso no qual metais não poderiam ser usados. Se o Rito era associado com o Deus da Vegetação, podemos entender por que os iniciados evitariam usar metais, pois com eles as árvores são cortadas e o milho é ceifado. Claro que homens desejosos de favorecer um Deus da árvore ou do milho evitariam usar aquele material, ou seja, o ferro, que geralmente era empregado para destruí-lo.

Eles, então, começam a explorar o estômago da baleia e encontram ali um velho e um menino, ambos gregos, os quais, como eles, também haviam sido engolidos vivos. O velho construira uma cabana e cultivava o solo, mas reclamava que era oprimido pelos habitantes originais do estômago da baleia, monstros semi-humanos, semi-animais do tipo mais repulsivo. Estes nos recordam das criaturas que Ezequiel viu pintadas nas paredes da cripta secreta no Templo e, sem dúvida, representavam a hoste demoníaca do Mundo Inferior.

Luciano e seus companheiros concordaram em ajudar o velho e uma série de batalhas ocorreu, em que os monstros foram exterminados. As batalhas foram travadas em três dias sucessivos. Aqui temos uma narrativa distorcida dos três dias de testes dos iniciados, que provavelmente passaram por três batalhas teatrais e ganharam entrada em três câmaras separadas, assim como hoje em dia em alguns dos Graus Superiores três salas são necessárias e três véus devem ser ultrapassados, seus guardiões vencidos por meio de sinais, senhas, etc.

Em alguns ritos primitivos os iniciados passavam por um túnel artificial no solo e havia nichos laterais de onde homens, vestindo as peles de animais, saíam e os desafiavam, ou até combatiam os candidatos. Estudantes da religião egípcia sabem que a Barca Solar em sua jornada pelo Mundo Inferior era supostamente atacada pelos seus habitantes demoníacos, e podemos então ter certeza de que essas três batalhas são uma versão humorística de incidentes similares nos ritos sírios.

Para sair da baleia eles põem fogo na floresta dentro dela, o que resulta na morte do animal. Então, saem com seu navio sem danos pela boca do monstro.

O fogo como incidente derradeiro em uma cerimônia de iniciação tem um papel importante na maioria dos ritos primitivos. É costume o candidato ficar deitado sobre um fogo ardente ou passar por ele, e na Fenícia sabemos que havia uma cerimônia de caminhar pelo fogo associada aos ritos de Astarte. Além das numerosas referências na Bíblia a crianças passando pelo fogo até Moloque, é dito que o próprio rei de Trio tinha de caminhar para cima e para baixo entre o fogo.[364] Portanto, temos mais uma pista do que continham esses ritos sírios, que indica uma purificação simbólica pelo fogo antes que os iniciados simbolicamente fossem "trazidos pela luz", elevando-se dos mortos depois de terem passado pelo Mundo Inferior.

Depois, o barco navegou por um mar de gelo e entre várias e fantásticas aventuras, as quais, provavelmente, são interpoladas aqui e não têm nada a ver com o Rito de Iniciação. Em última instância, vemos mais uma vez o tema, pois a nave alcançou as "Ilhas dos Abençoados", e embora estes trajassem as vestes da Grécia, ainda assim correspondem às Ilhas dos Abençoados nas quais acreditavam os essênios. A primeira aventura aqui nos recorda do que foi dito sobre o destino de certo viajante em um Grau agora operativo na Inglaterra, pois eles foram presos e levados acorrentados diante do rei da Ilha – Radamanto – o Juiz dos Mortos. A descrição da cidade é realmente muito bela e, pelo menos dessa vez, o velho cínico zombeteiro parece ter esquecido seu cinismo, e sua poesia expressa as paredes de ouro e esmeralda, e os sete portões de canela. As ruas eram pavimentadas com marfim, os templos dos Deuses construídos em berilo e seus altares formados de blocos sólidos de ametista. É quase como se ele houvesse escutado, na linguagem dignificada de algum ritual secular, uma maravilhosa descrição da Cidade Santa. Foi-se o zombeteiro, enquanto as palavras meio esquecidas fluem de sua pena e ele fala dos felizes habitantes dali. Não envelheciam nem morriam, lá não havia noite ou dia, mas apenas o suave crepúsculo da aurora em uma eterna Primavera. Os prados recendiam a fragrância de flores incontáveis, os pomares estavam cheios de árvores frutíferas e os rios fluíam com leite, vinho e mel.

---

364. Ezequiel 28:14.

Porém, logo ele volta aos velhos hábitos e conta uma humorística narrativa de uma intriga entre Helena e outro herói, que em última instância os conduz para serem expulsos do Paraíso. Em seguida, eles visitam as Ilhas dos Malditos e têm que cruzar uma ponte sobre um fosso cheio de fogo. Mesmo Luciano não ousa rir dos horrores e da angústia das almas perdidas.

O resto da história contém muitas características curiosas, algumas das quais parecem relacionadas aos ritos iniciáticos. Assim, em determinado ponto o mastro do navio floresce e é coberto por vinhas e heras, o que nos lembra da história de Dioniso. Em outra ocasião, ele passa por uma misteriosa ponte de água que atravessa um abismo no próprio oceano, e nos lembra de uma certa ponte na Cruz Vermelha da Babilônia e na Ordem Real da Escócia.

O bastante foi dito para mostrar que, na *Vera Historia*, Luciano incluiu muitos detalhes da mitologia do seu tempo e, entre aqueles, um rito de Iniciação, cuja forma é o candidato ser engolido por um monstro e dali cuspido, para que pudesse ver uma representação dramática do destino dos bons e dos maus após a morte e, assim, aprender a respeito da ressurreição e da vida no mundo do além.

# Capítulo XI

# Resumo dos Ritos Sírios

Vimos que na Síria havia cerimônias externas executadas na presença da população inteira, além de ritos secretos que com o passar dos anos se tornaram cada vez mais reservados. As cerimônias populares eram originalmente de natureza mágica, voltadas para sustentar a fertilidade da Mãe Terra, para que ela trouxesse uma colheita abundante. Essas podem ser subdivididas do seguinte modo:

1) Nos festivais havia um intercurso promíscuo entre os sexos, cujo propósito, de acordo com as regras da magia primitiva, era encorajar a produtividade da Grande Mãe e, consequentemente, da própria terra. Mesmo hoje ainda ocorrem festivais semelhantes no mundo todo.

2) Um homem representando o amante mítico da Deusa era morto. Originalmente, ele morria em decorrência de uma forma brutal de castração, mas em períodos posteriores métodos mais humanos parecem ter sido aplicados.

3) Às vezes ele era queimado e, em tais casos, uma águia era liberada na hora da sua morte para simbolizar o retorno da sua alma ao céu.

4) Tais vítimas eram, a princípio, homens divinos e reis-sacerdotes, embora provavelmente substitutos mais humildes fossem aceitos com frequência.

5) Certas modificações dessas cerimônias pavorosas ocorreram na medida em que os homens se tornaram mais humanitários.

6) Inicialmente, o sacerdote sacrificava seu membro viril, mas não era permitido que sangrasse até a morte.

7) A circuncisão de todos os homens da tribo foi introduzida, representando a doação de uma parte do membro viril, em vez de todo o membro, embora isso não eximisse o homem-Deus de cumprir seu dever.

8) Além disso, todo ano, na data em que o Deus Tamuz fora morto, isto é, no tempo da colheita, as mulheres apresentavam bolos para Astarte feitos na forma do membro viril dos seus maridos, no lugar do próprio membro, que tecnicamente era tomado pela Deusa.

9) Contudo, a morte do homem-Deus não podia ser omitida e, assim, primeiro a brutalidade do método foi abrandada, isto é, ele passou a ser pendurado em uma árvore e era atingido com uma lança no flanco, ou então golpeado na cabeça.

10) Nas ocasiões em que ele era queimado vivo, depois uma imagem de um homem passou a ser queimada.

11) Em alguns casos em que outros métodos de matança haviam sido empregados, a imagem de um homem também serviu como substituta, pela qual o povo pranteava.

12) A matança também pode ter sido teatral, mas embora saibamos que isso ocorreu na Babilônia, parece que esse "formato dramático" na Síria era usado apenas nos ritos iniciáticos secretos.

13) Havia uma festa sacramental que, a princípio, consistia no corpo do Deus morto, provavelmente cozido no caldeirão, a respeito do qual já dirigimos nossa atenção.

14) Mais tarde, pão, simbolizando a carne, e vinho, representando o sangue, serviram como substitutos. Provavelmente, o pão original tinha a forma de bolos obscenos e o vinho era o que sobrava depois de uma porção ter sido derramada como libação a Astarte.

15) O cadáver, real ou substituto, era regularmente pranteado pelo povo por três dias, tempo durante o qual a Alma Divina permaneceria no Mundo Inferior.

16) As aventuras daquela alma não eram reveladas à população, mas estritamente guardadas no círculo interno de iniciados.

17) Depois de três dias, o Deus morto deveria renascer e a hora exata era marcada pelo nascimento do Sol e pelo fato de que ao mesmo tempo o planeta Vênus estava visível como uma estrela matutina no Leste, e não como uma estrela vespertina no Oeste.

18) Quando isso acontecia, os Anciões que celebravam o festival cheiravam o ramo de uma árvore no qual supostamente estava a alma do Deus morto. Não se sabe com clareza se essa cerimônia era restrita a um homem ou se era executada por todos que a assistiam, mas de qualquer modo a cerimônia deveria transferir a alma divina de Tamuz para um novo corpo humano, onde ela se encarnava até que a cerimônia fosse repetida.

Além desses pontos, na sequência há um ou dois outros detalhes cuja importância exata é incerta. Destes, o mais importante era um batismo ou banho cerimonial da figura de Tamuz, ou de seu caixão, no mar ou rio. De acordo com a maioria das narrativas, isso marcava o fim da cerimônia, como ocorre na Índia até hoje, sua provável representação original sendo do descarte da casca agora vazia de Tamuz, cuja alma divina fora transferida com sucesso para um corpo novo e vigoroso. De modo geral, era sem dúvida um encantamento mágico para a chuva. Todavia, em alguns casos parecia ter sido uma purificação depois do intercurso sexual entre Tamuz morto e a Deusa ainda viva.

## Os Ritos Secretos

Aprendemos que certamente ocorriam certos ritos na época de Ezequiel, e veremos que na época de Josefo os essênios eram uma seita com elaborados ritos iniciáticos, juramentos severos e assim por diante, cuja obrigação era muito parecida com aquela dada no Primeiro Grau da Maçonaria. Nos ritos deles, estão incluídos um batismo preliminar com água, uma regalia especial, um tipo de refeição sacramental e, acima de tudo, orações ao Sol que, por mais estranhas que fossem à fé judaica ortodoxa, eram parte integrante das cerimônias relacionadas com a morte de Tamuz.

Também vimos que a história de Jonas e as aventuras de Luciano indicam uma cerimônia de Iniciação síria de "alto Grau", que tratava do período representado pelos três dias durante os quais Tamuz estaria no túmulo.

Por todo o mundo ainda existem ritos de morte e ressurreição que nos ajudam a juntar os fragmentos do sistema sírio em um todo inteligível. Os dois principais tipos são "O Drama do Túmulo e da

Árvore" e "Ser Engolido por um Monstro". O primeiro é representado pelos ritos externos de Tamuz, e o segundo pelo sistema que dava conta dos três dias no túmulo. Analisando primeiro o drama do túmulo e da árvore,[365] temos os seguintes detalhes:

1) Os iniciados precisam ser circuncidados porque essa é uma substituição do todo: a grande Deusa da Fertilidade exige o membro viril de cada homem. Ela é uma Deusa ciumenta e luxuriosa, e os selvagens a enganam por meio de cerimônias elaboradas, fazendo com que ela acredite que os iniciados morreram e lhe entregaram seus órgãos masculinos. Contudo, caso haja qualquer descuido, a Deusa perceberá a fraude e isso explica por que tantos meninos morrem durante esses ritos; desnecessário dizer que não tem nada a ver com a falta de cuidados médicos adequados! Portanto, em vez do membro inteiro, o prepúcio é sepultado na terra como um sacrifício para a Grande Mãe, e no momento da operação na África Oriental Britânica, o menino tem de fazer o sinal de D. e P.* É desnecessário lembrar nossos leitores do papel importante que a circuncisão exerce nos sistemas religiosos sírios e judaicos, ou do fato de que o prepúcio também era sepultado.

2) Na Austrália um homem é colocado em uma caverna falsa, uma árvore com folhas é posta sobre seu estômago ou peito e então ele é coberto com folhas e terra. Isso simboliza o fato de que, na morte, a alma passa para um arbusto ou árvore que cresce a partir do túmulo e onde ela espera até que alguém a corte ou mesmo a toque, quando então a alma entrará naquela pessoa. Desse modo a alma do homem morto ganha uma nova vida. Assim, no rito australiano, o homem no túmulo se erguerá dele. Essa cerimônia também pode ser um método de depositar a "alma externa" em um lugar seguro e secreto fora do corpo, estando intimamente ligada ao totemismo. A cerimônia explica tanto o significado do ramo mencionado por Ezequiel quanto também do ramo de acácia.

3) Outro método utilizado para transferir a alma de um homem morto e trazê-la de volta para a encarnação,[366] isto é, reanimá-lo, é

---

365. Ver Capítulo XX.
*N.T.: No original, *the sign of G. and D.*
366. Ver Capítulo XXI.

andar sobre o túmulo. Esse método é particularmente eficaz se a pessoa que andar sobre ele for uma mulher, pois então ela ficará grávida, mas quando a alma semidivina estiver envolvida, ela poderá entrar em um homem, que então se tornará o sucessor espiritual do homem morto, herdando seus duvidosos privilégios.

4) De acordo com crenças primitivas, a alma também pode ser transferida cheirando ou puxando a respiração da pessoa morta, por exemplo, erguendo-o nos próprios braços de tal modo que a boca do reanimador esteja perto daquela do cadáver.

5) De acordo com os nativos americanos, a alma de um chefe morto poderá ser transferida para um candidato ideal, por intermédio do levantamento, de um modo peculiar, de um homem vivo do túmulo ao mesmo tempo em que ele é chamado pelo nome do chefe morto.

Os fatos acima, que são abordados de modo mais completo nos capítulos XX e XXI, nos ajudarão a compreender o que ocorre na cripta secreta. Embora tenhamos poucas informações diretas e específicas sobre o que acontecia nela, sabemos que cheirar um ramo era parte do ritual externo e temos motivos para acreditar que algumas das cerimônias acima, possivelmente todas, ocorreram na cripta. De qualquer modo, percebemos que estão na origem de certas cerimônias peculiares bem conhecidas dos maçons.

Quando nos voltamos para o formato da cerimônia em que os iniciados são engolidos por um monstro, estamos em terreno mais firme em relação à Síria.

a) A alma parte simbolicamente na Barca Solar.

b) Os bons são mantidos na barca, na medida enquanto ela permanecia no Mundo Inferior, descrito como um monstro que engolia o barco. No entanto, o malévolo era jogado da Barca Solar e tinha de ir a pé pelo Mundo Inferior. Sem dúvida, suas aventuras subsequentes eram bastante similares àquelas que aconteciam na Barca Solar, exceto pela regra de os malévolos não alcançarem a Cidade Dourada.

c) A alma precisava passar por certo número de barreiras ou véus. Havia sete na versão babilônica da descida de Ishtar, mas parece que foram reduzidos a três ou quatro. De qualquer modo, havia uma considerável oposição a ser vencida antes que a alma pudesse adentrar cada um desses Salões. Esses portais ou barreiras podem ter sido convenientemente comparados com os véus no Excelente Mestre.

d) A alma então era trazida para a luz, isto é, no Leste.

e) Na sua jornada tinha de atravessar duas pontes, uma que levava até o Inferno, isto é, o local do tormento, e a outra do Paraíso,[367] aqui chamado de Ilhas dos Abençoados, até a Cidade dos Deuses.

f) A alma era acorrentada e levada diante do juiz dos mortos, isto é, o rei da Cidade Celestial, que na versão síria estava no centro da Ilha dos Abençoados. Na maioria dos outros ritos, contudo, encontrava-se em um lugar separado, no topo da Montanha Sagrada ou Olimpo. Se fosse boa, a alma era liberada e admitida à Cidade Celestial; se má, era jogada no local de tormento. Parece que no ritual sírio, à alma boa era então permitido de forma dramática ver o local do tormento como um terrível aviso.

g) Também aprendemos que a Barca Solar navegava entre as Montanhas do Crepúsculo, que eram o portal do Mundo Inferior, e vinham do portal formado pelas montanhas da Aurora. (Ver Jonas.)

Em relação a esses pontos devemos ter em mente que os essênios pareciam guardar em seu sistema características que devem ter sido tiradas de um ou mais ritos de Iniciação.

1. Tanto quanto possível, eles insistiam na castidade, a qual, sem dúvida, substituía o costume bárbaro da mutilação.

2. Diferente dos saduceus, eles acreditavam em um local de tormento para os malévolos.

3. Eles ensinavam que as almas dos bons iam para as Ilhas dos Abençoados.

4. Eles acreditavam que as almas de todos, tanto bons quanto maus, no devido tempo renasceriam em corpos terrestres, diferindo assim dos fariseus, que sustentavam que só os bons retornariam assim e que os maus sofreriam para sempre.

5. A peculiar veneração deles pelo Sol derivaria, até certo ponto, do papel importante que o astro desempenhava nos Ritos de Tamuz,

---

367. A segunda ponte é representada em Luciano pela sua ponte de água. Talvez tenha sido deliberadamente mal colocada por ele, mas com uma comparação cuidadosa com outros ritos e lendas, isto é, a ponte no Ritual da Tríade, e Bifrost nas lendas nórdicas, sabemos que ela liga a montanha da Aurora com a Cidade Celestial.

e em parte a partir da crença que, em sua barca, as almas partiriam em sua longa jornada.

6. Eles possuíam um fundador misterioso, e criticá-lo era considerado blasfêmia punível com a morte. Só podemos suspeitar que esse fundador fosse Tamuz, para o qual um outro nome deve ter sido usado quando Tamuz se tornou anátema para os mais ortodoxos. Talvez o nome substituto fosse Hiram Abiff.

Antes de avançarmos, vamos indicar pontos onde essas importantes características parecem ter permanecido na Maçonaria.

1. A mutilação, que em alguns casos fora substituída pela circuncisão, entre os maçons até pouco tempo atrás era representada por um laço formado por uma corda, como já mencionado, especialmente entre os Operativos.

2, 3, 4 e 5 são tão facilmente reconhecíveis por todos os maçons que não precisam de maiores comentários. Podemos apontar, porém, que Tamuz era o Deus Leão, nascido da Deusa Leoa e, portanto, a Garra do Leão. A águia de duas cabeças era associada a esses dois o bastante para explicar não somente o nome alternativo para o aperto de mão como também o uso daquele emblema no Rito A & A, enquanto a palavra Kadosh é idêntica àquela usada para os homens e mulheres sagradas de Astarte.

Quando nos voltamos para o Grau Superior ou cerimônia do monstro, os seguintes pontos ocorrem:

a. A Barca Solar parece quase perdida, mas o barco cujo capitão se recusou a aceitar os três vis a bordo, e que exerce uma parte tão importante no ritual americano, sem dúvida o representa. No Cavaleiro de Malta, também encontramos um barco naufragado, mas cujos passageiros são todos salvos. A Barca Solar com todo o seu significado subsiste no Ritual Hung ou da Tríade.

b. Embora a pé, a jornada por todo o Mundo Inferior ocorre no 18º Grau e na O. R. E.,* sendo que em ambos há uma descida simbólica para um lugar de miséria ou um calabouço. Isso também é indicado no A. R.

---

*N.T.: Ordem Real da Escócia, às vezes citada como Real Ordem da Escócia. Do inglês R. O. S., ou *Royal Order of Scotland*.

c. Há três véus no Excelente Mestre que precisam ser atravessados antes que um Candidato possa assumir seu A. R. na Escócia. O quarto o admite naquele Grau. Também há três "sentinelas" pelos quais ele deve passar na O. R. E., e três recintos no 18º Grau. Também há três estágios no Cavaleiro Templário e no Cavaleiro do Santo Sepulcro, e em ambos um sepulcro nos lembra do sepulcro de Tamuz.

d. A saída da escuridão para uma sala iluminada é um episódio bem conhecido para aqueles que passaram por um certo Grau.

e. Em outro grau o candidato cruza uma ponte, é acorrentado e levado diante de um rei. A relação desse grau com a Verdade é significativa, pois Luciano nos diz que aqueles que deixaram de satisfazer Radamanto nesse momento foram enviados por ele às Ilhas dos Malditos, para onde vão aqueles que carecem de verdade, usando esse termo no sentido mais amplo. Na O. R. E. há igualmente um aprisionamento, liberação e ênfase na verdade.

f. A Cidade Santa é descrita minuciosamente na O. R. E.

g. Obtemos referências à Montanha Sagrada no 18º Grau e alhures, enquanto na O. R. E. os membros, como a Barca Solar, vão no sentido contrário ao do Sol.

Assim, podemos ver que, apesar da aparente estranheza, o sistema sírio de iniciação possui vários pontos notáveis de semelhança com a Maçonaria, e esses pontos são essencialmente "Antigos Landmarks". Eles se desenvolveram além do seu passado remoto e selvagem e parecem ter sido transmitidos a nós, seus herdeiros e sucessores. Essa lista não está completa, pois vimos que a descrição do Templo de Salomão, seus dois pilares com globos, o domo do Templo e assim por diante, correspondem ao santuário de Pafos, onde tinham um significado claro, em vez da narrativa do Templo como está na Bíblia. Porém, como esse antigo sistema foi transmitido para a Maçonaria moderna? Os elos dessa corrente serão considerados nos próximos três capítulos.

# Capítulo XII

# Sua Permanência sob os Essênios

Os judeus, como as nações à sua volta, possuíam um sistema de mistérios no início da Era Cristã. Consistia nos quatro Graus dos Essênios[368] e sempre foi um problema para os estudantes da Antiguidade, pois nosso conhecimento a respeito infelizmente é um tanto limitado. O que temos, porém, é bastante definido e pode ser recapitulado aqui.

Eles eram uma ordem celibatária entre os judeus, mencionados pela primeira vez na época de Jônatas Macabeu (161-144 a.C.); mas, ainda que esse seja o registro mais antigo da sua existência, as autoridades concordam que eles tiveram uma origem bem anterior. As três autoridades mais antigas são Filo,[369] Plínio, o Velho[370] e Josefo.[371] Eusébio, citando um livro perdido de Josefo, também fornece alguns detalhes interessantes, e uma das últimas referências a eles está em Epifânio, que morreu em 402 d.C.

Nossa melhor narrativa é fornecida por Josefo, que nos diz que os essênios eram celibatários na maioria, mas que alguns deles se casavam. Diz também que eles formavam um tipo de irmandade e que podiam se reconhecer mutuamente, de modo que ao viajar de cidade a cidade eles não levavam comida nem dinheiro, porque seus irmãos

---

368. *Encycl. Brit.* vol., 9. p. 779, também vol. 2, p. 457 sq.
369. Filo. *Quod omnis probus.*
370. Plínio. *Nat. Hist.*, V. 17.
371. Josefo. *The Wars of the Jews*. 11. 8. A*ntiquities*. XIII. 5. Para. 9: XVIII. 1. para. 5. etc.

essênios sempre supriam suas necessidades. Compartilhavam todos os bens, desprezavam riquezas e levavam vidas muito frugais. Como Josefo parece ter sido admitido ao Primeiro Grau, embora não tenha avançado mais, sem dúvida sabia do que estava falando. Diz ele: "Quanto à sua piedade para com Deus, é deveras extraordinária, pois antes da aurora, não dizem uma só palavra sobre questões profanas, mas apenas rezam certas orações, que receberam de seus ancestrais, como se *fizessem uma súplica* para que o sol nascesse".

Em ocasiões cerimoniais eles se vestiam com roupas brancas, e nos é dito que se reuniam em "um apartamento próprio, onde não era permitida a entrada de nenhuma outra seita; enquanto eles seguem uma maneira pura na sala de jantar, assim como em certo templo sagrado". Aprendemos aqui que eles eram famosos pela fidelidade, pela veracidade e pela misericórdia, que eram particularmente caridosos para com os pobres e infelizes, enquanto abominavam a conduta licenciosa ou a profanidade.

## As Iniciações

"Ora, se alguém quiser entrar à seita deles, não será admitido imediatamente, mas deve seguir por um ano o mesmo método de vida praticado por eles; e enquanto permanecer excluído, será presenteado com uma *machadinha* e os anteriormente citados *cinto de corda* e a *roupa branca*.[372] E quando ele houver comprovado que pode observar sua castidade, aproximar-se-á ainda mais do modo de vida deles, e partilhará das águas da purificação; mas, mesmo então, ainda não será admitido a viver com eles; pois depois dessa demonstração de força, seu temperamento será testado por mais dois anos e, depois, se for considerado digno, será admitido na sua sociedade.

E antes que ele tenha permissão de tocar na sua comida comum, será obrigado a fazer *terríveis juramentos*, que em primeiro lugar irá praticar a justiça para com os homens, e não causará dano a ninguém, seja por conta própria ou pelo comando dos outros; que sempre detestará os perversos e assistirá os justos; que sempre mostrará fidelidade a

---

372. Notem que o machado, o emblema de Sandan, etc., é o mesmo que o malho, assim como a corda é o distintivo da inocência.

todos os homens e especialmente àqueles em posições de autoridade, porque ninguém obtém seu governo sem o auxílio de Deus.

... Que ele nunca esconderá algo da sua própria seita, nem *revelará qualquer uma de suas doutrinas para outrem; não, mesmo que alguém tente obrigá-lo ameaçando sua vida. Além disso, jurará que de modo algum comunicará suas doutrinas a quem quer que seja, a não ser do modo que ele mesmo as recebeu;* que não roubará e que, igualmente, preservará os livros pertencentes à seita e *os nomes dos Anjos*.[373] Esses são os votos pelos quais eles recebem seus prosélitos.

Contudo, para aqueles flagrados em algum pecado hediondo, serão banidos de sua sociedade... O que eles mais honram, depois do próprio Deus, é o nome do seu legislador,[374] que se for blasfemado por alguém, este *sofrerá punição capital*.[375] Também acham que é uma boa ideia a obediência aos mais velhos e à maioria. Desse modo, se dez deles estiverem sentados juntos, nenhum falará se os outros nove forem contra."

Ora, meus Irmãos maçons vão se recordar das suas próprias observâncias e obrigações depois da Iniciação e não deixarão de notar a semelhança.

Josefo também nos informa que a sociedade estava dividida em quatro graus distintos, um acima do outro, que os membros acreditavam que o homem tem uma alma que sobrevive à morte, diferindo assim dos saduceus, e que depois da morte as almas dos justos vão para o Paraíso, enquanto que os malévolos estão "em um local de punição". Suas palavras são as seguintes:

"Mas quando são libertados dos grilhões da carne, eles, como que liberados de um longo aprisionamento, regozijam-se e ascendem. Isso se assemelha à opinião dos gregos, de que as boas almas habitam além do oceano em uma região... refrescada pelo gentil sopro

---

373. A frase "Nomes dos Anjos" sempre confundiu os comentaristas, que sugeriram "mensageiros". Uma explicação mais provável é que os nomes dos anjos fossem as senhas dos Graus.
374. Alguns comentaristas sugerem que esse legislador fosse Moisés, mas sem apresentar a menor evidência. Pelo contrário, se fosse Moisés, sem dúvida, Josefo o diria. Só podemos especular quem seria esse legislador semidivino, com certeza, o suposto fundador da Ordem: talvez Salomão – possivelmente Hiram Abiff.
375. Isso significa que a cabeça seria cortada. Fica claro que se é possível "blasfemar" contra o legislador, ele deveria ser semidivino.

do *vento do Oeste*, que sopra perpetuamente pelo oceano; mas atribuem às almas más um covil escuro e tempestuoso, cheio de punições incessantes. De fato, os gregos parecem ter seguido a mesma noção quando dispuseram nas Ilhas dos Abençoados seus homens corajosos, a quem denominam heróis e semideuses; e colocaram as almas dos malévolos na região dos profanos, no Hades".

Por essas linhas finais está claro que Josefo quer dizer que os essênios, como os *gregos*, acreditavam que o Paraíso dos bons estava nas Ilhas dos Abençoados. Posteriormente, ele nos diz que os fariseus também acreditavam na imortalidade da alma. "Eles dizem que somente as almas dos homens bons *são deslocadas para outros corpos*, mas que as almas dos homens maus sofrem uma punição eterna."

Essa passagem parece implicar que, enquanto os essênios acreditam na reencarnação final dos homens bons e maus depois de um período passado no Purgatório ou no Paraíso, os fariseus acreditam que somente os bons irão renascer na terra (em um corpo); os malévolos permanecerão no tormento eterno. Ele também nos diz que os saduceus não acreditavam em forma alguma de imortalidade.

Se os essênios descendem de antigos adoradores de Adônis, certamente podemos esperar alguns traços de suas crenças na reencarnação, já que a doutrina está por trás de todas as crenças associadas com Tamuz. De qualquer modo, a narrativa de Josefo é de grande importância para nós, pois registra vários detalhes que indicam que os essênios eram na verdade uma versão reformada do antigo culto de Tamuz, e que é muito provável que sejam um elo na cadeia da evolução daquele culto até a Maçonaria Especulativa moderna.

Primeiramente, a adoração do Sol é bastante notável em uma seita judaica *ortodoxa*. Ezequiel vociferou contra ela no período do Cativeiro na Babilônia, mas ainda podemos encontrá-la entre uma seita reconhecida dos judeus, cerca de 70 d.C. Mais significativo ainda é que sua denúncia da Adoração Solar esteja ligada à denúncia de mulheres chorando por Tamuz. A partir dessa narrativa sabemos que Ezequiel presenciou fisicamente ou, o que é mais provável, por intermédio de uma visão, três conjuntos de práticas pagãs ocorrendo ao mesmo tempo no próprio Templo.

a) Os anciões de Israel em uma câmara secreta subterrânea oferecendo incenso a todos os Deuses dos sírios e cananeus.

b) As mulheres chorando por Tamuz no Portão Norte.

c) Vinte e cinco anciões de Israel, com suas costas voltadas para o próprio Templo, de frente para o Leste e invocando o Sol.

Assim vemos que a adoração do Sol e o lamento por Tamuz estavam intimamente entrelaçados, e também descobrimos que os essênios invocavam o Sol na *aurora*. Além disso, Ezequiel acusou o rei de Tiro de alegar ser um Deus, uma alegação que o rei certamente se consideraria habilitado a fazer, como uma encarnação de Tamuz. Portanto, temos que concluir que Ezequiel estava atacando um culto semissecreto de Tamuz, ou Adônis, popular em Jerusalém, que reconhecia que o rei de Tiro era o representante vivo de Tamuz.

Obviamente, Hirão de Tiro, que viveu na época do rei Salomão e Davi, não podia estar vivo 500 anos depois, mas Ezequiel fala como se fosse o mesmo homem que ajudou a construir o Templo. Ele até diz que caminhou no Éden, o que parece implicar que conhecia e acreditava nas lendas rabínicas segundo as quais Hiram teve a permissão de entrar no Paraíso graças ao serviço prestado ao rei Salomão. A única explicação possível é que, como ocorria com o faraó, Hiram fosse um título e que Ezequiel, ao ouvir homens falando de Hirão, rei de Tiro, pensou que fosse o mesmo homem que havia ajudado Salomão, algo que provavelmente explicaria o porquê de ele parecer perturbado em ter de denunciá-lo por se afastar da luz.

Contudo, o que devemos perceber no momento é que um rito que envolvia a invocação do Sol na aurora, e que fora denunciado por Ezequiel no século VI d.C., ainda era executado em 70 d.C. por uma Ordem que possuía Ritos de Iniciação secretos, e que ensinava as doutrinas da ressurreição e da reencarnação. Sugiro que essa Ordem fosse apenas uma reminiscência reformada e purificada do antigo culto de Tamuz. Nesse caso, poderemos compreender por que eles testavam seus candidatos de modo tão rigoroso e os comprometiam com terríveis juramentos.

Quanto mais investigamos os essênios, mais claro se torna, por um lado, que eles eram derivados do antigo Culto e, por outro, que transmitiram algumas de suas cerimônias para várias sociedades secretas, tais como os ritos dos Dervixes, que ainda existem na Palestina. O banho cerimonial ou a modalidade de batismo que os essênios praticavam sempre estiveram associados aos ritos de Adônis e Átis. Ele sobreviveu nos rituais Operativos da atualidade, embora não seja mais obrigatório. De acordo com o ritual, o candidato teria de entrar em um banho, depois do qual deveria ser vestido com um longo traje branco, aberto na frente. Eu conheço vários homens que passaram por essa cerimônia há apenas dez ou 12 anos. Embora o banho seja omitido na atualidade, o traje branco ainda é usado, e roupas similares estão em uso na antiga Loja Dundee, uma Loja Especulativa, no século XVIII, e ainda existiam, embora não estivesse em uso, até 1904, quando foram destruídas.[376] Nos Estados Unidos, roupas similares eram usadas em Boston até 1914.[377] A praticidade desses trajes ao testar a virilidade de um homem é óbvia, e esse era um costume ainda não extinto no País de Gales até 40 anos atrás.[378]

Quase certamente, o celibato adotado pela maioria dos essênios era um moderado substituto da emasculação outrora exigida pela Grande Mãe, que ainda era demandada nessa época (71 d.C.) pelos sacerdotes das formas mais primitivas do culto em Hierápolis e alhures.

Os quatro Graus apresentavam uma notável semelhança com o arranjo maçônico dos três Graus do Simbolismo e do A. R. Também vale a pena mencionar que os essênios tinham uma forte objeção à escravidão, e protestavam contra ela como injusta e uma violação da irmandade do homem. Teríamos aí a origem da objeção maçônica contra receber na Ordem qualquer um que não fosse livre? De qualquer modo, podemos ter certeza de que qualquer escravo convertido em essênio era imediatamente libertado e, portanto, a Ordem só conteria homens livres. Deve ser notado que essa atitude humanitária era única naquela época no mundo antigo. Até os melhores pagãos não viam mal na escravidão, aceitando-a como inevitável.

---

376. A. Heiron *Ancient Freemasonry and Old Dundee Lodge*, p. 49 sq.
377. *Ibid.*
378. *Ibid.*

O próprio nome "essênios" apresenta um problema interessante. Os comentaristas são totalmente incapazes de sugerir a sua derivação, exceto que ele poderia ter vindo de uma palavra persa, e aqui os argumentos são pouco convincentes. Ora, Diana, ou Ártemis de Éfeso, naturalmente apenas outra forma de Astarte, tinha uma ordem de sacerdotes chamada de *Essênios* ou pelo menos eram regidos por um sumo sacerdote conhecido pelo título de *Essen*.[379] Esses sacerdotes eram eunucos, e o nome comum pelo qual eram conhecidos era Megabuzio, que indica uma origem persa. Assim, parece provável que essa sociedade secreta judaica derive seu nome não de uma palavra hebraica que significa "balde", como alguns sugeriram, mas do nome também aplicado aos sacerdotes da Grande Mãe em Éfeso, os quais, como os essênios, eram celibatários. Os emblemas dessa Deusa eram a abelha, o leão, o bode e o urso, e três deles têm forte relação com a Maçonaria.

A admirável semelhança da obrigação deles com a nossa e com a Obrigação do A. M. parece ligar essa ordem à Maçonaria. O Festival de Purim mostra que os vestígios do antigo culto de fertilidade não estavam de todo extintos, mesmo entre os judeus ortodoxos. Essa festa, pelo menos até o século XVIII, tinha todas as características da Saturnália Romana, e um de seus traços mais extraordinários era pendurar a figura de um homem em uma árvore ou cruz. Dizia-se que o homem era Haman, mas os críticos modernos sugerem que seria um substituto[380] do antigo Deus da Fertilidade.[381]

---

379. Ver "Artemis". *Encyl.Brit.* 11ª ed., vol. II.
380. Frazer. *The Scapegoat*, p. 392 sq.
381. A Águia Bicéfala do Kadosh também é a insígnia de um patriarca na Igreja Oriental e há cinco anos ela foi concedida ao arcebispo de Canterbury por um voto do Sínodo Oriental. Em suma, ainda é o emblema de um rei-sacerdote.

# Capítulo XIII

# A Permanência do Culto de Adônis no Período Cristão

## Os Dois São Joões

Já vimos que o culto de Adônis não foi extinto pelo triunfo do Cristianismo. Ao descobrir que não conseguiram eliminar esses antigos ritos pagãos, as autoridades da Igreja parecem ter adotado a política de transferi-los para vários santos. De fato, a tal ponto essa estratégia foi seguida que hoje em dia há estudiosos que questionam se o próprio Cristo existiu, pois eles podem apontar numerosos incidentes em Sua vida que são claramente idênticos a acontecimentos do Mito de Adônis.

Contudo, tal corolário é bastante desnecessário e não leva em conta o maior de todos os milagres cristãos, o rápido crescimento e o triunfo final da fé cristã. Nenhum grande movimento religioso, como o Cristianismo, já surgiu sem um líder humano com uma grande e evoluída alma espiritual, que pela sua vida e seu ensinamento elevou as aspirações dos seus seguidores, criando uma concepção religiosa nova e mais sublime. Poderíamos duvidar da existência de Maomé tanto quanto da de Cristo, e o fato de que Ele reuniu ao Seu redor lendas do passado não é um argumento válido contra a Sua existência.

Há, porém, outra explicação possível para algumas dessas antigas tradições. Elas podem ter sido deliberadamente associadas a Ele por Seus inimigos, e um estudo cuidadoso da narrativa da Sua crucifixão faz com que isso pareça quase certo. No Domingo de Ramos,

Ele chega triunfante em Jerusalém montado em um asno, em meio ao regozijo universal e com pessoas acenando ramos, lançando-os diante d'Ele, proclamando e lhes dizendo: "Bendito seja Aquele que vem em nome do Senhor; bendito seja o reino do nosso pai, Davi, que vem em nome do Senhor".[382]

Ora, nessa cena temos uma distinta contraparte para a proclamação do Deus-homem, Adônis, como um rei e esposo de Astarte. O asno certamente representava um papel importante nos Mistérios de Elêusis, sendo neles associado a Dioniso, que é apenas uma forma helenizada de Tamuz; enquanto o aceno com os ramos, etc., nos recorda do papel importante que as plantas e a vegetação exerciam no casamento de Adônis em Alexandria até o fim do século IV, ou depois. Além disso, as pessoas o proclamaram rei vindo em nome do Senhor e esse, como vimos anteriormente, era o título original de Tamuz e, na sua forma de Adônis, o nome pelo qual costumava ser adorado naquela época.

Além disso, a triunfante procissão era seguida pela solene maldição da figueira, por Cristo, que logo em seguida secou.[383] Ora, esse incidente causou espanto a muitas pessoas de valor, pois, como é dito que o tempo dos figos ainda não chegara, parece um ato de paixão infantil e bastante impróprio para um homem de caráter resignado, como o Cristo.

Entretanto, quando nos lembramos de que como resultado da separação de Tamuz de Astarte, a terra deixara de gerar abundância, vemos que o incidente faria com que a população o associasse a Jesus caso houvesse decidido considerá-Lo o representante vivo de Tamuz. É mais provável que Ele nunca tenha amaldiçoado a árvore, embora seja perfeitamente natural que essa lenda posterior se relacionasse a Ele, em face de Seu destino trágico. Como em nenhum outro momento o Cristo amaldiçoou qualquer ser vivo, mesmo quando justamente provocado, podemos ter certeza de que há os melhores motivos para nos recusarmos a acreditar que o Cristo teria se permitido tal exibição de mau humor infantil. Toda a sua vida é um protesto contra a história.

---
382. Marcos 11:1 sq.
383. O. D. Street. *Symbolism of the Three Degrees*, p. 162 (Londres, 1924).

Quando consideramos Seu julgamento e morte, repetidamente notamos a similaridade dos incidentes com aqueles que ocorreram quando as sírias pranteavam sobre uma figura de Adônis morto, parecendo até que os brutais soldados romanos reproduziam de modo zombeteiro o drama da morte do rei-sacerdote, o Divino Adônis.

Ele foi açoitado, assim como o infeliz rei "criminoso" na Babilônia era açoitado antes de ser levado para a crucificação. Foi vestido com os trajes de púrpura real (vermelho) de Adônis. Ele foi coroado com uma coroa de espinhos de acácia.[384] Em sua mão, colocaram um junco como cetro. Que outro emblema seria mais apropriado para representar o Deus da Vegetação? Então, bateram em Sua cabeça. Isso não nos lembra como outro foi golpeado na cabeça? Ele foi crucificado em uma árvore, assim como a figura de Átis em Roma, como o rei "criminoso" de Babilônia e provavelmente como Adônis na Síria.

Sobre sua cabeça colocaram o título "Rei dos Judeus", que imediatamente nos recorda o fato de que os representantes terrestres de Adônis eram reis-sacerdotes. Por fim, ele foi apunhalado no flanco exatamente como a vítima humana entre os albaneses, e como o homem preso a uma árvore pelo povo das Filipinas, quando o sacrificavam para que o solo pudesse frutificar. Novamente, a data tradicional da Sexta-Feira Santa era 23 de março, o mesmo dia em que cerimônias semelhantes em uma forma modificada eram representadas em honra a Átis em Roma. Há outros pontos que não escaparam à atenção dos estudiosos, e para alguns parece que a história do Calvário é apenas uma forma do mito de Adônis. Porém, eu sugeriria outra explicação, que acredito ser a verdadeira. Cristo viveu e morreu precisamente como gravado, mas os detalhes da sua morte foram arranjados pelos Seus inimigos. Eles eram os sacerdotes oficiais de Jeová que por gerações haviam combatido o antigo culto da fertilidade que, apesar de todos os seus esforços, ainda capturava a imaginação de uma grande parte da população síria e provavelmente dos judeus menos cultos.

---

384. O. D. Street. *Symbolism of the Three Degrees*, p. 162 (Londres, 1924).

Se, como temos motivos para acreditar, os essênios representavam uma forma reformada e espiritualizada do antigo culto que, embora não negasse Jeová, enfatizava a misericórdia amorosa em vez de uma justiça severa de Deus e ensinava seus Mistérios, então o problema está resolvido. São João parece ter sido um essênio, certamente alguns dos discípulos também, além do próprio Cristo. Sabendo disso, podemos imaginar os sacerdotes no sinédrio dizendo: "Esse homem alega ser um rei divino. Ele diz ser Deus encarnado. Há um indivíduo que diz o mesmo; conhecemos Tamuz ou Adônis, cujo representante vivo era originalmente morto todo ano. Hoje em dia esse culto substitui um homem por uma figura, mas não seria difícil agitar a plebe ignara em um frenesi onde insistiriam que a velha cerimônia fosse realizada de acordo com a forma antiga. Só temos que sussurrar as palavras 'convém que morra um só homem pelo povo' e esse nosso perigoso adversário deve ser removido para sempre".

Essa explicação se encaixa perfeitamente com os fatos e dá conta não apenas da semelhança dos detalhes para os quais chamei atenção, mas também para o extraordinário fenômeno das mesmas pessoas proclamando Cristo como rei e, cinco dias depois, clamarem por Sua morte.

Se for assim, também explicaria o fervor com que a pequena seita de cristãos subsequentemente partiria para converter o mundo e por que estavam prontos para morrer pela fé. Homens não morrem, de bom grado, para propagar o que sabem que é um mito, mas os seguidores de Cristo, que viram Seu martírio e depois O viram vivo novamente, seriam de fato inspirados por aquele espírito de autossacrifício e devoção que mostrariam a partir de então. Repito, não há mais justificativa para duvidar que Cristo vivesse e morresse do que haveria para duvidar a existência de Maomé ou de qualquer outro grande personagem histórico.

Esses fatos são de considerável interesse para nós; porém, como se tornaram integrados com a história da vida de Cristo, a permanência deles não nos ajuda muito. Já os numerosos fragmentos do culto de fertilidade que foram incorporados posteriormente pela Igreja têm um caráter muito diferente. Já vimos que no Chipre certas cerimônias de Astarte foram transferidas para a Virgem, e que até o título da Deusa foi aplicado a Maria,[385] que também de sua grande precursora herdou a Lua Crescente e até as estrelas. Todavia, são essas cerimônias que foram passadas para os dois São Joões que indicam com mais clareza uma tradição contínua.

Os maçons não devem ignorar que por algum motivo aparentemente inexplicável esses dois santos são sempre associados à Maçonaria, apesar do fato de o verdadeiro patrono dos maçons na Idade Média ser São Tomé. Não há nada na Escritura Sagrada para ratificar essa associação, mas ainda assim, em um período tão tardio quanto a formação da Grande Loja, a relação era tão forte que Anderson teve o cuidado de dizer que a famosa reunião ocorreu "no Dia de São João Batista".[386] Ainda assim, a Maçonaria Simbólica na Escócia e também em outras partes do mundo é sempre chamada de "Maçonaria de São João".

São João no Verão e São João no Inverno realmente representam os antigos festivais de fertilidade dos Solstícios de Verão e Inverno e quando a Igreja descobriu que não podia deter as festas pagãs, ela fixou as festas dos dois São Joões no mesmo período, mudando assim esses festivais para festas nominativamente cristãs. Ainda assim, é difícil entender por que pessoas pulam a fogueira[387] no Dia de São João no verão,* tendo em vista que o santo não foi queimado, mas decapitado. Sem dúvida, um motivo de o Dia de São João Batista ser fixado no Solstício de Verão é que naquele dia as pessoas tomavam banho, assim como os romanos faziam quando lavavam a figura de Cibele.

A cerimônia é um antigo encantamento mágico com a finalidade de produzir chuva, e quando a Igreja descobriu que não podia impedi-la, lembrou a seus seguidores menos rigorosos que São João batizava no Rio Jordão. Assim, um rito gentio foi santificado. Apesar disso, as pessoas continuaram com o costume para que os campos continuassem férteis, o que certamente não era a razão pela qual São João batizava, embora ele e os essênios provavelmente tivessem herdado o costume de um rito mágico similar ao do culto de Adônis.

---

385. Ver capítulo IV.
386. Ward. *Freemasonry and the Ancient Gods*, p. 168.
387. Em muitas dessas fogueiras, figuras de seres humanos eram queimadas!
*N.T.: No Hemisfério Sul, o Dia de São João Batista é comemorado no Solstício de Inverno.

Entretanto, temos muitas outras reminiscências do antigo culto de Adônis associadas a São João. Existem os jardins de Adônis, depois renomeados como "Jardins de São João".[388] Há árvores e flores que, caso colhidas no Dia de São João Batista, conferirão vários poderes mágicos, sendo óbvias descendentes do misterioso ramo associado à morte de Tamuz. Também temos os numerosos costumes que o Papa herdou do sumo sacerdote de Átis, como as três batidas, o teste da virilidade, o coro de eunucos e assim por diante.

Assim, podemos ver que o único motivo pelo qual os dois São Joões poderiam ter sido associados à Maçonaria é que, de modo semelhante, eles ou representavam Deuses mais antigos ou seus cultos, a saber, o antigo Culto de Fertilidade, cuja característica central era o mito de um Deus moribundo. De fato, as duas linhas retas entre um círculo, chamadas de os dois São Joãos, representam os Solstícios de Verão e Inverno, enquanto a curiosa cerimônia ainda realizada pelos maçons de Melrose a cada Solstício de Verão[389] atesta a relação direta entre a Maçonaria moderna e o antigo Culto de Fertilidade.

Não devemos nos supor, porém, que os ritos na forma como foram transmitidos aos nossos ancestrais medievais ainda estavam na forma brutal e selvagem conforme ocorria nos dias de Salomão. Eles passaram por muitas purgações, a dos essênios não sendo a última, e sem dúvida as cerimônias realizadas no Templo dos Colégios Romanos em Pompeia eram muito mais próximas das nossas do que da forma original que existiu na Síria nos dias de Hirão de Tiro.

Os Colégios Romanos tinham um rito de iniciação, e a descoberta de uma tábua de mármore incrustada contendo certos símbolos sugere que Átis era o seu herói. Em um piso de pedra verde-cinzenta está incrustada uma caveira humana em cinza, preto e branco. A caveira tem uma peculiaridade; embora seja uma caveira real, ainda assim tem uma orelha. Acima dela há um quadrado em madeira colorida com pontas de latão. Há uma trave um pouco acima dos pontos do quadrado, e do ápice pende uma linha de prumo. Essa ferramenta pode ser usada como um esquadro, um nível ou uma linha

---
388. Frazer. *Adonis, Attis, Osiris*, 3ª ed., vol. I, p. 236 e 244 sq.
389. Ver Capítulo IV, p. 79-80.

de prumo. Por baixo da caveira há uma mariposa, não uma borboleta, como é às vezes descrita, que pousa sobre uma roda de seis raios. No lado direito da caveira e da roda há uma vara torta de espinheiro, que nos lembra do báculo do rei-pastor em Bognaz-Keui e do espinho da acácia. Na vara há um manto marrom velho em trapos, com uma corda, e sobre ele uma mochila de couro.

Do outro lado há um bastão com um tipo de nó na parte superior e com uma ponta afiada na parte inferior. Alguns o descreveram como uma lança, mas a ponta não parece ser grande o bastante para a lâmina de uma lança. Em cima, logo abaixo do nó, há uma fita de material branco com uma linha de pontos ou orifícios ao longo do meio, e abaixo, um manto de púrpura real (vermelho) preso ao material por uma corda.[390]

Não há dúvida de que temos a "prancha de traçar" do Grau da Morte e Ressurreição trabalhada pelos Colégios Romanos. Por que a morte teria uma orelha é difícil de dizer, a não ser que isso signifique que os mortos podem nos ouvir, embora não possam nos ver ou falar conosco. O bastão de espinheiro com sua alça curva sem dúvida se refere à velhice, que precisa caminhar com o auxílio da vara, e o manto velho nos lembra o corpo desgastado. O significado da mochila é obscuro, mas trata-se obviamente do reverso da tira de pano no bastão, cujo significado é igualmente incerto. Contudo, o bastão é, sem dúvida, o bastão do condutor dos mortos, e o traje real nos lembra dos trajes com o qual era vestida a figura de Adônis morto. O bastão de espinheiro também parece se referir à acácia, e não podemos esquecer que Adônis não só era o Deus do Milho, mas também o Deus das Árvores.

O fato de que o traje real está associado ao bastão do Condutor dos Mortos é um claro indício de que o iniciado fora elevado simbolicamente de um corpo físico desgastado para um corpo espiritual perfeito, ideal para habitação pelo Rei Divino.

Além disso, uma escultura nas paredes do seu templo mostra que os Colégios Romanos não só atribuíam um significado simbólico às suas ferramentas de trabalho como também as associavam ao

---

390. Ver *Transactions of the MSS*, vol. I (1924-22) ill. *Op.*, p. 45, e S. R. Forkes. *Rambles in Naples*.

drama da morte. O símbolo consiste em uma pá, uma espátula, uma combinação de esquadro, nível e prumo, como aquela representada na prancha de traçar, um par de compassos, um formão ou alavanca, a cabeça de um martelo, a raiz e, mais importante, uma urna invertida. Essa última é uma óbvia referência à morte, já que a urna contendo as cinzas dos mortos costumava ser enterrada com a boca voltada para baixo.

Quando nos lembramos de que em Roma a morte de Átis também era comemorada todo ano e que também havia ritos secretos de iniciação, poderíamos ter alguma dúvida sobre o que esses símbolos sugerem? Tampouco podemos esquecer que ritos secretos similares ocorriam em uma câmara subterrânea sob o altar em Jerusalém, na época de Ezequiel.

Além disso, espigas de milho eram constantemente esculpidas nos bebedouros de Pompeia, e como que para provar que essa não era uma coincidência acidental, em um afresco pintado pelos membros do Colégio no que costuma ser chamado de a Casa do Poeta Trágico, uma figura é representada fazendo certo sinal, que pode bem ser associado a uma espiga de milho perto de uma queda d'água. Esse sinal era reproduzido pelos descendentes lineares dos Colégios Romanos, os maçons medievais, em esculturas, mosaicos, etc., e continuou a ser usado de uma forma apropriada até o século XVIII.[391] Assim, podemos ver que um sinal peculiar e um drama de morte e ressurreição foram utilizados pelos Colégios Romanos, e não há dúvida de que através deles uma versão reformada do antigo Ritual de Tamuz chegou até os tempos modernos.

No entanto, há outra linha de descendência que provavelmente reforçou e fortaleceu a tradição no momento em que ela tendia a desaparecer. Há sinais inegáveis de um ritual de culto de fertilidade na Lenda do Graal e também entre os Templários. Esse aspecto do problema será considerado no capítulo seguinte, mas aqui queremos mostrar que no seu país de origem o culto de Tamuz resistiu à conquista muçulmana, sobrevivendo até hoje disfarçado nos reformados ritos secretos de iniciação entre os Dervixes. Devem ter sido os

---

391. Ver Ward. *An Outline History of Freemasonry*, para numerosos exemplos.

Templários que absorveram essa tradição, que depois lhes custou tão caro, e a reintroduziram nas Lojas maçônicas.

Vimos que ainda no século X os sírios "pagãos" de Harran ainda celebravam todos os anos a morte de Tamuz e até hoje em dia os árabes têm o costume de enterrar durante a colheita uma figura feita de hastes de milho, a qual chamam de "o velho". Consequentemente, parece haver pouca dúvida de que os ritos dos Dervixes, tão semelhantes à Maçonaria, derivam do mesmo antigo Culto de Fertilidade.

A informação mais precisa disponível é aquela fornecida por Henri M. Leon,[392] baseada no conhecimento obtido por ele na Turquia. Há 33 Ordens de Dervixes, cada uma com sua própria cerimônia de iniciação, sinais especiais, senhas, etc. Algumas dessas cerimônias e sinais eram muito similares àqueles conhecidos pelos maçons. Assim, a "Garra do Leão" é usada pelos Dervixes Mevlevi, a forma escocesa do sinal de D. e P. é conhecida pela maioria dessas Ordens, mesmo entre os distantes senusis da Líbia, que a usaram durante a Guerra,[393] e pelas tribos árabes que viviam perto do Mar Vermelho, que do mesmo modo usam o signo peculiar que foi associado com os Colégios Romanos e seus sucessores, os Comacinos. Seu Grau mais elevado era bastante similar ao A. R. e é chamado de Kardashlik ou "os Construtores da Kaaba." Esse título é de especial interesse para nós, já que não há dúvida de que a pedra negra da Kaaba, que supostamente caiu do céu, representava a "Grande Mãe" e é "parente próxima" da pedra negra que os romanos levaram à Cidade Santa quando estabeleceram lá os Ritos de Cibele. Contudo, ela é de um tamanho muito maior. Os "Três Principais" nesse Grau são chamados "Nosso Senhor Abraão", "o Exaltado Ismael" e "Isaac".

O título de "Nosso Senhor Abraão" é particularmente apropriado. Em primeiro lugar, "o Senhor" era um título de Tamuz; em segundo lugar, o nome original de Abraão era Abrão, que é o mesmo que Abiram, e assim o mesmo que Hiram Abiff. Portanto, significa "o Pai Daquele que Destrói" ou "o Pai da Exaltação da Vida" – título

---

392. Henri M. Leon. *The Masonic Secretaries' Journal*, setembro de 1918.
Ward. *Freemasonry and the Ancient Gods*, p. 1. sq.
393. Essa informação me foi fornecida por um soldado inglês que lutou contra eles.

cujo tremendo significado já percebemos; em terceiro lugar, Abraão, de acordo com a tradição judaica, estava prestes a oferecer seu filho, Isaac, como sacrifício humano, mas de acordo com os muçulmanos a vítima destinada seria Ismael.

Esses fatos parecem sugerir que o nome do velho patriarca bíblico fora usado para substituir o de Tamuz. De qualquer modo, é de interesse maçônico saber que os dervixes dançantes fazem o sinal de R., assim como usado no A. R., quando mudam seu canto na cerimônia de "Allah" para "Jahuwe", que é obviamente Jeová.[394]

Abraão também é o xeique ou Mestre do Grau de Al-Kair-or ("Aliança"), em que o noviço representa Ismael.

Os Dervixes Bektashi, cuja cerimônia consideraremos agora, têm um cinto especial para distingui-los dos não iniciados. Meus leitores se lembrarão de que os essênios também tinham um cinto, e uma das acusações feitas contra os Templários era que usavam um cinto que tinha uma importância herética. A acusação era bastante explícita – "seus cintos eram muçulmanos".[395] A antiga Ordem dos Assassinos também usava um cinto vermelho, e esses quatro exemplos sugerem que o cinto dos dervixes era um descendente linear daquele usado pelos essênios e que o cinto dos Templários teria vindo de uma das seitas sírias.

O cinto dos Bektashi trazia uma aba cobrindo uma pequena bolsa, chamada de "jilband", e nela carregava uma pedra, a *pelenk*, que tinha sete pontas chamadas "*terks*". Diz-se que ela simboliza os sete céus, etc., pois como Alá proclamou: "Nós criamos os sete céus e as sete terras da mesma forma, todas de luz".

Antes da abertura de uma assembleia é erigido um altar de "rudes pedras não lapidadas". Os membros então alternam a palavra, ou o "Terjuman" (o intérprete), em grupos de três, de uma maneira familiar aos maçons do A. R. Quando tudo está pronto, o candidato, ou Murid, é privado de quase toda a sua roupa e de todos os metais ou minerais. Esse último detalhe sugere um rito ligado ao espírito da vegetação, cuja "morte" é causada por ferramentas de metal. Ele é

---

394. O Rev. A. Wigram, D.D., efetivamente viu esse incidente no Iraque e é meu informante.
395. Crônica de São Dênis.

vendado e tem uma corda com um nó corrediço colocado no pescoço. Isso, naturalmente, expressa a ideia de que ele é uma vítima sendo levada ao altar para sacrifício. Essa corda é chamada de "Dehbend" ou "Taybend". O candidato então é levado por dois guias, chamados "Rehpehler", cada um carregando uma arma chamada "tebber".

Então, ele dá sete voltas ao redor do "tekkieh" ou salão da Loja, e depois de cada deambulação o xeique, ou Mestre, coloca um ponto do *pelenk* (que ele tirou do seu próprio cinto) contra o peito esquerdo nu e diz: "eu amarro a cobiça e desamarro a generosidade", etc. A sentença varia a cada volta.[396]

Depois, o candidato assume a solene obrigação de segredo no altar de pedra que é uma cópia do Corão aberto no Sura 16, An-Nahl (A Abelha), no verso que começa assim: "Cumpri o pacto com Deus". À medida que o murid ou candidato se ajoelha, seus joelhos devem tocar os do xeique, que segura a mão direita do candidato na sua, com um toque de um M. M. M., que formaria a letra árabe "Alif" ou A, a primeira letra dos alfabetos árabe e turco.

Em seguida, o candidato, ainda com os olhos vendados, é indagado a respeito do que ele mais deseja, e quando responder "Luz", a venda é removida.

O xeique então profere uma bela palestra mística sobre o significado interno da palavra "Luz", que é elaborada também pelo vizir ou segundo oficial, que se senta do lado oposto ao xeique, este último estando no Leste ou, pelo menos, na direção da Meca.

Quando termina sua exposição, o vizir avança do Oeste para o Leste por sete processões de sete passos cada, da maneira adotada em um Capítulo do A. R., e elevando o murid pela mão, pede ao xeique que invista o candidato.

O xeique assim o faz, sendo o cinto branco o primeiro utensílio usado, seguindo com outras vestes de modo semelhante à investidura de um Cavaleiro Templário maçônico. Cada peça da indumentária é colocada com uma frase apropriada indicando que o iniciado é assim consagrado a Alá.

---

396. Todos os sete são fornecidos em *Freemasonry and the Ancient Gods*, p. 4.

Então, segue a palestra "histórica" em que o candidato ouve que o primeiro fundador da Ordem foi o Anjo Gabriel, que seguiu o comando de Alá e iniciou Maomé. Depois disso vem a obrigação mística, onde o novo membro ouve que "conhecer a si mesmo é conhecer Alá." Ele aprende a palavra e os sinais, e então é proclamado membro soprando uma trombeta nas quatro direções cardeais e no centro do salão.

Entre os sinais ensinados a ele está aquele sinal que era usado pelos Colégios Romanos, e também a p. s. de um M. M. Naturalmente, todos os muçulmanos continuam com o costume do antigo rito da fertilidade da circuncisão, embora não se deva aqui destacar demais a permanência desse costume.

Outrossim, talvez o fato mais interessante acerca desse rito e outros ritos semelhantes dos dervixes é que eles têm uma tradição que diz que, como Ricardo I admitiu Saladino na Ordem da Cavalaria (e isso parece ser um fato verídico), este último devolveu a cortesia iniciando Ricardo em alguns dos graus inferiores dos dervixes. O rei, por sua vez, iniciou alguns dos seus cavaleiros, incluindo alguns dos Templários, que no seu retorno à Europa iniciaram alguns maçons, que construíram suas igrejas. "Desse modo", dizem os dervixes, "vocês têm nossos graus mais baixos, mas não os superiores, pois esses, Ricardo nunca recebeu".

Se os Graus Superiores dos Dervixes são realmente muito diferentes dos Graus mais elevados da Maçonaria, não posso dizer, mas é óbvio que como muitos desses Graus maçônicos se baseiam na Cruz, os Graus muçulmanos naturalmente seriam diferentes. A hostilidade à cruz sentida pelos maometanos fanáticos levaria à inevitável eliminação do símbolo que, embora não seja originalmente cristão, aos seus olhos se tornou identificado com a nossa fé.

A tradição, porém, é importante, pois embora eu considere que as cerimônias maçônicas chegaram a nós pelos Colégios Romanos, ainda há motivo para pensar que uma nova infusão do antigo culto na Maçonaria, por meio dos Templários, ocorreu nos séculos XII e XIII.

Além desses ritos maometanos existem os drusos, que não somente têm cerimônias secretas e usam alguns dos nossos sinais como de fato alegam ser descendentes dos homens que construíram o templo.[397] Eles acreditam no Deus único e têm um sistema de iniciação muito semelhante à Maçonaria, e é importante lembrar que seu centro principal é o Líbano, o centro do culto de Adônis. Seus graus são os Jakels, ou Jahils, em que meninos[398] e mulheres são admitidos, mas os primeiros só até o Segundo Grau, de Akils, quando adultos, e as mulheres aparentemente de modo algum. Jahil significa "o Ignorante" e Akil "o Inteligente". Há um terceiro grau interno que constitui os sacerdotes, que são chamados Khateels, sobre o qual muito pouco se sabe.

Acima deles há alguns membros de um grau superior que são considerados videntes, ou profetas, e que tratam dos voos mais altos da Astrologia.

Podemos correlacionar esses graus com o Simbolismo e o A. R., sendo que no livro sagrado *Testemunhos do Mistério da Unidade*, essa condição é estabelecida para um candidato ao Grau Akil. Ele deve ser "adulto, livre da escravidão e são de mente e corpo". O Rev. Haskett Smith descobriu que alguns dos seus apertos de mão e sinais eram semelhantes àqueles usados na Maçonaria, de modo que um druso certa vez lhe perguntou como conhecia os sinais dos drusos. Eles têm guardas internos e externos aos seus templos, que são adornados com o duplo triângulo, e de modo geral a Ordem parece ter muitos pontos em comum com a Maçonaria.

Os drusos não são muçulmanos ortodoxos e derivam sua forma atual de fé de um muçulmano herético, chamado Hamze, do século X d.C., isto é, período em que os antigos ritos de Tamuz ainda estavam vivos na Síria.

A sua fé é peculiar, pois, como os antigos seguidores de Tamuz, ao contrário dos muçulmanos ortodoxos, eles acreditam que Deus reencarna constantemente em uma série de profetas semidivinos.

---

397. Ver os artigos do Rev. Haskett Smith em *Quatuor Coronati*, vol. IV, p. 7-19.
Ward. *Freemasonry and the Ancient Gods*. p. 8.
Artigo "Druses", *Encyclopaedia Brittannica*, 11ª ed., vol. VII. 1910, p. 603 sq.
C. H. Churchill. *Ten Years' Residence in Mount Lebanon* (1853). Id. *The Druses and Maronites* (1862), id. "La Nation Druse" (1864).
G. L. Bell. *The Desert and the Sown* (1907).
398. Os Aprendizes eram meninos nos tempos medievais.

Embora considerem que houve 70 de tais encarnações, a última e final foi Hakim, o sexto Califa Fatímida, depois do qual não haveria outros, pois a revelação final, dizem eles, já foi feita. Entre essas encarnações eles reconhecem Cristo, mas não Maomé. Acreditam, além disso, em um segundo advento de Hakim, que deve voltar para conquistar o mundo.

Há traços nítidos de Cultos Fálicos e de Fertilidade na religião drusa, que prestam grande veneração a certos intermediários angélicos entre Deus e o homem, que nos lembram de uma cláusula peculiar na obrigação de um essênio: não trair os nomes dos anjos. Eles têm um número de "lugares altos", ao leste de Hauran, ou de santuários nos cumes das colinas, cada um contendo uma pedra negra à qual bodes e outros animais eram sacrificados. Diz-se que também veneram a imagem de um bezerro, mas isso foi questionado. Contudo, é possível, pois está claro que os drusos, cujo centro principal fica no Líbano, o antigo centro do culto de Adônis, eram seguidores daquele culto, mas foram convertidos por Hamze, o apóstolo de Hakim, que achou fácil convertê-los porque já acreditavam nas repetidas encarnações de uma divindade.[399]

Além disso, a crença deles quanto ao que acontece com os mortos é muito parecida com aquela dos essênios, e diretamente oposta à crença do Islã ortodoxo, baseando-se na doutrina de Reencarnação. Eles sustentam que "o mundo material é um espelho" da Inteligência Divina. Depois da morte, os bons passam por uma série de novas encarnações, cada uma de uma natureza espiritual mais elevada do que a última, até que sejam absorvidos no próprio Deus, enquanto os perversos reencarnam como homens em uma condição miserável ou como animais.

Ora, já vimos que o ramo que os judeus usavam nos ritos de Tamuz, bem como toda a estrutura daquela fé, aponta para a doutrina da reencarnação. Esses fatos, portanto, sugerem que temos nos drusos, com suas iniciações secretas e sinais maçônicos, um dos muitos descendentes espalhados e reformados do antigo Culto da

---

399. Ver *Encyclopaedia Brittannica, Ibid.*, p. 605.

Fertilidade de Tamuz; se não, por que venerar a pedra negra, que é o emblema da Grande Mãe?

Aqueles drusos que entraram em contato próximo com os europeus afirmam ter uma ligação com os Rosa-cruzes e com a Maçonaria. Já que eles podem entrar nessas Ordens e nós não temos permissão de entrar nas deles, é óbvio que estão em melhor posição para falar de tal ponto do que aqueles que apressadamente negam a verdade das suas declarações.[400]

Os ismaelitas são outra seita muçulmana herética que ainda sobrevive na Síria, na Índia e na Pérsia. Eles também acreditam em um tipo de reencarnação da Divindade, e como seu 12º Imã, Maomé, sumiu misteriosamente, na Pérsia o Xá é o substituto temporário para esse "Imã oculto".[401] Esse renascimento da crença em um Rei Divino (o Imã) é instrutivo. De modo geral, a Pérsia parece ter mantido muito do antigo culto de Tamuz, como é mostrado pela importância do festival de Haharan, celebrado em honra a Hassan e Hassain. Esses heróis, por estarem em dupla, nos lembram de Castor e Pólux, mas por outro lado, sua cerimônia é semelhante à antiga "Lamentação" por Tamuz.

A sobrevivência da seita ismaelita na Síria, especialmente no Líbano, é outro exemplo da subsistência da antiga crença da população indígena.

Contudo, os Assassinos, que eram uma seita de ismaelitas, são mais importantes para nosso tema, pois tinham contato constante com os Templários, não apenas como inimigos, mas também, estranhamente, como aliados e até mesmo feudatários. De fato, em 1236 o Papa Gregório IX ameaçou os Templários e os Hospitalários com a excomunhão porque o Pontífice descobriu que eles estavam negociando um tratado de aliança com os Assassinos.[402] Vamos considerar também essa estranha relação entre uma Ordem Infiel secreta e os Campeões da Cristandade no próximo capítulo, e aqui nos limitaremos a um breve relato de sua organização.

---

400. Artigo "Druses", *Encyclopaedia Brittannica, Ibid.*
401. Ver artigo "Shiites", *Encyclopaedia Brittannica*, 11ª ed. (1911), vol. 24, p. 867.
402. Artigo "S. John of Jerusalem", *Encyclopaedia Brittannica*, 11ª ed. (1911), vol. 24, p. 15, citando Cartul ii, nº 2149.

Os Assassinos eram uma seita de ismaelitas e, assim como o grupo original, acreditavam que Deus encarnava em uma série de grandes mestres, sendo que, no caso deles, seu fundador, Hassan,[403] era considerado uma dessas encarnações e que em certa medida ele teria transmitido sua natureza divina aos seus sucessores. Seu poder real data de 1090 quando tomou a fortaleza na montanha de Alamut, na Pérsia,[404] e ali organizou seus seguidores em uma sociedade secreta.

Como líder, Hassan era chamado de "Sheik-al-Jabul", isto é, "o Chefe ou Velho das Montanhas". Abaixo dele havia três Grão-Mestres Provinciais, chamados Da'í-al-Kirtal. Depois vinha o Grau mais elevado, os Da'is ou Mestres, que eram completamente iniciados em todos os segredos da Ordem. Estes são os Refigs, que podem ser comparados com os Mestres Maçons; conheciam parte das doutrinas secretas e normalmente se tornavam Mestres no devido tempo.

Os Fedais ("os devotos") correspondem mais ou menos ao Grau de Companheiro. Esses homens eram usados como assassinos quando o xeique desejava remover qualquer inimigo. Os Lasigs ou Noviços provavelmente sabiam muito pouco e eram apenas homens selecionados entre as pessoas comuns, tendo em vista um teste de caráter.

Também havia um grande número de "pessoas comuns" sob o domínio temporal do xeique, dentre os quais os recrutas eram escolhidos, mas estavam fora da Ordem em si.

O xeique usava a adaga do assassino de modo tão efetivo que sua Ordem se tornou uma potência na região, e suas vítimas mais frequentes eram príncipes muçulmanos do que cruzados cristãos. Sabemos muito pouco sobre as cerimônias reais de iniciação na Ordem, exceto que o emblema específico era uma corda vermelha, ou cinta, e que esses líderes semidivinos eram quase sempre assassinados pelos seus sucessores.

---

403. É curioso que tantas dessas divindades reencarnadas tivessem a letra H como inicial de seus nomes. Embora seja perigoso especular a partir de tal fundamento, não podemos deixar de suspeitar que isso não se deva a uma "coincidência".
404. Artigo "Assassins", *Encyclopaedia Brittannica*, 11ª ed. (1910-11), vol. 2, p. 774 sq.
A. Jourdain em Michaud. *Histoire des Croisades*, ii., p. 465-484.
R. Dozy "Essai Sur l'histoire de l'Islamisme" (Paris, 1870). Ch. IX.

Claro que embora isso possa se dever apenas à ambição de um sucessor inescrupuloso por poder, é estranho que na maioria dos casos o assassino pareça ter sido aceito imediatamente como o sucessor legal. De fato, embora Maomé II tenha sido envenenado pelo próprio filho, Hassan III, o último se destaca como um dos mais pios soberanos da seita, e aquele que durante seu reino se absteve de assassinar qualquer outra pessoa. Por sua vez, ele foi assassinado e seu filho, uma simples criança de 9 anos de idade, foi colocado no trono. De fato, dificilmente encontramos um xeique da Ordem que não obteve o trono pelo assassinato, morrendo do mesmo modo, quando somos lembrados do rei-sacerdote de Nemi e reis divinos semelhantes, os quais, do mesmo modo, eram mortos antes que começassem a envelhecer.

O nome do fundador, Hassan, também é um dos dois irmãos que pranteados todos os anos em Maharan, e embora possa ser uma simples coincidência, é mais provável, depois que Hassan II alegou ser o Imã ou uma encarnação da Divindade, que o nome fosse deliberadamente adotado com esse fim, e podemos suspeitar que ele proclamou em aberto o que o primeiro Hassan havia ensinado em segredo aos que fossem inteiramente iniciados.

O outro centro importante da seita era o Líbano, que significa "brancura", e vem da palavra Semita "Laban".[405] Isso nos recorda que Hiram também significa "brancura".

Foi durante o reino de Maomé II, sucessor de Hassan II, que o ramo sírio se tornaria independente, permanecendo assim pelo resto da sua história. Foi com esse ramo que os Templários entraram em contato, sendo que para todos os cruzados "o Velho das Montanhas" significava o xeique dos Assassinos do Líbano.

Assim podemos ver que essa Ordem secreta, que possui três Graus distintos e um Grau superior correspondendo ao Mestre de uma Loja, ou talvez ao A. R., tinha raízes profundas no Líbano, o local antigo do culto de Adônis, e que suas doutrinas incluíam a reencarnação de um Ser Divino como rei-sacerdote, enquanto tais reis geralmente eram assassinados. Além disso, esse culto foi organizado mais ou menos na mesma época que os drusos, em um período em que o

---

405. Ver artigo "Lebanon", *Encyclopaedia Brittannica*, vol. 16 (1910-11).

antigo culto de Tamuz não estava nem mesmo extinto oficialmente e tinha uma inegável relação direta com os Cavaleiros Templários.

Para resumir este capítulo, descobrimos que o Líbano, nos século X, XI e XII, era o centro de uma série de sociedades secretas que levaram adiante, mais ou menos *sub rosa*, certas doutrinas do antigo culto de Adônis, em oposição direta ao monoteísmo ortodoxo do Islã, e embora não possamos afirmar que esses ritos secretos incluíam um rito de Morte e Ressurreição, diante da natureza das suas crenças e de tais fragmentos da sua organização que podemos traçar, não temos dúvida de que eram descendentes do culto do Deus Moribundo. Portanto, é quase certo que esse recurso central do antigo culto não foi omitido. De fato, a história de que aqueles que estavam para ser enviados como assassinos eram primeiro levados aos jardins do chefe, onde ouviam que ali era o Paraíso, sugere que antes de serem enviados à morte certa, passavam por uma cerimônia de Morte e Ressurreição, com uma esperança segura e certa de que suas almas se elevariam dos seus corpos mortos e entrariam no Paraíso.

Também vimos que numerosos detalhes do Culto de Fertilidade foram mantidos pelos cristãos medievais e associados a São João, um fato que sugere o verdadeiro motivo por que os dois São Joões foram relacionados com a Maçonaria Simbólica. Por fim, vimos que além das sociedades secretas muçulmanas heterodoxas, também havia ritos de dervixes ortodoxos, que têm uma semelhança mais que superficial com a Maçonaria.

Com todos esses fatos à nossa frente, consideremos agora brevemente a ligação dos Templários com a Maçonaria, lembrando-nos de que essa é uma tradição guardada no próprio coração da Ordem Maçônica moderna.

## Capítulo XIV

# Os Cavaleiros Templários e o Santo Graal

Já apresentei em obra anterior[406] uma breve história dos Templários; portanto, não preciso aqui dedicar espaço ao assunto, ainda mais porque a literatura em sua bibliografia é abrangente e completa.[407] Afirmei, na obra anterior, que em minha opinião, embora as acusações de imoralidade grosseira e impiedade fossem infundadas, de acordo com os pontos de vista medievais ortodoxos, a Ordem *estava* maculada pela heresia. Desde então, consultei mais fontes fidedignas a respeito do assunto e considerei, com atenção, as visões conflitantes que elas apresentaram.

O resultado é que continuo com meu ponto de vista original de que muitas das cerimônias secretas de que eles foram acusados ocorreram e, embora não tivessem o significado ímpio alegado pelos seus inimigos, certamente não eram ortodoxas. É provável, contudo, que a maioria dos Cavaleiros não as compreendesse, simplesmente realizando-as porque eram do costume da Ordem.

---

406. Ward. *Freemasonry and the Ancient Gods*, p. 268 sq.
407. Michelet. *Process des Templiers* (T.1. 1851) e (T.2. 1861).
Maillard de Chambure", "Regle et statuts secrets des Templiers, prec. De l'hist. de cette ordre." (Dijon-Paris, 1840).
H. de Curzon. *La Regle Temple* (Paris, 1886).
C. G. Addison. *The Knights Templars* (Londres, 3ª edição, 1854).
Fred. Von Hammer-Purgstall. *Mysterium Baphometis revelatum* (1818).
*Ibid, Die schuld der Templer*, 1955.
H. C. Lea, "History of the Inquisition" (1888).
Também as obras de Wilh. F. Wilcke, Loiseleur, Prutz, Fuike.

O fato de que a admissão dos membros era feita em segredo, durante a aurora e por trás de portas bem guardadas, e que os iniciados eram proibidos de revelar qualquer coisa que acontecesse, *mesmo para outro membro*, sob pena de expulsão, mostra que *havia* uma cerimônia secreta de Iniciação. Essa característica era peculiar dos Templários, não sendo encontrada em nenhuma das outras Ordens regulares, e embora isso não justifique acreditar em todas as acusações, de fato mostra que havia uma cerimônia secreta.

Sabemos que o grande centro de Ritos de Iniciação secretos era a Palestina, uma vez que a única fonte alternativa era uma das grandes guildas de construção, como os Comacinos, cujas cerimônias são pouco conhecidas. Assim, como o grande centro dos Templários era a Palestina, a fonte mais óbvia dos seus ritos secretos era esse país. Então, consideremos brevemente as práticas rituais que acredito terem sido comprovadas. As acusações contra os Cavaleiros eram nove ao todo:

1) Negação do Cristo e profanação da cruz.
2) A adoração de um ídolo.
3) Uma forma de missa pervertida.
4) Assassinatos rituais.
5) O uso de uma corda de significado herético.
6) O beijo ritual (ou obsceno).
7) Alteração das palavras da missa e uma forma heterodoxa de absolvição.
8) Traição contra as outras seções do exército cristão na Palestina.
9) Imoralidade.

Desses, os números 4, 8 e 9 podem ser rapidamente descartados. Não há evidência confiável para o número 4. O número 8 simplesmente indica que, como resultado do ciúme interno que despedaçou os reinos latinos da Terra Santa, os Cavaleiros nem sempre agiram tão prontamente quanto deveriam, mas sua resistência heróica ao Islã, provada em muitos campos de batalha cobertos de sangue, mostra que eles ultrapassaram muito a maioria dos seus detratores em lealdade à causa da cruz. Quanto ao número 9, nenhuma corporação de homens, muito menos soldados, existiu por muito tempo sem que alguns deles se afastassem dos caminhos estritos da virtude, e até mesmo os sacerdotes comuns da Idade Média não estavam sempre acima da crítica, mas não há evidência para sustentar as acusações monstruosas lançadas contra a Ordem como um todo. Os outros pontos devem ser considerados detalhadamente.

5) O Uso de uma Corda de Significado Herético

Os inquisidores podem ter sido canalhas, mas certamente não eram tolos, e como seu objetivo era desacreditar os Templários aos olhos dos ortodoxos, a ênfase que colocaram sobre essa corda mostra que nem eles nem o povo consideravam a corda ou cinto dos Templários ortodoxa, ou de algum modo similar ao cinto cisterciense com a qual alguns críticos modernos a compararam. A "Chronicle of St. Denis" enfaticamente declara que "nos seus cintos estava seu caráter muçulmano". Ora, vimos que os essênios investiam seus noviços com um cinto, que o emblema que distinguia os Assassinos era uma corda ou cinto vermelho, e que nos ritos dos dervixes, como ainda são praticados, o candidato é antes envolto com um cinto. Além disso, entre os dervixes essa parte do cerimonial marca a investidura formal do noviço, sendo acompanhada pelas frases apropriadas, implicando que por meio disso o noviço se dedicará a Alá. A "Chronicle of St. Denis" diz dos Templários que nos seus cintos estava seu caráter muçulmano, pois esse é o significado claro da frase, e implica que eles se dedicaram ao serviço de Maomé. Não podemos esquecer que os eclesiásticos medievais consideravam os muçulmanos não como membros de uma fé alienígena ou não cristã, mas como hereges e, em consequência disso, Dante colocou Maomé no Inferno reservado aos cismáticos e não no dos pagãos. Os cátaros também usavam tal corda, prendendo-a ao redor do peito dos seus "Perfecti" quando completavam suas cerimônias, e esses "hereges indubitavelmente derivavam suas ideias originais do Oriente Próximo, como é mostrado pelas suas doutrinas".[408]

Assim os essênios, os Assassinos do Líbano, os cátaros e os dervixes da atualidade usam uma corda para denotar a participação em uma Ordem secreta, e podemos, portanto, compreender de onde os Templários tiraram esse hábito. Podemos ter completa certeza de

---
408. Dr. F. W. Bussell. *Religious thought and Heresy in the Middle Ages*, p. 714.

que seus oponentes eclesiásticos também sabiam de onde vinha a corda. A curiosa ligação que existia entre os Assassinos e os Templários já foi mencionada. Na verdade, o "Velho das Montanhas" lhes pagava tributo, mas quando ele se ofereceu para se tornar cristão caso o tributo fosse abolido, os Templários mataram os mensageiros que levavam a proposta dele ao rei Amalrico de Jerusalém. Isso aconteceu em 1172 d.C. Parece que o chefe dessa seita maometana secreta e herética pagava tributo aos Templários desde 1149 d.C. e em 1252 d.C. a soberania dos Templários sobre os Assassinos ainda estava intacta, pois naquele ano eles censuraram a insolência de certos enviados dos Assassinos a Luiz IX em uma maneira que não deixa dúvida quanto à íntima relação que existia entre as duas sociedades.[409] Enfim, essas duas Ordens eram sociedades secretas com ritos iniciáticos que usavam uma corda como emblema de investidura. Elas eram intimamente associadas, embora uma fosse cristã e a outra muçulmana, ambas consideradas hereges pelos membros ortodoxos das suas respectivas religiões.

Essa relação é bem conhecida, como comprovam as medidas tomadas pelo Papa para tentar impedi-la, às quais nos referimos anteriormente. Seus perseguidores, portanto, saberiam precisamente de onde vinha aquela corda, e como eles, considero uma forte evidência de tendências heterodoxas, embora talvez os cavaleiros ignorantes não soubessem disso.

3. Um Sacramento Pervertido

Não há evidência confiável e é bastante improvável a existência de um sacramento pervertido. Entretanto, caso unamos essa acusação com a de número 7, descobriremos que há evidência de que a forma da missa celebrada era incomum, enquanto a forma da absolvição era certamente aberta a suspeitas. Em algumas das respostas para essa acusação, parece ser indicada uma veneração peculiar pelo ladrão crucificado, que alguns interpretaram como uma negação não só da divindade de Nosso Senhor, mas de que ele tenha morrido injustamente.

6. Um Beijo Ritual

A acusação parece comprovada, mas a considero nada mais do que um método usado para humilhar o espírito orgulhoso de um

---

409. Artigo "Templars", *Encycl. Brit.* 11ª ed., vol. 26, p. 596.

noviço, sendo semelhante à ordem de "lamber as minhas botas" do valentão da escola para um garoto novo. Geralmente era dado "in ano", mas não há motivo para atribuir nada imoral ao beijo. Pode, claro, ser uma reminiscência de ideias do antigo Culto de Fertilidade, mas mesmo isso é duvidoso.

2. A Adoração de um Ídolo

Os verdadeiros pontos de interesse nessas acusações são as de números 2 e 1. Quanto à adoração de um ídolo, que é geralmente descrito como uma cabeça, a questão é mais complexa do que a maioria dos defensores da Ordem admite. Parece haver evidência de que uma ou duas de tais "Cabeças" foram encontradas, uma em Paris, e não podemos ignorar a curiosa lenda templária da cabeça que trazia boa sorte. Talvez essa cabeça represente a cabeça de Adônis, que era jogada todos os anos no mar em Alexandria, e não podemos esquecer o fato de que entre as "relíquias" do Graal há uma cabeça sangrando, às vezes descrita como a cabeça de São João Batista. Nós já vimos que os dois São Joões, e mais especialmente São João Batista, assumiram muitos dos ritos e costumes associados a Adônis e, portanto, temos o direito de suspeitar de que a cabeça templária e a cabeça das lendas do Graal têm raízes no culto mais antigo.

Nossas suspeitas ganham considerável suporte do *Mabinogion*, onde Peredur vê o Graal, a lança derramando sangue e a cabeça, que mais tarde ele explicou ser de um parente que fora assassinado por bruxas.[410] Nessa versão antiga do Graal não há indicação de que a cabeça seja de São João, nem de que a espada sangrenta é de Longinus, o soldado que perfurou o flanco de Nosso Senhor.

Lembrando-nos disso, vamos considerar uma curiosa lenda templária.

"Uma nobre dama de Maraclea foi amada por um Templário, um Senhor de *Sidon*, mas morreu jovem e na noite do seu enterro aquele cavaleiro malévolo se esgueirou, sorrateiro, até o túmulo, desenterrou o corpo da moça e o violou. Então, uma voz do vazio lhe ordenou que voltasse nove meses depois, pois encontraria um filho. Ele obedeceu à injunção e na data estabelecida abriu novamente o

---

410. Lady Guest. *The Mabinogion* (Veryman Ed.), p. 219.

túmulo e encontrou uma *cabeça sobre os ossos da perna do esqueleto* (caveira e ossos cruzados). A mesma voz mandou que "a guardasse bem, pois ela seria doadora de todas as coisas boas", e ele, então, a levou consigo. Ela se tornaria seu gênio protetor, e ele passou a ser capaz de derrotar seus inimigos simplesmente lhes mostrando a cabeça mágica. No devido tempo ela se tornou uma posse[411] da Ordem.[412]

Ora, não apenas os inquisidores encontraram tal cabeça em Paris, como certo número de Cavaleiros admitiu ter prestado reverência a ela, alguns acrescentando que julgavam ser uma caveira. Embora seja possível, naturalmente, que ela fosse algum tipo de "relíquia", isso parece pouco provável, pois do contrário os Cavaleiros teriam uma resposta pronta para as acusações da Igreja.

A lenda parece ser uma narrativa confusa de um rito iniciático de morte e ressurreição e, mais ainda, um reminiscente das antigas lendas de Adônis e Astarte, e também da história de como Hórus foi gerado por Osíris morto. Essa lenda representa uma cerimônia templária do casamento místico, o símbolo antiquíssimo da realização da União Divina pelo buscador, e nos lembra do casamento cerimonial entre as figuras de Afrodite e Adônis em Alexandria. O sepultamento da dama, não do homem, é uma variação curiosa, mas de qualquer modo corresponde à morte e sepultamento de Adônis, enquanto a aparição da cabeça cortada nos recorda a cabeça de Adônis, que foi jogada no mar, e a de Orfeu, que foi jogada no rio. As propriedades mágicas da cabeça se assemelham àquelas possuídas pela cabeça de Vran no *Mabinogion*, e à cabeça sangrenta na história de Peredur, que talvez em algumas lendas posteriores tenha se tornado a cabeça de João Batista. Também pode ser a origem de várias cabeças de bronze que aparecem em numerosas lendas medievais. Uma dessas é a cabeça de bronze do Frade Bacon[413] que podia falar; e

---

411. Ward. *Freemasonry and the Ancient Gods*, p. 307.
412. Compare com a história um tanto parecida contada por Mandeville de Chipre, em que uma mulher morta dá à luz uma serpente.
413. Roger Bacon viveu em 1214-1294 d.C. e era um dos mais profundos e originais pensadores da sua era, sendo por isso suspeito de heresia. Ele certamente estudara os literatos árabes e pode ter aprendido algo acerca do lado mágico do Culto de Fertilidade. É significativo ele ter vivido na época em que os Templários estavam no ápice do seu poder e quando a literatura do Graal ainda era uma força viva.

se não fosse pelo descuido do homem que a estava vigiando ao relatar o fato para o Frade Bacon, este teria "protegido toda a Inglaterra com uma muralha de bronze" e tornado o país invulnerável. Em outras palavras, essa cabeça, como aquela dos Templários, teria dado à Inglaterra a vitória.[414]

A cabeça dos Templários tem, portanto, uma origem mágica, é portadora de vitória e prosperidade, como poderíamos esperar se fosse originalmente a cabeça de Adônis, o Deus da Fertilidade. Tal cabeça ou caveira poderia ter aparecido no altar, assim como uma caveira ainda aparece em certo "Grau Superior" maçônico, mas é bastante provável que ela não fosse adorada, mas apenas formasse um dos objetos usados na iniciação secreta.

Meus leitores devem notar que os noviços eram proibidos de falar sobre qualquer coisa que acontecesse nas suas iniciações, *mesmo para outro membro*. O significado dessa última cláusula parece, de modo geral, ter sido ignorado pelos estudiosos. Se a proibição fosse apenas para impedir que eles dissessem qualquer coisa a pessoas de fora, teria sido suficiente mostrar que, como os maçons, os Templários tinham ritos secretos de Iniciação, mas o fato de que os noviços eram proibidos de comparar suas experiências com outros membros indica que certas partes da cerimônia não eram oferecidas a todos, ou então que eram dadas diferentes explicações do significado para a mesma cerimônia. Talvez as duas coisas acontecessem, e isso explicaria por que alguns Cavaleiros negavam que uma cerimônia específica ocorria, enquanto outros a admitiam. Contudo, está claro que a explicação de certas práticas rituais variava consideravelmente e que, sem dúvida, o propósito da cabeça era do mesmo modo explicado de jeito distinto para Cavaleiros diferentes.

Para alguns podia ser apenas um emblema da mortalidade e para outros uma cabeça mágica, trazendo boa fortuna e o gênio da Ordem, a quem era devida referência, embora não a adoração. Nas Lojas Templárias americanas uma caveira ainda é usada para propósitos

---

414. Ver *Famous Historie of Fryer Bacon* (Londres, 1615), reproduzido em Thorns, *Early Prose Romances*.
R. Greenes, *Friar Bacon and Friar Bungay* (1587).

rituais e é chamada de "Velho Simão". Seria uma corrupção de Senhor de Sidon?

Mostrei em *Freemasonry and the Ancient Gods* que a alegação de que os Cavaleiros Templários entraram para a Maçonaria levando com eles alguns dos seus ritos não é tão fantástica quanto algumas pessoas acham.[415] Apenas cerca de 800 Cavaleiros entre 15 mil sofreram morte ou aprisionamento, e além disso havia milhares de sacerdotes Templários e também milhares de Irmãos leigos, muitos dos quais eram maçons,[416] sendo que nenhum deles foi perseguido. O que aconteceu com essa grande quantidade de homens? Não é provável que alguns deles tenham se refugiado nas Guildas maçônicas? Se os maçons também tinham Ritos de Iniciação tirados do culto de Adônis, a similaridade dos dois sistemas atrairia naturalmente os Templários, e em especial os Sacerdotes Templários que, ao contrário dos Cavaleiros, deviam compreender o que as cerimônias significavam.

Esta relação se torna mais provável quando consideramos outros detalhes desses Ritos Templários secretos. Por exemplo, os noviços eram privados de quase todas as suas roupas. "Geraldus de Pasagio disse que ele tirou todas as roupas coloridas que vestia atrás do altar, exceto sua camisa, calças curtas, meias e botas... e vestiu um traje feito de pelo de camelo".[417] O uso de um traje especial para o Candidato nos lembra do antigo costume que permaneceu até o século XIX na Loja Old Dundee, nº 18, e o uso de "pelo de camelo" sugere uma origem asiática para o costume. O número 3 desempenhava um papel importante nas vidas dos Cavaleiros, por exemplo, o beijo ritual e a negação simbólica da cruz ocorriam três vezes durante a cerimônia.

Isso nos leva ao aspecto mais peculiar das cerimônias secretas, a negação de Cristo e a profanação da Cruz, que parece claramente comprovada e que era, sem dúvida, uma prática ritual muito pouco compreendida pelos Cavaleiros. Além disso, mais uma vez explicações diferentes foram fornecidas a vários noviços, pois enquanto Petrus

---

415. *Freemasonry and the Ancient Gods*, p. 284-310.
416. Um desses Irmãos leigos, chamado Frere Jorge la Mason, foi expulso da Ordem por má conduta. Ver *Freemasonry and the Ancient Gods*, p. 284.
417. Proc. I., p. 205-214.

Picadi disse aos inquisidores que era um teste de fidelidade e que se ele fosse bravo o bastante para se recusar a fazer o ordenado, teria sido enviado para a Terra Santa.[418] Gonavilla, Preceptor de Poitou e Aquitânia, afirmou que a negação era uma imitação do fato de São Pedro ter negado Cristo três vezes. Uma explicação similar foi oferecida para cuspir na cruz, e esse procedimento que poderia ser apenas uma parte de um drama ritual é demonstrado pelo fato de que em uma peça de mistério Medieval, chamada "o Festival dos Idiotas", o personagem conhecido como o Idiota, ou alma não regenerada, cospe na cruz.

Embora tais explicações fossem oferecidas de boa-fé por alguns dos Preceptores, é mais provável que esse incidente seja uma reminiscência do ódio da cruz que caracterizava certas seitas gnósticas. Estas, em vez de venerarem a cruz como um símbolo da salvação delas, declaravam que ela era um objeto abominável, já que por meio dela Cristo foi morto. Logo voltaremos a esse ponto, pois ocorre uma cena na "Alta História do Santo Graal" que apresenta tal profanação da cruz, o ato sendo explicado e justificado. O incidente mostra de modo bastante claro que as lendas do Graal estão relacionadas com os Templários.

Algumas das evidências sugerem que a cruz às vezes era pintada ou esculpida no chão e que a cerimônia então tinha a natureza de um passo ritual. Isso traz à mente certos passos rituais usados na Maçonaria que formam cruzes e foram interpretados de modo errôneo por pessoas de má natureza e deturpados em uma acusação de blasfêmia, acusação essa, contudo, que seria totalmente falsa. Em nosso primeiro passo regular traçamos uma cruz *tau* e, então, pisamos nela; agimos assim para simbolizar calcar com os pés nossas paixões animais, e quando de modo semelhante fazemos a cruz latina, é para indicar o nosso próprio sacrifício, ou seja, que o noviço segue o caminho da cruz. Além disso, um estudo cuidadoso da lenda do nosso Mestre H. A. vai revelar o fato que, enquanto ele cambaleava de um ponto a outro no Templo com sangue correndo das suas feridas, deve ter feito com seu sangue uma Cruz – a Cruz da Consagração,

---

418. Proc. I. 523.

que é sempre feita na consagração de uma Igreja e depois abençoada pelo Bispo.

Por tudo isso, a cerimônia era evidentemente um teste severo da obediência do noviço, pois repetidas vezes lemos que os outros Cavaleiros deviam ameaçá-lo com espadas desembainhadas.[419]

Precisamos nos lembrar de que os Cruzados trouxeram de volta para a Inglaterra muitos costumes orientais. Assim, algumas mulheres adotaram a touca de freira, que nada mais é que o véu usado pelas muçulmanas. Detalhes sírios nas formas dos arcos foram introduzidos nas igrejas inglesas e os próprios Templários adotaram certos costumes marcadamente asiáticos. Por exemplo, os Cavaleiros Templários se distinguiam de todos os demais cavaleiros pelas barbas, de tal modo que, quando o golpe os derrubou, o Preceptor de Lorraine ordenou aos Cavaleiros que raspassem a barba, abandonassem seus trajes e escapassem na obscuridade.[420]

O feitio das igrejas Templárias, circular por fora e octogonal por dentro, é uma característica específica delas. Podem ter sido copiadas da Mesquita do Domo, que eles pensavam ser o Templo de Salomão; porém, se for esse o caso, isso mostra que eles seriam particularmente atraídos para um ritual que lidava com a construção daquele Templo, caso tivessem encontrado um ainda funcionando na Síria. Entretanto, o feitio dessas igrejas sugere que elas foram construídas para um propósito ritual específico, em que a circunvolução da "Loja" ao redor de um ponto central ou altar era uma ocorrência importante. Caso esse ritual incluísse uma representação dramática da morte e ressurreição do noviço "no centro", o feitio e o plano adotados seriam admiráveis.

O próximo ponto importante é que, de acordo com a tradição, os Templários eram Guardiões do Santo Graal, uma tradição

---

419. Em um antigo ritual Templário maçônico, o Candidato era ameaçado com uma espada durante sua obrigação e até no Simbolismo isso ocorre em muitos distritos, incluindo Bristol, que sempre foi um importante centro templário.
420. Um certo sinal usado pelos Cavaleiros Templários Maçônicos não só se torna inteligível como também indica que essa sociedade podia ter alguma ligação com a antiga Ordem. Outros pontos no Ritual que parecem vir das antigas cerimônias são considerados em *Freemasonry and the Ancient Gods* de uma maneira inteligível para aqueles a quem a mensagem se destina.

que aparenta ter um fundamento sólido indicando que as lendas do Graal, então parcialmente cristianizadas, eram, antes, um Culto de Fertilidade transmitido desde a Antiguidade. Isso parecia tão óbvio para as autoridades eclesiásticas que elas parecem ter desencorajado o crescimento e desenvolvimento da lenda do Graal, embora não pudessem evitar totalmente sua popularidade como um "Romance". Assim, consideremos por um instante esse grande ciclo de histórias.

## O Santo Graal

O fato de o Santo Graal ser uma alegoria mística foi reconhecido por muitos escritores, mas poucos parecem ter percebido que era também um tipo de Rito iniciático. Contudo, J. Weston,[421] defendeu de modo bastante convincente esse ponto de vista, mostrando que na sua forma original o próprio Graal nem mesmo era um emblema cristão, muito menos o cálice, no qual havia se tornado quando Malory incorporou a história no seu *Morte de Artur*. Weston traça o tema do Graal desde o antigo Culto de Fertilidade de Adônis e sugere que ele veio, em grande parte, por intermédio dos Templários. Não pretendo rever o terreno percorrido de modo admirável por esse escritor, mas concentrarei a atenção em alguns pontos que ainda não receberam a atenção devida e que ainda tendem a confirmar sua visão de que o tema do Graal deriva do culto de Adônis, sendo depois propagado pelos Templários.

1. Todas as versões originais da história do Graal apareceram entre *c*. 1175 e 1225 d.C., quando então a fonte de informações foi abruptamente interrompida, como se as autoridades eclesiásticas houvessem feito pressão para impedir a publicação de qualquer outro material do gênero. A partir de então os escritores apenas reutilizaram o antigo material, acrescentando histórias de Cavalaria, de Artur e seus Cavaleiros. Depois, não encontramos mais nenhum outro desenvolvimento das lendas do próprio Graal.

2. O herói original era Gawain, depois Percival. Galahad é uma invenção bastante tardia.

3. *Sir* Percival é sempre chamado de "Filho da Viúva".

---

421. J. L. Weston. *The Quest of Holy Graal* (Bell, Londres, 1913).

4. O Graal é um talismã cuja aparição traz *fertilidade* para o solo e alimenta os adoradores.

5. Ele tem muitas formas, sendo a única coisa em comum entre essas formas o fato de que é sempre um objeto que fornece alimento. Essas formas são: a) uma pedra; b) um objeto sagrado, cuja forma não é especificada; c) um relicário; d) a pátena ou taça usada na Última Ceia; e) um vaso onde São José de Arimateia recebeu o sangue que veio das feridas de Cristo, vaso esse que, numa fase bem tardia de sua evolução, tornou-se f) o Cálice da Eucaristia. Mesmo nessa forma, ele não consiste em qualquer substância material.

6. O objeto original da Demanda era restaurar a vitalidade e também a virilidade do Guardião do Graal, que é conhecido com o Rei Pescador ou o Rei Mutilado, o que traria de volta a fertilidade do reino.

7. É dito que o Graal é um mistério que não deve ser revelado aos não iniciados. Aprendemos isso com mais de um autor, incluindo Blihis na *Elucidação*, enquanto que em *A Alta História do Santo Graal* aparece esta passagem significativa: [422] "O Graal apareceu na consagração da missa em *cinco maneiras diferentes que não é lícito contar*, pois as coisas secretas do sacramento não devem ser ditas com clareza a ninguém exceto àquele escolhido por Deus. O rei Artur presenciou as mudanças, sendo a última na forma de um cálice. Então, o eremita que celebrou a missa encontrou um breviário sob o corpo e proclamou o seu texto, a saber, que Nosso Senhor Deus desejava que Seu Corpo fosse sacrificado naquele vaso".

A narrativa acrescenta que até então os cálices não eram conhecidos em parte alguma. Assim, vemos que há um significado interno para a história do Graal e que, além disso, como no Ritual Templário, o significado do objeto sagrado varia de acordo com o iniciado, sendo o cálice o significado mais externo.

8. A jornada até o castelo do Graal representa a jornada da alma pelo Mundo Inferior até o Paraíso, como fica bastante claro nas pequenas explicações fornecidas convenientemente de vez em quando por

---

422. Doutor Sebastian Evans. *The High History of the Holy Graal* (Everyman Ed.), p. 268. (Geralmente chamada pelos estudiosos de Perlesvaus.)

vários eremitas para o herói, sempre que este não consegue compreender algum incidente.[423] Assim, corresponde aos Altos Graus de Tamuz.

9. Em *Parzival*, de Wolfram von Eschenbach, o Graal é uma pedra[424] que traz comida para seus adoradores, estando sob a proteção de um corpo de Cavaleiros Templários que são escolhidos pela própria pedra. Na pedra aparecem escritos os nomes desses guardiões enquanto ainda são crianças, assim como a esposa destinada ao rei, a quem só ele tem permissão de desposar.

10. De acordo com Wolfram, o meio-irmão de Parzival, filho de uma princesa *sarracena*, casa-se com a donzela que guarda o Graal e o filho deles é Preste João. Esse incidente é uma clara ligação asiática.

11. Na versão Diu Crone, Gawain cumpre a Demanda, faz a pergunta esperada há muito e, assim, restaura a vida ao Guardião-Rei *morto*.

12. A partir de alguns relatos percebemos que a ferida da qual o Guardião-Rei está sofrendo é a castração. Sobre isso diz J. Weston:[425] "O corpo morto no esquife, o Rei Mutilado na liteira, correspondem ao Deus morto ou ferido de tal maneira que é privado de suas capacidades reprodutivas. Essa é uma analogia até agora ignorada, embora certos estudiosos soubessem muito bem de sua existência. Vellay e outros escritores apontaram que o termo 'coxa' usado em relação à ferida de Adônis é apenas um eufemismo bem conhecido, do qual fornecem numerosos exemplos; e embora a maioria dos textos do Graal utilize esse termo para a ferida do Rei Pescador (*Parmi les cuisses*), Wolfram von Eschenbach emprega palavras que não deixam dúvida de que aqui, como alhures, o termo deve ser compreendido em um sentido eufemístico".

Mesmo na forma tardia da tradição, preservada para nós na *Morte de Artur*, *sir* Percival "fere a si mesmo na coxa", isto é, castra a si mesmo, porque ele quase teve relação carnal com a dama que veio em uma nau "coberta com seda mais negra do que qualquer urso", e que era, sem dúvida, Astarte.

---

423. Ver *The High History of the Holy Graal*, e também Ward, *The Hung Society*, vol. 2, para detalhes completos.
424. Essa forma do Graal nos lembra da pedra no Grau da Marca e do pequeno cubo ainda fornecido no Cavaleiro Templário Maçônico.
425. J. L. Weston. *The Quest of the Holy Graal*, p. 80.

Depois de descoberta e rejeitada por *sir* Percival, ela se transformou em um demônio.[426] É isso que sempre acontece com os antigos Deuses nas lendas cristãs medievais. O tecido negro nos lembra que Cibele era negra, e o urso, como sabemos, era sua forma animal.

Assim, vimos que a literatura do Graal tem alguma relação misteriosa com os Templários e, por outro lado, com o antigo culto de Adônis, embora ainda estejam por aparecer os fragmentos que assim o evidenciem. Na *Alta História,* é dito que *sir* Percival viu uma "besta ladradora" despedaçada por 12 mastins aos pés de um cruzeiro, aos quais ela acabara de dar à luz. Então, um cavaleiro e uma dama surgiram e coletaram os fragmentos da fera branca como a neve, colocaram-nos em vasos dourados e foram embora levando os vasos.

Depois disso, dois sacerdotes chegaram até a cruz, e o primeiro ordenou que *sir* Percival recuasse da cruz, e quando este obedeceu, "o padre se ajoelhou diante da cruz e a adorou, curvando-se e a beijando mais de vinte vezes, expressando grande júbilo. O outro padre veio e trouxe uma grande vara, pôs à força o primeiro sacerdote para o lado e *bateu na cruz* com a vara em todas as suas partes, chorando dolorosamente.

Percival assistiu a tudo com grande espanto e lhe disse: 'Senhor, não pareces ser um sacerdote! Por que ages de modo tão vergonhoso?' 'Senhor', respondeu o sacerdote, 'o que fazemos não é da vossa conta, nem daremos explicação alguma'. Se ele não fosse um padre, Percival teria ficado furioso, mas não quis causar-lhe mal. Então, partiu..."[427]

No primeiro incidente parece haver uma vaga lembrança do animal representando o Deus Moribundo, que foi despedaçado pelos adoradores, enquanto que na profanação da cruz temos uma exata contraparte da cerimônia dos Templários. Mais tarde obteremos uma interpretação "oficial" desses dois incidentes, oferecida a Percival pelo rei Eremita, segundo o qual a besta ladradora branca "representa Nosso Senhor Jesus Cristo, e os 12 cães... o povo da velha lei", isto é, os judeus. Pelo seu ensinamento Cristo trouxe as 12 tribos da Antiga Lei

---

426. Mallory. *Morte d'Arthur* (Everyman ed.), vol. 2 p. 201-205.
427. Doutor Sebastian Evans. *The High History of the Holy Graal*. Ramo XVII. Título 2. (Everyman Ed.), p. 191 sq.

à luz da Nova Lei, e depois disso, incapazes de suportar a luz a que não estavam acostumadas, elas O despedaçaram. Além disso, Ele também geraria os 12 apóstolos da Igreja Católica Ortodoxa, e não podemos deixar de suspeitar que a explicação original desse incidente desse a entender que a igreja oficial desfigurara o ensinamento do Cristo, e que essa "opinião herética" fora corrigida pelo clérigo ortodoxo que compilou, ou pelo menos copiou, essa versão do Santo Graal.

Quanto aos dois sacerdotes, o rei Eremita explica que ambos amavam o Cristo igualmente, e aquele que batia na cruz o fazia porque fora um instrumento de grande dor e angústia a Nosso Senhor. O rei Eremita diz ainda que aquele que adorou a cruz se chamava *Jonas* e aquele que a desprezou, Alexis. Ora, essa explicação só pode ter sido inserida aqui para justificar e explicar uma cerimônia conhecida pelos Cavaleiros Templários e, no entanto, ainda oculta do mundo exterior, pois embora a *Alta História* tenha sido escrita por volta de 1220 d.C., os fatos sobre a "Profanação da Cruz" nos Ritos templários só vieram à tona em 1307. A importância da passagem é óbvia, pois mostra que a cerimônia era antiga, tinha uma explicação legítima diante daqueles que faziam parte dela e que o homem que escreveu a *Alta História* era um Templário, provavelmente um sacerdote templário; do contrário, não teria pensado em tal incidente. Toda a *Alta História* é permeada pelo espírito das Cruzadas. Nela, Percival está o tempo todo combatendo os seguidores da antiga lei; e quando ele os derrota, no verdadeiro estilo dos Cruzados, oferece-lhes a alternativa do batismo ou morte.

Já vimos como J. Weston, de um ponto de partida independente, havia chegado à conclusão de que as lendas do Santo Graal continham os restos do antigo culto sírio de Adônis e que essas lendas deviam sua origem e disseminação aos Templários. Aqui temos um Rito distintamente templário com uma explicação para justificá-la. E como uma das histórias do Graal diz, de modo específio, que o Graal era protegido pelos Templários, há pouca dúvida quanto à relação entre essas tradições.

Além disso, não podemos ignorar o fato de que Percival, como Hiram Abiff, Jonas e Tamuz, era filho de uma viúva, e as referências à castração são provas adicionais da ligação entre essas lendas e o culto de Adônis. Será que aqueles que perseguiram os Templários também reconheciam o significado do falo nesse contexto? Parece mais do que provável, pois com crueldade demoníaca eles prendiam pesos bem pesados àquele órgão enquanto torturavam os infelizes Cavaleiros, como que para dizer: "Seus ritos estão centrados no membro viril, portanto o mesmo acontecerá com as torturas que infligiremos em vocês para extrair as provas da sua condenação"! Que os homens do século XIV conheciam bem o princípio de impor uma punição apropriada ao crime é demonstrado pelo destino de Eduardo II. Acreditava-se que ele se entregava a certo vício antinatural e, assim, seus assassinos o mataram enfiando um ferro em brasa nas suas entranhas.

Há vários outros traços do antigo Culto de Fertilidade nas histórias do Graal e até mesmo as próprias "Relíquias" parecem derivar delas, como já vimos. O cálice tem os atributos do caldeirão mágico celta que teria vindo da Síria[428] e, como o cálice do Graal, restaurava os mortos e trazia a fertilidade de volta à terra. Contudo, teremos que nos contentar com mais dois incidentes, aquele do caldeirão, na *Alta História*, e uma certa aventura que aconteceu com Lancelot.

Gawain partiu para socorrer o filho de um rei de um gigante que o carregara, mas o gigante, quando ferido por Gawain, matou o garoto. No fim, Gawain exterminou o gigante, e trouxe de volta para o rei a cabeça do gigante e o cadáver do filho. Depois de o rei ter pranteado seu filho morto, "ele acendeu uma grande exibição de tochas no meio da cidade e fez com que uma grande fogueira fosse acesa, e seu filho foi colocado em um vaso de bronze cheio de água, e ordenou que aquele fosse cozido sobre o fogo, mandando que a cabeça do gigante fosse pendurada no portão. Quando seu filho estava bem cozido, ele o cortou em pedaços bem pequenos, chamou todos os nobres da sua terra e os alimentou com os pedaços até que não sobrasse mais nada".[429]

Depois desse estranho festim canibal, o rei foi batizado e deu a Gawain a espada com a qual João Batista fora decapitado. A peculiaridade dessa espada era que ela se cobria de sangue todos os

---
428. Ver Capítulo VI.
429. Doutor S. Evans. *The High History of the Holy Graal*, p. 75-76.

dias ao meio-dia, porque naquela hora São João fora decapitado.[430] Mais tarde, Gawain chegou ao Castelo da Sindicância e perguntou ao Mestre o significado das várias coisas estranhas que testemunhara na sua jornada, e em particular, por que o rei cozinhou o filho e fez com que os nobres da sua terra comessem sua carne. "Senhor", respondeu o sacerdote, "ele já inclinara seu coração para Jesus Cristo e desejou fazer um sacrifício da sua carne e sangue ao Nosso Senhor, e por isso fez com que todos da sua terra provassem desse repasto..."[431] A explicação é de nosso interesse porque, embora seja obviamente fraca, mostra que o incidente é antigo, e devia ser repulsivo para o escritor do século XIII, que tenta assim inventar desculpas para um costume que ele não podia compreender, mas que certamente não inventou. Entretanto, fica óbvio que o mesmo costume se relaciona com o caldeirão no rito judaico, o qual Ezequiel e Jeremias denunciaram de modo tão feroz. É uma festa sacramental e a vítima, devemos notar, é um *filho do rei*. Além disso, meus leitores não devem ignorar a associação desse incidente da espada sangrenta. No *Mabinogion* essa espada e uma cabeça cortada estão associadas a uma lança que pinga sangue, na aventura de Peredur, e não há indicação de que qualquer cabeça, espada ou lança tenham relação com São João. De fato, é dito que elas estão associadas ao assassinato de um parente de Peredur pelas bruxas de Gloucester. Contudo, devemos acrescentar que a maioria dos estudiosos concorda que pelo menos a lança sangrenta é fálica. Não preciso lembrar meus leitores mais uma vez que São João assumiu uma série de símbolos e costumes que pertenciam a Adônis.

O episódio relacionado a Lancelot mostra que as lendas do Graal ainda mantêm uma memória clara do assassinato de um rei para o benefício do seu reino. Além disso, a morte é pelo fogo, que nos lembra da queima de Moloque. Quando Lancelot se aproximava de uma cidade, encontrou uma grande multidão tocando *flautas* e outros instrumentos e a multidão lhe disse que ele seria o novo rei. Acrescentou que "as casas dessa cidade começaram a queimar e a se esvanecer desde a hora em que nosso rei morreu", e que ela não seria

---

430. *Ibid.*, p. 74.
431. *Ibid.*, p. 82.

saciada até que outro rei fosse escolhido, que no Dia do Ano-Novo seria "coroado no meio do fogo, e então o fogo será saciado".[432]

Naturalmente, Lancelot tentou recusar a honraria e até mesmo alguns dos passantes disseram que era uma pena tão garboso cavaleiro morrer dessa maneira, mas outros responderam que através de sua morte a cidade seria salva, o que seria uma causa de alegria. Enquanto Lancelot ainda protestava, um anão entrou na cidade e se ofereceu para aceitar o trono nos termos estabelecidos, e assim Lancelot teve a permissão de partir.

Nesse episódio, temos não apenas um caso específico da matança anual do rei como do surgimento do substituto. Como o "incêndio" na cidade começou quando o último rei morreu, é óbvio que reiniciaria assim que o novo rei morresse, de modo que haveria uma série de reis, cada um deles queimado no Dia de Ano-Novo. A data, perto do Solstício de Inverno, mostra que o evento estava associado aos Festivais de Solstício, que já foram mencionados anteriormente.

No manuscrito não publicado Merlin M. S., B. nº 337, há uma procissão do Graal que passa por uma floresta. "A procissão é fechada por um Cavaleiro em uma liteira, levada por quatro pequenos palafréns, enquanto vozes no alto eram ouvidas cantando: 'Honra, glória, poder e eterna felicidade, para o *Destruidor da Morte*.'"[433]

Então, aqui temos o próprio nome de Hiram em uma lenda do Graal, com um significado cristão. Será que não seria esse, afinal de contas, o sentido original, e Hiram significaria "Aquele que pela sua morte destrói o terror da morte e prova a realidade da ressurreição?"

Pelo que foi dito podemos ver que, por um lado, as lendas do Graal levaram ao século XII as tradições e episódios associados a Tamuz e que, por outro lado, têm relação com os Templários. Vimos que esse culto de Tamuz ainda estava vivo na Palestina no século X, já que temos uma descrição da lamentação dos árabes por Tâ-uz e que na época das Cruzadas a Palestina continha um grande número de sociedades secretas muçulmanas que eram, sem dúvida, influenciadas pelo antigo culto de Tamuz.

---

432. Dr. S. Evans. *Ibid.*, p. 127-179.
433. J. L. Weston. *The Quest of the Holy Graal*.

Aprendemos que os Templários possuíam uma ligação peculiar e quase sinistra com uma dessas sociedades, ou seja, os Assassinos, e eles próprios tinham um misterioso Rito secreto, incluindo um Ritual de morte e ressurreição. Por fim, sabemos que pelo menos 14 mil Cavaleiros sobreviveram à destruição da Ordem e que os Sacerdotes Templários e Irmãos serviçais, que chegavam a 25 mil, nem chegaram a ser perseguidos. Entre esses Irmãos serviçais havia vários maçons e, portanto, se os Comacinos já não possuíssem os resquícios do culto de Tamuz, não poderiam ter deixado de aprendê-los com os Templários.

A bandeira preta e branca dos Templários, que representava o dualismo, ou a luta entre o bem e o mal, a Luz e as Trevas, a vida e a morte, era também um emblema da heterodoxia originada no Oriente Próximo e corresponde às duas Colunas do Templo do Rei Salomão e ao Pavimento Mosaico da Loja Maçônica. O emblema dos Templários, dois Cavaleiros cavalgando em um único cavalo, representa os dois ginetes gêmeos, Castor e Pólux, que ainda são pranteados na Pérsia sob os nomes de Hassan e Hassain, com todas as características do choro por Adônis.

Se os Cruzados puderam trazer de volta detalhes sírios na arquitetura que alterou todo o estilo das construções medievais, e o fizeram, e se puderam introduzir o véu muçulmano para as mulheres e adotar a barba muçulmana para os homens, seria surpreendente que também tivessem adotado alguns dos Ritos sírios?

Desse modo, seguimos o culto de Adônis desde os dias da Babilônia até 1307 d.C., mostrando que, apesar de todas as vicissitudes pelas quais ele passou e apesar das modificações que ocorreram nele à medida que os homens se tornavam menos bárbaros, ele manteve um número suficiente de pontos de referências* antigos para mostrar sua verdadeira origem e indicar que é a fonte da Maçonaria moderna.

Ainda temos muitos problemas diante de nós e devotaremos a eles a parte final deste livro. Quais são exatamente as posições de Hiram Abiff e Hirão, o rei? Quais foram os papéis executados por Salomão e pela rainha de Sabá? O costume dos sacrifícios de fundação e

---
*N.T.: No original, *Landmarks*.

consagração permaneceram entre os maçons medievais? Essas e outras perguntas serão consideradas a seguir, e as respostas sugerirão que Hiram Abiff era um homem real, o representante humano de Tamuz, que foi oferecido pelos operários como um sacrifício de consagração para que o novo Templo permanecesse firme para sempre.

# Capítulo XV

# Hiram Abiff e o Rei Hirão

Vimos que por toda a Síria e pelas terras vizinhas o culto religioso dominante se centrava em um Deus Moribundo que representava o Espírito da Vegetação e, especialmente, do milho, que devia ser morto todos os anos. Vimos que, apesar do seu suposto monoteísmo, os próprios judeus eram seguidores devotos desse culto, não só na época de Salomão mas também durante o primeiro cativeiro, uma vez que vestígios do culto permaneceram entre eles nas cerimônias secretas dos essênios e na adoração de Sabázio até o período dos Césares romanos.

Observamos a permanência desse culto a um Deus Moribundo entre os sírios até o século X d.C., quando foi engolido por um número de sociedades muçulmanas secretas e heréticas, uma das quais se aliou aos Templários. Do mesmo modo vimos que esse culto de Adônis, sob o nome de Átis, era bastante popular em Roma até a data do estabelecimento formal do Cristianismo, sendo contemporâneo aos Colégios Romanos que, em Pompeia, possuíam um culto de mistério de morte e ressurreição. Mesmo o estabelecimento formal do Cristianismo não destruiu inteiramente o culto, e muitas das suas características foram adotadas e transferidas para o culto dos dois São Joões.

Assim, podemos ver a existência de duas linhas de transmissão vinculando esse antigo culto de Tamuz com o século XIV, quando os Templários foram suprimidos em 1313. Em 1375, encontramos a primeira menção da expressão "Maçons Livres" e próximo a esse mesmo período apareceram as primeiras das Antigas Obrigações. Temos, portanto, uma linha de transmissão dupla ligando a Maçonaria ao antigo culto de um Deus Moribundo.

Vimos que Hirão, rei de Tiro, era o representante de uma linha de reis-sacerdotes que alegavam serem Deuses e que o Deus que eles representavam era Adônis. Tais reis divinos, ou seus substitutos, eram mortos a cada ano e muito embora em uma data posterior uma representação dramática da morte do rei tenha sido instituída, quando tais reis envelheciam, ainda tinham que ser mortos. Como trataremos desse problema com detalhes no Capítulo XVII, não precisamos desenvolvê-lo aqui, e em vez disso tentaremos corrigir as posições relativas dos vários "Hirãos" que encontramos na Bíblia.

O rei Hirão parece ser o título do rei em exercício de Tiro, assim como o nome Faraó era o título do rei do Egito e não seu nome pessoal. Entre os rabinos judeus existem lendas estranhas concernentes a esse Hirão, todas elas apontando para sua natureza divina e para o fato de que o nome Hiram ou Hirão era o *título* dos reis de Tiro. A respeito dele é dito que teria vivido desde a época de Davi até o período da destruição do Templo, porque ajudou a construí-lo. No final desse período ele fora tomado pelo orgulho e, imaginando ser um Deus, construiu um paraíso artificial onde seria entronizado. No fim, Deus o abateu por causa de sua alegação arrogante de imortalidade.[434] Ezequiel já denunciara o rei de Tiro por se proclamar um Deus e embora não dissesse isso de modo cabal, parece ter pensado que o rei em exercício era o mesmo homem que ajudou a construir o Templo. Se esse foi o caso, isso sem dúvida aconteceu porque, como o homem mais antigo, ele se chamava Hirão. O verso significativo é: "Tu eras o querubim, ungido para cobrir, e te estabeleci; no monte santo de Deus estavas."[435]

O "monte santo de Deus" deve ser o Monte Moriá e, portanto, faz crer que o rei de Tiro estava presente na construção do Templo.

Também encontramos no mesmo capítulo a origem da lenda judaica de que o rei Hirão teve permissão para entrar no Paraíso como recompensa por seu trabalho no Templo, até que, sendo tomado pelo orgulho, ele se considerou divino e então foi dali expulso por Jeová.[436] A passagem da Escritura diz: "Estiveste no Éden,

---

434. Dudley Wright. *Masonic Legends and Traditions*, p. 97.
435. Ezequiel 28:14.
436. Dudley Wright. *Ibid.*, p. 98.

jardim de Deus".[437] Na tradição que diz que Hiram caminhou no Paraíso aparentemente há uma lembrança distorcida da alegação desses homens-Deuses de que suas almas eram divinas e ascendiam até a cidade dos Deuses, uma alegação provavelmente representada dramaticamente nos "Graus mais avançados de Tamuz", na visita às ilhas dos Abençoados.

Vimos que o título "Hiram" significa "Aquele que destrói", "a Exaltação da Vida", "Sua brancura ou liberdade"; todos títulos para um Deus em vez de um mero homem, sendo particularmente apropriados para Tamuz. O significado desses títulos já foi explicado, mas o título "brancura" é peculiarmente apropriado, não somente porque representa a farinha feita do trigo, sendo na Índia o título de Shiva, o destruidor, mas também porque é o mesmo do nome que no Líbano significa "A Montanha Branca", e o Líbano contém o principal santuário de Adônis. Também vimos que o nome "Hiram" ocorre várias vezes na Bíblia, mas não foi apontado o significado total da forma original do nome de Abraão, Abrão, que significa "o Pai da Exaltação da Vida", etc.

1) Abrão tentou sacrificar seu próprio filho, assim como fizeram os adoradores Sírios de Adônis, e a mudança do seu nome provavelmente implicava na renúncia do culto de Moloque-Tamuz pelo de Jeová. A substituição de uma corça pela filha de Agamenon, quando o rei estava prestes a oferecê-la a Ártemis (Astarte), é uma analogia notável com a história de Isaac. Naturalmente, Abrão era um rei-sacerdote e teve uma recepção muito agradável de outro rei-sacerdote, Melquisedeque, que era um dos antigos reis-sacerdotes Jebuseus de Jerusalém.

2) O próximo Hiram mencionado na Bíblia é Abiram, que era um príncipe de Israel e alegava ser um sacerdote tão legítimo quanto os Levitas. Ele pereceu pelo fogo.

3) O rei Hirão conhecemos como um rei-sacerdote que representava Tamuz, e o nome do seu pai era Abibaal, palavra que significa "o Pai do Deus".

---

437. Ezequiel 28:13

4) Adoniram significa "o Senhor Deus que destrói", e ele se torna o sucessor de Hiram Abiff. Adoniram cuidava dos impostos no Líbano, que não fazia parte dos domínios de Salomão, mas era onde ficava o grande santuário de Adônis. Depois ele foi morto, como muitos daqueles que tinham o malfadado título de "Aquele que destrói". Assim como o pai de Hirão de Tiro se chamava "o Pai do Deus", o pai de Adoniram chamava-se Abda, "Pai do Amado", um título de Adônis. Além disso, o título usual de Tamuz era Adon, ou, em grego, Adônis, e assim vemos que Adoniram deve ter sido o rei-sacerdote local do santuário no Líbano que, como o rei-sacerdote, Hirão de Tiro, ajudou Salomão fornecendo madeira e operários.

5) Abiram, o filho mais velho de Hiel, foi sacrificado pelo seu pai como um sacrifício de fundação quando ele reconstruiu Jericó!

6) Hiram Abiff não é outro senão Abibaal, que de acordo com Josefo, era o pai de Hirão de Tiro. O título bíblico de "Pai daquele que destrói" é precisamente similar ao título atribuído a ele por Josefo, "o Pai do Deus" (Moloque, o Destruidor). Portanto, é claro que Hiram, o dito Arquiteto, era o velho rei de Tiro que abdicara, cuja divindade passara para seu filho Hiram, e que deveria ter sido morto. Tendo perdido seu nome pessoal quando se tornou rei-sacerdote e o representante humano de Tamuz, ele perdeu o título Hiram na sua abdicação, mas manteve o de "Pai do Deus" ou "Pai do Destruidor". Mas então por que o rei-sacerdote vizinho do Líbano possuía o título completo de Adoniram? Talvez ele fosse chamado assim para distingui-lo do outro rei-sacerdote de Tiro, mas é mais provável que tenha sido porque o grande santuário de Afca era ainda mais sagrado do que a cidade comercial de Tiro e, portanto, seu rei-sacerdote era considerado mais divino do que o outro. Ele, acima de todos os outros, representava o Adom Hiram, o Senhor da Destruição.

Esses fatos mostram que a tradição maçônica que afirma que Salomão tratava Hiram Abiff como igual está correta. Nenhum déspota oriental trataria como igual um mero arquiteto contratado por ele, mas o ex-rei de Tiro e pai do seu aliado, Hiram, *era* seu igual e seria naturalmente tratado assim.

## Capítulo XVI

# Quem Foi a Rainha de Sabá?

É difícil dizer se a rainha de Sabá foi uma mulher real, mas é provável que tenha sido. Nesse caso, ela acumulou muitos dos atributos de Astarte. De fato, isso é tão claro que poderíamos dizer que ela era simplesmente a Grande Mãe, humanizada em um período quando não era mais desejável falar sobre a Deusa.

A posição importante que ela ainda desempenha na Maçonaria, particularmente com relação ao sucessor do Arquiteto, é notável em uma Ordem que, como os essênios, impede que as mulheres participem dos seus segredos. O anacronismo parece ter incomodado alguns dos principais maçons nos últimos anos, pois há uma distinta tendência recente a eliminá-lo o máximo possível.

Essa, com certeza, não era a atitude dos maçons medievais que, seja na lenda ou na escultura, destacavam sua importância e a associavam intimamente a Salomão. Na tradição maçônica ela é descrita em termos que implicam sua alta respeitabilidade e pouca relação com a lasciva Astarte, mas as tradições judaicas mantêm muito mais do seu caráter original e não deixam dúvidas quanto à verdadeira natureza da própria rainha.

Em primeiro lugar, diz-se que ela é negra, a cor da Grande Mãe, Cibele, portanto similar à "dama" no Cântico dos Cânticos, que alguns estudiosos da Bíblia afirmam ser a rainha. É dito que ela veio até Salomão com a intenção deliberada de gerar um filho com ele, um objetivo que alcançou, e os abissínios alegam, com orgulho, que seus imperadores descendem dessa criança, que se chamava Davi ou Dodo, o Amado; um título, como já vimos, de Tamuz.

Todos esses detalhes podem ser fatos e não mitologia, mas o mesmo não pode ser dito da mesma lenda. De acordo com ela, as pernas da rainha eram cobertas por cabelos peludos e espessos, como as pernas de um asno. Alguns intrigueiros chegaram a dizer a Salomão que ela tinha mesmo as pernas e cascos de um asno, mas Salomão descobriu que isso era um exagero. Ao descobrir a verdade, Salomão, com o auxílio de alguns demônios, obteve uma substância depilatória e assim a "lanugem" ofensiva foi removida.[438]

Nessa história temos uma lembrança distorcida da forma animal original da Grande Mãe. Provavelmente, em sua forma original ela tinha pernas de leão, pois Astarte era uma Deusa leonina, mas o asno era sagrado a Dioniso, e pode ter uma ligação mais próxima com Astarte do que poderíamos supor, pois um asno é considerado um dos animais mais libertinos.

Que Balkis, a rainha de Sabá, estava muito distante da mulher modesta e respeitável que alguns dos meus leitores poderiam supor, é mostrado por uma série de lendas judaicas e árabes.

Em Salaman e Absah[439], Balkis diz que:
"Não passo uma noite ou manhã
Sem um belo jovem
Que não verei mais depois do desejo".

As perguntas difíceis que ela faz para Salomão parecem quase um catecismo ritual, mas se for esse o caso elas contêm uma série de charadas que mostram que a dama que as fez sem enrubescer não sofria de um excesso de recato. Contudo, tais enigmas aparecem em muitos ritos e festivais de fertilidade primitivos e são muito apropriados para o representante humano da grande Deusa da Fertilidade. Como já foi observado, seu número é 22, o mesmo número das cartas dos Arcanos Maiores do Tarô. Eis alguns exemplos característicos:

SABÁ: Sete são os que emitem e nove os que entram; dois fornecem a bebida e um bebe.

---

438. J. e. Hanauer. *The Folk Lore of the Holy Land*, citando o Rabi Mejr-ed-din.
439. Ed. Fitzgerald, tradução de *Salaman e Absah*, por Jami, um poeta persa e sufi do século XV.

SALOMÃO: Sete são os dias da impureza da mulher e nove os meses da gravidez; dois são os seios que fornecem a bebida e uma é a criança que bebe.[440]

A Pergunta 2 trata das relações incestuosas entre Lot e suas filhas.

A Pergunta 3 consiste em fazê-lo decidir quem são os homens e as mulheres entre uma companhia de meninos e meninas que ele vestiu nas roupas do sexo oposto. Esse incidente nos lembra dos galli de Astarte, que se vestiam com roupas femininas.

A Pergunta 7 é particularmente indecente.

A Pergunta 10 novamente se refere ao incesto de Lot.

A pergunta 11 se refere a Jonas e ao grande peixe.

A pergunta 17 se refere a Tamar, que teve um filho com seu sogro.

Todas essas questões indicam o verdadeiro caráter da rainha, já que não apenas a pergunta 11, mas também as perguntas 13, 18 e 22 se referem à morte.

A pergunta 9 é muito peculiar e faz uma clara referência a certas coisas usadas no ritual da morte e ressurreição.

SABÁ: Quais são os três que nunca morrem, nem bebem, nem se alimentam de pão, mas que salvam vidas da morte?

SALOMÃO: O sinete, a corda e o cajado são esses três.

A corda, com certeza, é a corda ou laço usado para arrastar o candidato até o Templo como uma vítima apropriadamente preparada para o sacrifício. O cajado é a vara ou bastão do Condutor de Almas, que o leva consigo pelo Mundo Inferior.

O anel sem dúvida simboliza a *vesica piscis* do renascimento e, provavelmente, o anel de casamento com o qual o candidato realizava um casamento simbólico com a Deusa. Como a pergunta 11 trata da lenda da descida de Jonas para dentro do grande peixe, não há muita dúvida de que o significado dos símbolos acima ou dessas perguntas são um fragmento das cerimônias de iniciação secreta de Astarte-Tamuz.

Assim, podemos ver que a rainha representa Astarte, e esse aspecto da sua verdadeira natureza é observado em uma curiosa lenda quase maçônica que diz que a morte de Hiram Abiff foi causada

---

440. Dudley Wright. *Masonic Legends and Traditions*, p. 128, citando Dr. Louis Ginzberg, *Legends of the Jews*.

indiretamente pela rainha, que se apaixonou por ele e decidiu fugir com Hiram em vez de se casar com Salomão. Por esse motivo, Salomão planejara seu assassinato. Nessa lenda temos uma analogia exata com a forma tardia do mito de Adônis, que teria sido morto por Ares, enciumado do amor de Afrodite por Adônis. Infelizmente, a origem da história é tema ainda em debate e a sua antiguidade questionada por muitos estudiosos maçônicos. Contudo, ela encaixa de modo tão admirável com o fato acima que acredito que seja mesmo antiga e não uma invenção comparativamente moderna e, assim, a incluí aqui na esperança de que algum dos meus leitores seja capaz de traçá-la até sua fonte original, que suspeito ser judaica ou árabe.

A história é mencionada brevemente pelo Ir. Dudley Wright[441] e fornecida na sua totalidade por C. W. Heckethorne,[442] mas, infelizmente, até agora não consegui identificar sua origem exata. Tampouco o autor cita a fonte, um fato ainda mais lamentável, já que Heckethorne não era maçom e obteve grande parte das suas informações sobre a Maçonaria em "exposições" não autorizadas, cuja confiabilidade está aberta ao mais grave questionamento.

O Ven. Ir. W. Wonnacott, Grande Bibliotecário, a quem consultei, generosamente chamou minha atenção para os seguintes fatos, e estou em débito para com ele por todo o trabalho que teve para me ajudar. O Ir. Rylands[443] afirma também que G. de Nerval escreveu um conto chamado *A História da Rainha da Manhã e Soliman, Príncipe dos Dijners*. Depois ele a inseriu em outro livro seu, *Voyage en Orient*. Foi então convertida em uma ópera por Meyerbeer, que escreveu a música em 1848, e a chamou de *La Reine de Saba*. Apesar das dificuldades pelas quais passou, que nos impedem de confiar demais nos detalhes ali contidos, acredito que ela possui um cerne de tradição genuína que se encaixa muito bem com o que sabemos acerca dos Ritos de Fertilidade antigos da Palestina. Sabá, nesse caso, representa Astarte, e os filhos do fogo seriam os seguidores de Moloque e

---

441. Dudley Wright. *Masonic legends and Traditions*, p. 111.
442. C. W. Heckethorne. *The Secret societies of all Ages and Countries*.
443. A.Q.C. Vol. XIV, p. 179. Ver também vol. 19, 9. 118.

Astarte, em contraposição aos adoradores de Jeová. Dr. Oliver parece também ter conhecido essa tradição.

De acordo com Heckethorne, Hiram Abiff descendia de Caim, cujo pai era um dos Elohim que gerou Caim com Eva. Jeová então criou Adão e o fez desposar Eva, gerando Abel. Assim, como Caim foi gerado pelo fogo e Abel pela terra, consequentemente havia uma amarga discórdia entre os dois, que culminou quando Jeová recusou o sacrifício oferecido por Caim, que consistia em frutos da terra, e aceitou o de Abel, de animais domesticados. Caim matou Abel e depois Jeová declarou que ele e sua semente seriam a partir de então subordinados dos filhos de Abel. Apesar disso, os filhos do fogo eram os verdadeiros inventores das artes e ciências. Foi Enoque, um filho de Caim, que ensinou os homens a cortar a pedra e a construir tijolos. Irade, seu filho, e Meujael, seu neto, ensinaram aos homens os rudimentos da irrigação e como transformar cedros em vigas.

Outro descendente de Caim, Metusael, inventou "os caracteres sagrados, os livros de Tau e o T simbólico, por intermédio do qual os trabalhadores descendentes dos gênios do fogo se reconheciam."

Lameque teve quatro filhos: Jabal, que ensinou aos homens se vestirem com peles de camelo; Jubal, o primeiro a tocar a harpa, tornando-se assim o criador da música; Tubalcaim, o primeiro ferreiro; e uma filha, Naamá, a primeira a fiar e tecer.

Todo esse povo prendado foi destruído pelo dilúvio, exceto Tubalcaim e seu filho. A esposa de Ham se apaixonou por esse filho e se tornou a mãe de Nimrod, que não só fora um poderoso caçador, mas também o fundador da Babilônia. De Nimrod descendia Hiram Abiff, que é na verdade o mesmo que Adoniram.

Embora Hiram fosse reconhecido como maior arquiteto e artesão de metais da sua época, ele era solitário e detestado pela maioria dos homens, sem dúvida em virtude de seu estranho parentesco. Ele era invejado até pelo grande Salomão, que sentia ciúmes da sua maravilhosa habilidade.

Quando Balkis, a rainha de Sabá, visitou Salomão, ela aceitou sua oferta de casamento, mas logo depois foi levada para ver o Templo e ali, depois de apresentada ao seu arquiteto, Hiram, arrependeu-se da sua promessa ao rei porque tinha se apaixonado por Hiram, o que despertou o ciúme de Salomão. Depois, a rainha pediu para ver todos os operários imediatamente, e Salomão declarou que era impossível chamá-los todos em um instante; porém, Hiram Abiff desenhou no ar, com a mão direita, o Tau simbólico e imediatamente todos os operários se apressaram a ir até o lugar onde ele estava.

Contudo, o rei Salomão estava determinado a não ter rivais pelas afeições da rainha, e assim entrou em contato com três companheiros artesãos, que detestavam Hiram porque este não quis torná-los Mestres Maçons e que desejavam causar a ruína do Arquiteto. Seus nomes eram Amen, um carpinteiro fenício; Fanor, um pedreiro sírio; e Metusael, um mineiro hebreu. Eles estavam determinados a causar um acidente que arruinaria a moldagem do mar de bronze. O plano foi descoberto por um jovem artesão chamado Benoni, que logo informou Salomão, mas o traiçoeiro monarca deliberadamente se absteve de agir para desbaratar o plano que, claro, fora instigado por ele.

No dia escolhido, as portas que continham o bronze derretido foram abertas e o líquido incandescente transbordou do topo do molde, derramando-se no chão, causando a fuga de testemunhas apavoradas. O próprio Benoni pereceu em um esforço infrutífero de evitar o desastre, e embora Hiram jogasse jatos de água sobre a massa em movimento de metal derretido, em uma última tentativa desesperada de interromper seu progresso, de nada adiantou.

Subitamente, o arquiteto desesperado viu diante dele uma gigantesca forma humana que disse: "Vem, meu filho, não tenhas medo, tornei-te incombustível, joga-te nas chamas". Hiram imediatamente se jogou na massa derretida e, em vez de ser queimado, sentiu que era arrastado até um abismo sem fundo. Ele gritou: "Para onde me levas?", e recebeu a resposta: "Até o centro da terra, para a alma do mundo, no reino de Caim, onde a liberdade reina com ele. Ali a tirânica inveja de Adonai cessa; ali podemos, desprezando sua fúria, provar os frutos da árvore do conhecimento; ali é o lar dos teus pais".

"Quem então sou eu, e quem és tu?", perguntou Hiram.

"Sou o pai dos teus pais, sou o filho de Lameque, sou Tubalcaim".

Depois disso, Hiram conversou com Caim e com outros dos seus ancestrais, quando aprendeu que eles eram descendentes dos gênios do fogo, e finalmente voltou à atmosfera superior, levando com ele como presente o martelo de Tubalcaim, com o qual poderia em um momento reparar os danos causados pela malignidade de seus companheiros trabalhadores.

Hiram imediatamente usou o martelo no mar de bronze, que na manhã seguinte estava inteiro e perfeito, para o espanto de todos que testemunharam o desastre.

O amor mútuo de Balkis e Hiram aumentou até que, por fim, decidiram fugir juntos, mas no dia marcado para sua fuga os três trabalhadores, novamente encorajados por Salomão, causaram a morte de Hiram no Templo. O resto da história é bem conhecida, sendo os únicos detalhes interessantes a acrescentar aqueles relacionados com um triângulo dourado que ele usava suspenso ao redor do pescoço. Nesse triângulo estava gravada a palavra do Mestre, e antes que ele fosse vencido por seus atacantes, Hiram conseguiu jogá-lo em um poço. Mais tarde ele foi recuperado pelo rei Salomão, que o colocou em um altar triangular montado em uma cripta secreta construída sob o Templo. Também estava coberto por uma pedra cúbica onde se gravara a lei sagrada, sendo então a cripta, cuja existência era conhecida apenas por 27 pedreiros eleitos, vedada. Os três culpados cometeram suicídio em vez de cair nas mãos dos seus perseguidores.

Deve ser admitido que Salomão não aparece sob uma luz muito favorável nessa história, tampouco isso acontece em outra lenda judaica, sem dúvida antiga, de acordo com a qual ele teria mandado matar todos os trabalhadores que se dedicaram ao Templo, para evitar que outro semelhante fosse construído em honra a um Deus pagão.[444] Histórias parecidas são contadas sobre outras grandes edificações, inclusive na tão próxima Irlanda, embora nelas fosse geralmente declarado que o príncipe que pagara pelo edifício mandou matar o arquiteto para impedir que ele construísse outro tão belo para qualquer outra pessoa.

As lendas aqui citadas em torno da rainha de Sabá indicam que ela representa Astarte, e sua permanência na posição peculiar por ela ocupada na Maçonaria juntamente com a promoção de Adoniram

---

444. Dudley Wright. *Masonic legends and Traditions*, p. 53.

ao cargo vago de Hiram Abiff confirma essa visão. O fato de que muitas das características mais questionáveis da Grande Mãe não estão em evidência é o que deveríamos esperar, considerando que o velho Rito foi completamente purificado das suas primitivas características bárbaras. Talvez o sinal de D. ou P. do Ofício, cuja origem no Ritual escocês é relacionada a essa rainha, fora a maneira original como seus adoradores ofereciam suas orações e culto.

# Capítulo XVII

# O Sacrifício Anual dos Reis-Sacerdotes

Uma das coisas mais extraordinárias a respeito dos povos primitivos é o fato de que, pelo menos em uma época, a maioria deles parece ter assumido a prática de assassinar seus reis. Tais assassinatos eram um rito religioso e não o mero assassinato de um soberano mau ou fraco por um usurpador. Em uma investigação mais minuciosa descobrimos que esses reis eram reis-sacerdotes, os representantes vivos de algum Deus, geralmente o Deus da Vegetação. O rei-sacerdote de Nemi talvez seja o mais conhecido exemplo desses potentados desafortunados, mas ele era apenas uma reminiscência tardia na Itália do que parecia ser um costume muito difundido, que persistiu até anos recentes em muitas partes do mundo não civilizado, como a África Central.

O rei-sacerdote de Nemi era um sacerdote de Diana e um rei nominal. O posto só podia ser obtido através do assassinato do antigo rei de acordo com o ritual prescrito, o qual, uma vez realizado, tornaria o assassino rei-sacerdote no lugar do outro, até que um terceiro, de modo semelhante, conseguisse matá-lo. O ato ritual mais importante do aspirante a assassino era, de espada na mão, colher um ramo de visco de um carvalho sagrado que crescia nos arredores do templo, o qual o rei-sacerdote guardaria dia e noite.[445]

Originalmente, parece que os reis divinos reinavam apenas por um ano e, dessa forma, o costume sobreviveu no México até o período da

---

445. Frazer. *The Magic Art and the Evolution of Kings*, 2ª ed., I. 44.

conquista espanhola, mas considerações práticas levaram à separação do verdadeiro líder do estado da pessoa do rei-sacerdote. Esses reis-sacerdotes anuais tinham grande parte da pompa e glória da soberania, mas pouco poder real, sendo que ao fim do ano eram abatidos e sacrificados no topo de um dos Templos da Pirâmide.[446] Em muitas outras partes do mundo encontramos reis divinos semelhantes, cuja autoridade civil fora usurpada por algum nobre não divino. Um dos mais famosos desses foi o semidivino Mikado, do Japão, cujo poder ficou por muitos anos nas mãos do Xógum.

No México, como vimos, o rei anual era um substituto para o rei verdadeiro, que naturalmente preferia manter a vida e a autoridade real à custa da perda de uma certa dose de dignidade e pompa. Esse costume de encontrar substitutos parece ter sido comum entre muitos povos, mas em outros casos o dia fatal era postergado até que a virilidade do rei começasse a se desvanecer. Com frequência, porém, a matança anual era representada de forma dramática, e na Babilônia o próprio rei representava o papel da vítima.[447]

Do mesmo modo, parece claro que ao caminhar pelo fogo, o rei de Tiro decretava dramaticamente a própria morte pelo fogo e a consequente ressurreição. Mas embora aquele dia terrível pudesse ser adiado, cedo ou tarde o rei envelheceria e enfraqueceria, não podendo mais gerar crianças. Como os reis sírios representavam Baal, ou o Deus da Fertilidade, sendo considerados maridos da terra, aos olhos dos seus súditos eles não podiam mais fertilizá-la quando envelhecessem, resultando na esterilidade da terra. Assim, deviam abrir espaço para um homem mais jovem que fosse capaz de receber a alma divina do Deus.

Se essa transferência demorasse demais, as pessoas temiam que a própria alma divina enfraquecesse e fosse incapaz de manter a fertilidade do solo da Mãe Terra – a Grande Mãe. Por esses motivos, logo que se percebesse que o velho rei não poderia mais gerar filhos, as horas de sua vida estavam contadas. Portanto, vemos que as lamentações por

---

446. Prescott. *Conquest of Mexico*, capítulo 3.
Ver também o Capítulo XX.
447. Sidney Smith. "The Relation of Marduk, Ashur and Osiris." *The Journal of Egyptian archaeology*, vol. 8, abril, 1922.

Tamuz podem ter representado uma tristeza bastante genuína pela morte de um rei idoso e popular, que ainda assim teria de ser morto pelo bem de toda a nação.

Entre os Shilluks do Nilo Branco, os reis sempre eram mortos tão logo suas esposas relatassem que eles não podiam mais "satisfazê-las". O fundador original dessa linhagem foi Nyakang, um homem de carne e osso, que depois de morto foi adorado como um Deus e cuja alma era transferida para cada novo rei por meio de uma imagem, na qual ela residia no curto espaço de tempo entre a matança do antigo rei e a ascensão do novo, em quem o espírito divino de Nyakang então entrava.[448] O costume só foi abolido quando os ingleses ocuparam o país e deram fim a esse e a outros costumes bárbaros.

Nas Ilhas Palau, quando um chefe envelhecia, seu herdeiro, que geralmente era seu *irmão*, sobrinho ou primo do lado materno, tinha o direito legal de matá-lo, e se o fizesse seria poupado de muitos problemas. Havia um procedimento regular e todo o negócio era realizado de uma maneira bastante profissional.[449]

No mundo todo encontramos exemplos desse estranho costume, dos quais listaremos mais alguns. O rei, ou Matiamvo, da Angola não era morto, mas, sim, desmembrado de acordo com um ritual regular,[450] que nos lembra o destino de Osíris. O Fazedor de Chuva Dinka, quando envelhecia, era enterrado vivo e sua alma entrava no corpo de seu sucessor.[451] Os reis de Calicute podiam ser atacados e mortos por seus sucessores no fim de um período de 12 anos.[452] Esse rei possuía o título de "Deus na Terra".[453] Entre o povo do Malabar, homens eram escolhidos como regentes supremos por cinco anos, e ao fim desse período o regente era decapitado e sua cabeça jogada ao ar. Aquele que conseguisse pegá-la assumiria o cargo do homem morto, e morreria de modo semelhante quando outros cinco anos

---

448. C. G. Seligmann. *The Cult of Myakang*, p. 221.
449. D. Westermann. *The Shilluk People*, p. XLII.
J. Kubary. *Die socialen Einrichtungen de Pelauer*, p. 43-45 e 75-78.
450. F. T. Valdez. *Six Years of a Traveller's Life in Western Africa* (Londres, 1861), II. 194 sq.
451. Frazer. *The Dying God*, p. 33.
452. W. Logan. *Malabar* (Madras, 1887). I. 162 sq.
453. L. di Varthema. *Travels*, traduzido por J. W. Jones (Hakluyt Soc. 1863), p. 134.

se passassem.⁴⁵⁴ A similaridade desse costume com o ato de jogar a cabeça das figuras de Adônis na água será óbvia para meus leitores.

Na instalação do Rajá de Konjhur, simula-se o assassinato de um homem, que desaparece e retorna três dias depois, tendo sido restaurado miraculosamente à vida,⁴⁵⁵ mas em Cassange, na Angola, a vítima, que era tratada como rei, era morta, seu coração arrancado e o rei verdadeiro era banhado no seu sangue. A vítima era devorada, em seguida.⁴⁵⁶ A semelhança desses procedimentos com o banho de sangue de Cibele e a refeição sacramental de Dioniso é igualmente notável. Entre os Iorubá, determinado chefe só poderia reinar por três anos e então era morto.⁴⁵⁷

Como já vimos que a cada ano o rei da Babilônia passava por uma cerimônia onde ele representava o papel de Marduk e fingia ser morto, será interessante saber qual a terrível realidade que foi civilizadamente substituída por essa cerimônia, uma vez que nos dias de Beroso ela ainda acontecia todos os anos na Babilônia.

Ocorria uma Saturnália de cinco dias e nesse período um criminoso condenado era solto da cadeia. Ele era vestido em roupas reais e colocado em um trono real, para depois receber a permissão efetiva de desfrutar das concubinas do rei. No final do seu breve reinado, suas vestes reais eram arrancadas, ele era açoitado e morto,⁴⁵⁸ geralmente crucificado ou enforcado em uma árvore.

Fica claro, enfim, que, da mesma forma como acontecia com Tamuz, os reis da Babilônia eram mortos anualmente, mas depois passaram a usar um criminoso como substituto. Ainda assim, eram uma apresentação dramática de sua própria morte, e podemos ver os dois sistemas de substituição existindo lado a lado. Essas cerimônias ocorriam em diferentes períodos do ano: a cerimônia dramática, sem dúvida, correspondia à colheita do trigo e a segunda, ao plantio da semente, um fato comprovado pelo direito do rei substituto de desfrutar das concubinas do rei, que indubitavelmente simbolizavam Ishtar.

---

454. Frazer. *The Dying God*, p. 33.
455. E. Dalton. *Descriptive Ethnology of Bengal* (Calcutá, 1872).
456. F. T. Valdez. *Six Years of a Traveller's Life in Western Africa*. (Londres, 1861), II. 158 sq.
457. John Parkinson, "Southern Nigeria, the Lagos Province". *Empire Review*, XV, maio de 1908, p. 290 sq.
458. Frazer. *The Dying God*, p. 113 sq.

O costume babilônico explica o hábito bastante difundido de fazer o rei abdicar por alguns dias e instalar um sucessor temporário. Assim, no Alto Egito, em 10 de setembro o governador real é deposto por três dias, reinando em seu lugar um substituto que no final do seu reinado é condenado à morte. Contudo, no lugar do homem, seu manto é que é queimado, enquanto ele se arrasta vivo para fora dali.[459] Nesse exemplo temos não somente um substituto para os governantes reais, como também uma substituição do ato de matar o substituto, algo que é, sem dúvida, uma evolução bastante tardia.

Na Pérsia, Shah Abbas, ao ser prevenido pelos seus astrólogos em 1561 que corria risco de morte, abdicou, e um pobre infiel foi alçado ao trono por três dias. No fim desse período o infiel foi morto e Abbas voltou ao trono.[460] Meus leitores notarão a constante recorrência do período de três dias, correspondendo aos três dias que a alma deve passar no Mundo Inferior. Nesse último exemplo, observamos, com clareza, a volta de um costume primitivo para ser usado em um momento de emergência.

Frequentemente, vemos que o filho do rei era sacrificado em seu lugar. Aqui, mais uma vez, temos uma atenuação do antigo costume bárbaro, que evoluiu aos poucos. Por exemplo, entre os índios da Carolina do Norte no século XVIII há um costume de celebrar uma festa onde o filho do rei era ferido *três* vezes, sendo que no último golpe caía como se estivesse morto.[461]

A partir da crença de tantos povos, fica claro que muitas tribos primitivas pensavam que o filho possuía a alma de seu pai, enquanto este se tornava apenas uma casca vazia. O povo do Taiti levou esse ponto de vista tão longe que o rei era obrigado a abdicar tão logo gerasse um filho. Esse filho não só assumia o trono, como também o nome do rei, que a partir de então apenas agia em nome do filho.[462] Esse fato explica por que o pai de Hirão de Tiro assumiu o nome de Abi Baal e também por que muitos dos taitianos matavam seus filhos assim que nasciam.

---

459. C. B. Klunziger. *Bilder aus Oberägypten der Wüste und dom Rothen Meere* (Stuttgart), p. 180.
460. *Sir* John Malcom. *History of Persia* (Londres, 1815), p. 527, sq.
461. J. Bricknell. *Natural History of North Carolina* (Dublin, 1737), p. 342 sq.
462. Capt. J. Cook. *Voyages.* (Londres, 1809), I. 225 sq.

## Capítulo XVIII

# Sacrifícios de Fundação e Consagração

O costume de enterrar um ser humano sob a fundação de um edifício ainda não se extinguiu, sendo outrora quase universal. Já foi sugerido que o propósito era associar o espírito do homem morto ao lugar, como um tipo de "Cobridor" ou guardião, já que o espírito poderia se ressentir de qualquer tentativa de perturbar o local onde seu corpo estivesse enterrado, ou, por assim dizer, o edifício que constitui sua pedra tumular.

Provavelmente, a explicação variava de acordo com localidades diferentes, mas como sabemos que os povos primitivos pensavam que a alma de um homem entrava em uma árvore que crescia sobre seu túmulo, parece mais provável que eles achassem que a alma da vítima entrava no alicerce cuja base estava enterrada no túmulo, e que repousava sobre seu corpo. Os primeiros edifícios eram todos de madeira, e esse costume teria passado adiante de modo bastante natural quando a pedra substituiu a madeira.

Ora, um dos principais motivos pelos quais um edifício de madeira não consegue "permanecer firme para sempre" é que seus alicerces principais apodrecem, e como a madeira cortada de modo geral apodrece mais rápido do que um tronco vivo, os povos primitivos esperavam forçar uma alma a entrar no alicerce para garantir sua vida longa, e assim a estabilidade do edifício. O sacrifício de Consagração também era associado à trava horizontal, em minha opinião, e isso explicaria o uso de uma cruz na consagração de um edifício mesmo em períodos pré-cristãos. Geralmente essa cruz é a de Santo André, ou a cruz de braços iguais, já que ambas ocorrem com frequência na construção da trava horizontal.

Seja como for, exemplos desse costume são comuns e particularmente abundantes na Palestina. A própria Bíblia registra um exemplo notável, cujo significado total poucos maçons parecem ter percebido. É dito que "Em seus dias Hiel, o betelita, edificou a Jericó; em Abiram, seu primogênito, a fundou, e em Segube, seu filho menor, pôs as suas portas".[463] Ora, já vimos que o nome Abiram é o mesmo que Hiram Abiff, e sugiro que este fora oferecido como um Sacrifício de Consagração ou Conclusão, como ocorreu em Segube.

Em Bangkok, no Sião,* enquanto se construíam os portões da cidade, três homens eram colocados vivos em um fosso e uma grande viga baixada na posição, esmagando-os até a morte.[464] Na mesma época, um rito similar era realizado quando os portais de Mandalay, Burma,** foram erigidos.[465] Em Bima, um distrito na Ilha de Sumbava nas Índias Orientais, era uma mulher grávida ou crianças pequenas que sofriam o mesmo destino.[466]

"Em áreas mais civilizadas os animais substituíram seres humanos, e na Grécia moderna um galo ou carneiro era a vítima costumeira. Entretanto, às vezes, em vez de matar um animal, o construtor atrai um homem para a pedra fundamental, mede secretamente seu corpo ou sua sombra, e enterra a medida sob a pedra fundamental; ou ele coloca a pedra fundamental sobre a sombra do homem. Acredita-se que o homem morrerá no período de um ano".[467]

Um maçom búlgaro mede a sombra da vítima com um pedaço de barbante, coloca o barbante em uma caixa e então a enterra sob a fundação. Acredita-se que o proprietário da sombra morrerá dentro de 40 dias e sua alma será mantida presa na caixa.[468]

---

463. 1 Reis 16:34.
*N.T.: Atualmente, Tailândia.
464. Mgr. Bruguiere em *Annalesde l'Association de la Propagation de la Foi*, V (1831), p. 164 sq.
**N.T.: Atualmente, Mianmar.
465. A. Fytche. *Burma Past and Present* (Londres, 1878), I. 251.
466. Frazer. *The Perils of the Soul*, p. 89.
467. Frazer. *The Perils of the Soul*, p. 89.
468. *Ibid.*

Nas substituições anteriores dois fatos devem ser observados. Primeiro, a sombra supostamente constitui a alma ou princípio vital do homem. Essa crença é muito difundida, e uma das formas mais comuns de magia negra é apunhalar a sombra ou reflexo de um homem. Por isso é que quebrar um espelho traz azar, pois em algum momento ele capturou seu reflexo e, ao quebrá-lo, você também despedaça seu próprio reflexo ou vida. De acordo com essas noções primitivas, mesmo a imagem de um homem contém sua alma ou princípio vital.[469]

Desse modo, vemos que o costume moderno de enterrar moedas sob uma pedra fundamental tem uma origem sinistra, pois a imagem do rei nelas representa seu princípio vital, e de acordo com crenças antigas, embora há muito esquecidas, em pouco tempo o rei morreria, sua alma entraria no edifício e faria com que ele permanecesse firme para sempre. A ligação entre essa prática moderna e a prática de sacrificar um rei-sacerdote fica assim perfeitamente nítida, e tem relação direta com nosso assunto. Por esses motivos os reis siameses por muito tempo se recusaram a permitir que suas imagens fossem estampadas nas suas moedas.[470]

Em segundo lugar, o uso da régua de um pé,* que também ocorre no Ritual Hung, é óbvio. No Ritual Operativo, a régua de 24 polegadas é substituída por um pedaço de madeira chamado de "Straight-Edge", e a altura do Candidato é medida com ele. A *straight-edge*, como a régua de 24 polegadas, é mantida pela Loja, e de acordo com essa velha crença, a medida do homem permanece conectada a ela, e assim seu princípio vital é mantido refém por meio da fidelidade. Se ele trair essa confiança, tudo que os Irmãos indignados precisam fazer é enterrar aquela vara de medição sob o próximo edifício que erigirem, e ele morrerá.

Essa, e não a fantasiosa explicação agora dada no Ritual Especulativo, é, sem dúvida, a verdadeira origem da régua de 24 polegadas. O fato de que esse costume de sacrificar um homem continuou até

---
469. Ver também Ward e Stirling, *The Hung Society*, I., capítulo 14.
470. Ver E. Young. *The Kingdom of the Yellow Robe,* p. 140.
*N.T.: No original, *foot-rule*. Uma régua que mede 12 polegadas.

uma data bastante tardia é indicado por uma história local do Castelo de Rising, em Norfolk. De acordo com a lenda, o Barão normando que ordenou sua construção assassinou o arquiteto e fez com que este fosse enterrado sob a fundação. Boatos locais dizem que poucos anos atrás o esqueleto de um homem foi encontrado no local.

Do mesmo modo, era costumeiro sacrificar vítimas humanas na Consagração ou Conclusão de um edifício. A Bíblia diz que Salomão consagrou o Templo com oferendas em *holocausto* de ovelhas e bois, mas as lendas rabínicas relatam que ele matou todos os operários envolvidos na construção para que não pudessem construir outro Templo que fosse usado para ídolos.[471] Como o próprio Salomão subsequentemente construiu vários santuários idólatras, é difícil aceitarmos essa explicação como genuína. O massacre completo também é improvável, mas a tradição aponta pelo menos um sacrifício humano, embora talvez ele não tenha sido ordenado oficialmente pelo rei. Pode ter sido feito pelos próprios operários. Mesmo hoje em dia há uma superstição de que se um homem é morto enquanto um edifício está sendo erigido, aquele edifício terá sorte.[472]

As várias lendas dos tempos medievais que relatam como um aprendiz fora morto pelo seu mestre porque era mais talentoso do que ele, talvez indiquem reminiscências desse costume. As lendas do Pilar do Aprendiz em Rosslyn, das duas Janelas Rosáceas em Rouen e da Janela do Transepto em Lincoln são tão conhecidas que só precisam ser mencionadas, mas todas tendem a mostrar que mesmo entre maçons medievais esse costume bárbaro não estava totalmente extinto, embora sem dúvida a Igreja tenha feito tudo que pôde, por meio de cerimônias de substituição, para livrar as pessoas desses antigos costumes selvagens. Com esses fatos em mente, voltemos para o serviço medieval de Consagração de uma Igreja, conforme autorizado pelos Ritos de Sarum e Romano.

Segundo a opinião de críticos competentes, o serviço medieval se baseia em grande parte no cerimonial judaico, particularmente

---

471. Dudley Wright. *Masonic Legends and Traditions*, p. 55.
*Jewish Encycl*. Ver o artigo "Freemasonry".
472. Grant Allen, em *Evolution of the Idea of God*, na página 98, fornece um exemplo dessa superstição que ocorreu no século XIX enquanto uma casa construída construída em Hindhead.

aquele usado por Salomão na dedicação do seu Templo, bem como na forma usada na rededicação por Judas Macabeu em 168 a.C.[473] O Rito mais famoso da Inglaterra era o de Sarum, e abaixo segue um sumário dos episódios mais importantes:[474]

O bispo veste seus paramentos fora da igreja e ninguém deve estar ali exceto um único diácono, que fecha e guarda a porta de dentro. O bispo faz a circunvolução no exterior da igreja, aspergindo as paredes com água benta e então *bate uma vez*. Novamente ele faz a circunvolução e ao voltar bate na porta uma *segunda* vez. O mesmo procedimento é repetido mais vezes, e na *terceira* batida ele é admitido, mas os leigos ainda permanecem excluídos. O bispo prossegue *sozinho* até o centro da Igreja onde ele fixa uma cruz, e então começa a ladainha. Nesse ponto a congregação entra.

Então ele faz uma Cruz de Santo André com cinzas e em seguida escreve o alfabeto grego em um braço, começando no canto Nordeste com a letra "Alfa" e terminando no canto Sudeste com a letra "Ômega". Em seguida, ele escrevia o alfabeto latino no outro braço da cruz, começando no canto Sudoeste e terminando no Noroeste.

Depois de fazer genuflexão no altar, ele abençoa a água misturada com sal, *cinzas* e vinho (simbolizando sangue) e a asperge nas paredes internas três vezes, indo no sentido Leste, Sul, Oeste, Norte. Então, ele asperge o centro da igreja no sentido longitudinal e latitudinal, isto é, faz uma cruz de braços iguais. Em seguida, faz a circunvolução da igreja no lado externo três vezes, aspergindo água nas paredes com essa mistura e, depois, entra novamente assumindo sua posição no centro, asperge água benta na direção dos quatro pontos cardinais e até o teto (centro).

Na sequência, ele unge com o óleo santo as 12 cruzes das paredes internas e externas, depois do que faz outra circunvolução na igreja, três vezes por dentro e três vezes fora, com o incensório. Em seguida, ele consagra o altar com água e óleo, lavando-o e incensando-o, para então ungir a *pedra* do altar com óleo. Finalmente ele celebra a missa.

---

473. Ver 1 Macabeus 4:36-57, e 2 Macabeus 10:1-8.
474. *Monumenta Ritualia ecclesiae Anglicanae*. Sec. ed. I., p. 195-239.

O Rito Sarum é praticamente idêntico ao Rito Romano, exceto que não há menção de "relíquias". Seu uso é romano, e embora fosse frequentemente seguido, era sempre mencionado como "Mos Romanus", mas, ainda assim, muito antigo mesmo na Inglaterra. Depois da consagração e da aspersão dos quatro pontos cardeais no centro, o bispo prepara cimento no altar e depois pega as relíquias e as deposita em uma cavidade no altar. As relíquias são cobertas cerimonialmente e a cobertura é incensada e ungida. Depois disso segue a consagração do altar pela lavagem, etc.[475]

Essa cerimônia remonta ao tempo de Santo Ambrósio e se trata quase que certamente da substituição de um sacrifício humano. Por um decreto do Concílio de Celchyth (Chelsea) em 816 d.C., cap. 2, caso não houvesse relíquias disponíveis, uma porção dos Elementos Consagrados da Missa deveria ser guardada. Na Igreja grega, a cerimônia da Consagração é muito similar àquela usada no Ocidente e inclui a clausura de "relíquias".

Nessa cerimônia vemos mais uma vez analogias próximas das cerimônias maçônicas. As três batidas, a porta guardada, as perambulações repetidas e assim por diante, são inconfundíveis, mas vamos nos concentrar no uso das cinzas. Elas são uma substituição das cinzas da vítima, que eram originalmente espalhadas sobre a terra para produzir fertilidade. Outrora, em uma era mais bárbara, essas cinzas teriam sido de um homem, depois foram usados animais e no período medieval não eram nada mais do que cinzas de madeira, e muito apropriadas, pois não era Tamuz um Deus das Árvores? A montagem de uma cruz pelo bispo nos lembra da maneira como o Cand. se aproxima do ped. no Terceiro Grau.

A Cruz da Consagração ainda é feita na cor vermelha, mas anteriormente era feita em sangue. Se meus leitores estudarem com atenção o caminho que Hiram Abiff atravessou antes de encontrar seu fim, descobrirão que uma cruz foi formada e marcada com seu próprio sangue, na cerimônia anterior representada pela cruz de braços iguais feita pelo bispo depois que ele gravou o alfabeto na Cruz de Santo André.

---

475. *Enclycl. Brit.* Artigo "Dedication". VII (11ª ed.), p. 918 sq.

Mas o ponto para o qual desejo direcionar a atenção dos meus leitores é o depósito de "relíquias", isto é, os ossos dos santos, em um buraco no altar. Claramente, essa era uma substituição cristã para o ato de matar um homem e enterrar ali os seus ossos. O fato de que se as relíquias não estivessem disponíveis, uma parte dos elementos consagrados seria enterrada, confirma essa visão. Para um cristão medieval eles constituíam o Corpo do Cristo, e Seu Corpo assim completava a cerimônia de consagração. Compare esse fato com a declaração de que Hiram foi enterrado o mais próximo possível do *Sanctum Sanctorum*.

A aspersão dos quatro pontos cardeais e do *centro* com água benta simplesmente substitui o costume de salpicar esses pontos com o sangue da vítima. Quanto à Cruz de Santo André feita de cinzas, temos aqui uma referência óbvia à trave horizontal, e a cerimônia lembra o Sexto Grau, ou o Grau de um Mestre avançado, ou Harod, entre os Maçons Operativos. Ali, no centro é colocada uma Cruz de Santo André, e nela um Candidato, que é medido com a linha de prumo no centro do edifício. Isto é, ele é fixado na cruz sob uma linha de prumo correspondendo ao *seu* centro. É carregado pela Loja na cruz, no caminho contrário ao do Sol, o antigo símbolo para a jornada dos mortos. Ou seja, do mesmo modo como eles têm uma Fundação, precisam ter um Sacrifício de Consagração representado de forma dramática. Essa Cruz de Santo André com as letras Alfa e Ômega foi traçada pelo bispo que consagrou a Catedral de Liverpool em julho último (1924), e muitos outros detalhes da velha cerimônia, como as três batidas e a marcação da Cruz de Consagração vermelha, também foram observados, mas claro que não havia "relíquias".

Além disso, a Igreja Medieval tem um drama ritual definitivo de morte que escapou à atenção da maioria dos escritores. Até mesmo a resposta atual "Aleluia" é omitida da Septuagésima para a Quinta-feira Santa, mas no período medieval há uma cerimônia oficial chamada "O enterro da Aleluia", que era considerada uma mulher. Os meninos do coro tinham que "carregar um torrão de terra, como se fosse um funeral, e seguir em procissão até o claustro, lamentando até chegar ao lugar onde ela (Aleluia) seria enterrada". Um manuscrito desse "Ofício" está dentro de um díptico com uma capa de marfim onde são exibidas Ceres e Cibele. Assim, é evidente que a Igreja substituiu pela mítica Aleluia alguma descendente de Perséfone, a donzela do milho.[476] Seria então surpreendente que, do mesmo modo, os maçons tenham substituído Tamuz por Hiram Abiff?

Tendo esses fatos em mente, considero que os operários fenícios, com ou sem o consentimento de Salomão, mataram o velho rei de Tiro, Abibaal, ou Hiram Abiff, como um Sacrifício de Consagração. Talvez o tenham feito secretamente por sua própria responsabilidade, e sendo depois punidos por isso, mas com certeza o motivo dado para o crime é totalmente inadequado. Se os segredos de um M. M. fossem conhecidos por apenas três pessoas, os traidores, assim que saíssem da Judeia, teriam fingido possuí-los, e ninguém saberia.

Se houvessem atacado o Arquiteto chefe e conseguido extrair dele esses segredos, ainda teriam de deixar a Judeia por medo da punição; por que arriscariam suas vidas para obter um segredo que era inútil, só porque não existia ninguém além desses três que poderia detectar a fraude de um homem que alegasse ser um M. M. quando na verdade não era?

Por outro lado, os seguidores fenícios e judaicos do antigo culto de Tamuz sem dúvida achavam que a Grande Deusa fora privada de seu devido pagamento quando Hiram Abiff não foi morto, "de acordo com o Costume Antigo", na coroação de seu filho, e estavam confiantes de que se ele não fosse sacrificado quando o Templo estivesse completo, o seu futuro e estabilidade estariam em risco. Contudo, é bastante possível que todos os três reis, incluindo Hiram Abiff, tenham percebido que o antigo rei, o homem-Deus, representando Tamuz, precisava ser morto, e combinaram que ele viveria até que o Templo estivesse pronto para que tivesse um fim peculiarmente glorioso.

A primazia entre esses Reis Divinos naturalmente passou para Adoniram, que era mais velho do que Salomão ou Hirão de Tiro e, além disso, reinava sobre o santuário em Afca. Desse modo, ele se tornou o sucessor de Hiram Abiff, mas mesmo assim não pôde escapar de um destino similar e foi morto no tempo do filho de Salomão.

---

476. J. L. Weston. *The Quest of the Holy Graal*, p. 101 sq.

Visualizemos a última cena. O trabalho estava praticamente pronto e Abibaal sabe que sua hora chegara. Então, ao meio-dia, segundo o antigo costume a hora em que o homem divino deve morrer, ele segue sozinho até o grande Templo cuja criação presidiu pelos últimos sete anos. Ali, solitário e sozinho, ele se ajoelha e reza ao seu Pai no Céu. Não sei se o chamava de Baal ou Moloque, mas nesta última vez ele O chamará como Seu filho, o Deus-homem Tamuz, pronto para entregar sua vida pelo povo, como prescrito pelo costume antigo. Do lado de fora os pátios estão repletos por uma grande assembleia de trabalhadores. Os mensageiros da morte entram silenciosos e solitários – e então chega o fim.

# Capítulo XIX

# A Fusão do Drama Anual com as Cerimônias de Iniciação

Entre os povos primitivos há uma nítida distinção entre seus grandes festivais de fertilidade, onde um representante do Espírito da Vegetação é morto, e os Ritos de Iniciação. Os primeiros são uma cerimônia mágica cujo objetivo é aumentar a fertilidade do solo, e todos, homens e mulheres, participam. Os ritos iniciáticos, por outro lado, são semissecretos e restritos a cada sexo. Neles, de modo geral, há bem poucas, ou nenhuma, referência a um herói, e são os candidatos, ou indivíduos simbolizando os candidatos, que representam o papel do homem morto, e não alguém representando um Deus ou herói.

Entretanto, a narrativa de Ezequiel deixa claro que na sua época havia cerimônias internas, das quais as mulheres e a maioria das pessoas eram excluídas, que ocorriam na cripta secreta, ao mesmo tempo em que, acima do solo, a multidão pranteava Tamuz. Também fica claro pelas palavras indignadas de Ezequiel que essas cerimônias secretas eram diretamente associadas a Tamuz, e aqui vemos o início do processo de fusão do drama anual com ritos de iniciação, um processo agora completo na Maçonaria Especulativa, mas incompleto no caso dos Operativos.

Os motivos para a matança anual do representante humano do Espírito da Vegetação deixaram isso bastante claro: por meio de uma "magia simpática", era esperado que a Alma Divina fosse transferida para um tabernáculo humano jovem e vigoroso.

O propósito original dos Ritos de Iniciação certamente era outro, uma questão de disputa entre estudiosos. Frazer considera que um dos principais motivos para a circuncisão, que sempre está associada a esses ritos, era criar um núcleo que facilitasse o renascimento da alma do iniciado quando ele morresse. Para fazer isso o iniciado colocava o prepúcio cortado no solo ou em uma árvore, de modo que quando ele morresse, sua alma iria até lá e esperaria a chance de entrar novamente em uma mulher.

A outra escola considera que a circuncisão pretendia preservar o membro ao sacrificar uma parte. Qualquer um desses pontos de vista poderia explicar o ato da circuncisão, mas nenhum deles dá conta das cerimônias elaboradas de morte e ressurreição que entre os povos primitivos costumavam acompanhar a operação cirúrgica. A explicação que sugiro não só faz isso, mas em certo sentido mostra que as duas escolas de pensamento estão corretas, embora os motivos sugeridos sejam secundários e derivados do motivo original.

Sustento que está claro que a Grande Mãe, mesmo na sua forma primitiva de um vago espírito da terra, era considerada similar à abelha rainha, precisando ser fertilizada continuamente e, quando isto acontecia, ela arrancava o membro viril do seu "amante". Ela queria todos os homens, e foi para salvar a maioria da tribo que esses intrincados ritos eram realizados. Em suma, desse modo eles enganavam a cobiçosa e concupiscente Deusa, roubando-lhe o que lhe era devido, oferecendo-lhe um substituto, uma parte que geralmente era enterrada no solo perto de algum ponto onde plantas comestíveis cresciam ou, às vezes, uma árvore com larvas comestíveis. Por meio desse sacrifício, a produtividade da Grande Mãe naquele local específico estaria garantida.

A Grande Deusa, porém, sabia que seu "amante" iria morrer e se ele de fato não morresse, ela descobriria a fraude. Assim, o iniciado precisava fingir morrer e renascer. Do mesmo modo como ocorria com um bebê, a Deusa não podia reivindicá-lo. Ele estaria seguro até alcançar a puberdade e se, obviamente, nunca alcançasse de novo a puberdade, permaneceria salvo até que a morte o tomasse. Somente então sua alma iria para o ponto onde plantara parte de si mesmo como um tipo de semente.

Contudo, se você tentasse enganar a Grande Mãe, teria de tomar todas as precauções possíveis para evitar ser descoberto, caso em que o seu destino, e até mesmo o destino de toda a tribo, seria terrível. Ela causaria fome no solo e esterilidade na tribo. Daí o grave segredo que cerca esses ritos e, em particular, a exclusão das mulheres. Elas são da mesma natureza que a Grande Mãe e assim poderiam ser tentadas a lhe revelar a fraude que estava sendo praticada.

Sugiro ser este o propósito original, embora já há muito tempo tenham sido acrescentadas razões secundárias. O sacrifício de uma parte não apenas preserva o todo, mas essa parte sacrificada ainda permanece em simpatia mágica com o homem. Se um inimigo pudesse controlá-la, ele poderia ferir o proprietário original por meio de cerimônias mágicas. Por outro lado, para a mente primitiva é óbvio que esse fragmento importante do corpo humano se torna um núcleo que habilita a alma desencarnada do seu proprietário a retornar à terra e se preparar para a reencarnação, colocando-o assim em uma posição vantajosa em comparação com as almas incircuncisas no mundo inferior, que não possuem um núcleo material no mundo superior. Além disso, em alguns casos parece que era aproveitada a oportunidade durante o rito de morte e ressurreição para depositar a alma do iniciado em algum objeto externo, para protegê-la da ira da Grande Mãe ou dos outros mortais.

Alguns desses ritos não eram simplesmente representações teatrais. O homem, sem dúvida, caía em um desfalecimento ou transe. O selvagem considera que em tais momentos a alma está fora do corpo e tenta, por meio de cerimônias mágicas, transferi-la para algum objeto, cuja natureza ele mantém secreta. Alguns desses objetos são árvores, animais, pedras e toda uma série de estranhos locais de esconderijo.

À medida que os homens evoluíam, naturalmente tendiam a identificar o candidato com o Deus da Vegetação, que a cada ano era morto para satisfazer a Grande Mãe. Tal processo era bastante natural, e naquele período o candidato representava o papel de Osíris, Dioniso ou Perséfone, dependendo do caso.

Desses rudes primórdios evoluíram os grandes ritos de mistério, incluindo a própria Maçonaria, na qual aos homens eram ensinados a doutrina da ressurreição da alma e da vida além do túmulo. O processo era lento e gradual, mas podemos ver claramente a sua evolução nos ritos judaicos que Ezequiel denunciou e na história de Jonas.

Esses ritos sempre estiveram associados a certos "sinais". Em uma data mais tardia estes se tornaram um método conveniente de provar que se era membro do grupo, principalmente quando os Mistérios haviam evoluído e nem todos os homens eram admitidos. Antes, faziam parte da antiga linguagem de sinais, necessária quando o vocabulário do homem era limitado, para depois se tornarem uma fórmula mágica sagrada representando certos desejos e orações, ou, se preferirem, mantras. Entre esses, o S. H. de um C. M. e o sinal de D. e P. são os mais difundidos e universais. Eles são encontrados quase sempre nos ritos primitivos e sempre tiveram o significado respectivo da preservação e um apelo desesperado ao céu por ajuda ou força para suportar a provação que aguarda o Candidato.

Todos esses ritos primitivos eram associados ao Culto de Fertilidade, tendo, no caso das mulheres, se desenvolvido em uma representação da morte e ressurreição da "donzela do milho", chamada pelos gregos de "Perséfone", assim como entre os homens predominava um espírito masculino da vegetação, Tamuz.

Havia, porém, uma série de ritos mistos, mesmo entre os povos primitivos, como por exemplo, a Sociedade Ndembo no Congo, e é provável que tenha sido de tais sociedades que evoluíram alguns dos antigos mistérios e os modernos Rosacruzes.

Entretanto, para nós os ritos mais interessantes são aqueles restritos aos homens, e devotaremos a maior parte do próximo capítulo a eles, lançando os olhos de modo passageiro sobre um ou dois exemplos.

# Capítulo XX

# Ritos de Iniciação de Morte e Ressurreição

Como já vimos, esses ritos primitivos podem ser divididos em dois grupos principais: a) enterro em um túmulo, frequentemente associado a uma árvore, e b) ser engolido por um monstro. O primeiro é uma forma mais simples do segundo, que com o tempo se desenvolveu em uma narrativa sobre o que acontecia com os homens depois da morte.

Entretanto, parece haver tipos intermediários de cerimônias, e até mesmo algumas que parecem ter evoluído para tão longe da forma primitiva que mal podem ser classificadas de modo exato. Mesmo assim, esses vários ritos são ligados com a ideia fundamental de uma representação dramática de morte e ressurreição, e na vasta maioria dos casos eles incluem a circuncisão.

Além disso, mesmo entre os primitivos aborígenes australianos encontramos "Graus avançados" correspondendo ao M. I. e ao R. A., e geralmente a cerimônia de morte e ressurreição, a própria base do sistema, só pode ser empreendida depois de uma série de cerimônias preliminares, que podem ser consideradas graus.

## Cerimônias Australianas

### O Vale Sagrado de Biame[477]

A apenas uma hora de viagem de Sidney encontram-se as ruínas do Templo de Biame, o Deus da Iniciação, e a principal divindade dos

---

[477]. Pelo trecho a seguir devo expressar minha grande dívida para com o Ir. D. D. Harris, o Secretário do Condado Walpeup, Ouyen, Victoria, que generosamente me enviou esses detalhes interessantes. Ele os obteve de um artigo em *Smith's Weekly*, por B. Adamson, a partir de informações fornecidas pelos Srs. R. Smith e W. Robertson.

Kamilarois. Ele foi visto por poucos, e aqueles que visitaram o local não revelarão sua posição exata até que tenham sido tomadas as medidas necessárias para protegê-lo e garantir sua preservação permanente.

As paredes do templo, por causa de seu estranho caráter, desapareceram há muito, mas o chão permanece intacto e inscrito com hieróglifos eloquentes para a ciência. Sendo um templo do povo mais primitivo da terra, é também primitivo, mas ainda assim um templo, e um local que gera espanto.

As ruínas estão ocultas em uma voçoroca rasa no norte da estrada de Pymble-Newport, e o ambiente é belíssimo. Dentro do vale nasce um pequeno riacho de uma pedra achatada, que forma uma discreta cascatinha, ocultando seu caráter pitoresco entre as folhagens. Na base dessa cascata há claros sinais de um desvio do seu curso para que pudesse fluir sobre a porção sul de uma imensa pedra, a superfície da qual é plana e ligeiramente inclinada. É vagamente circular, com cerca de 30 metros de diâmetro, e formada por um afloramento de arenito triássico.

Esse era o piso do templo.

Os ritos de Biame precisavam de água, como todas as cerimônias Bora. Para isso, três bacias cerimoniais, em fileira no terraço, foram esculpidas no chão sólido de arenito. Também existe outra bacia no ponto onde o riacho desviado entra no espaço do piso, mas está natural, pelo menos em parte. A partir de um pequeno canal esculpido se chega à mais alta das três bacias cerimoniais, todas as quais são buracos circulares de 30 ou 45 centímetros de diâmetro e cerca de 30 centímetros de profundidade.

Essas três bacias estão separadas por 1,80 metro de distância, e a segunda e a terceira são duplas, com a parte inferior de cada uma esculpida para formar dois ocos internos pequenos.

Por causa da superfície inclinada da pedra, as bacias têm um fluxo natural e contínuo de uma para outra, a água sendo fornecida pelo desvio do pequeno riacho. Cerca de 1,80 metro abaixo da bacia mais baixa, a água salta da borda do piso de pedra até uma lagoa de cerca de três metros de comprimento e extremamente límpida. Ligeiramente ao norte da fileira das bacias há o que presumivelmente seria a fonte sagrada, menor do que as outras e esculpida em perfeita simetria.

A cerimônia Bora precisa não somente de água, mas também de fogo. A fogueira aparentemente ficava em uma grande depressão perto do centro do piso do templo, cujas porções restantes estão gravadas com sinais místicos e tribais, alguns deles muito simples.

Todo o aspecto da localidade agora é de quietude. Mas durante centenas ou provavelmente milhares de anos, esse foi um local de mistério, de reverência, de sofrimento estoico, de atos bárbaros e, com grande frequência, de morte. Pois nesse primitivo templo ao ar livre, cujas paredes não existem mais porque eram paredes vivas feitas de homens, os jovens Kamilaroi eram iniciados nos segredos tribais, o menino sendo carregado até o centro do local sagrado por um ancião, que então o deixava ali para encarar o desconhecido. Enquanto estava ali, de repente se via aprisionado pelas paredes do templo. Essas paredes eram formadas por escudos de madeira com padrões grotescos dos homens iniciados da tribo, que depois de cercar secretamente o grande piso de rocha, erguiam-se em um salto com escudos voltados para dentro, para que permanecessem invisíveis.

De dentro dessa parede viva surgiam certas figuras pintadas de modo diabólico, e dentro daquele anel de homens ocultos, com o fogo central ardendo, feroz, o garoto era agarrado, jogado de um lado para outro, muitas vezes perigosamente perto das chamas e em certo momento compelido a saltar sobre a fogueira. Mas era só o começo da provação, e em um estágio posterior ele teria de se deitar por vários minutos sobre um tronco que cruzava as chamas, fazendo de tudo para evitar queimaduras graves, e geralmente falhando. Antes que passasse pelos três graus de Bora, um processo que se estendia por mais de um ano, um ano de segregação da sua tribo, havia outros testes. Ele era marcado com instrumentos de pedra no *lado esquerdo do peito* e do ombro, e passava por outros testes de resistência, incluindo o rito principal de circuncisão.

Caso o menino passasse pela cerimônia inteira, dela saía com orgulho, como um homem. Todavia, se em algum momento durante a iniciação ele emitisse o menor gemido de medo ou dor, ganhava o estigma da covardia, e ainda que se tornasse homem, seria incapaz de reproduzir sua própria covardia porque nunca se tornaria pai.

Se sua covardia fosse grande demais, se o terror ou a dor o fizessem gritar, então morreria como alguém indigno de viver.

Aqueles que passavam, além de serem reconhecidos como homens, eram capazes de ler o significado desses hieróglifos no chão do templo, gravações que incluíam um excelente desenho de um canguru (um wallaby) atravessado por uma lança, do escudo de um chefe, de círculos sagrados, de garotas dançando e, em um grau mais místico, do próprio Deus, Biame. Além disso, havia entalhes de *mundoe*, ou de pegadas fantasmas, e as pegadas de um *bunyip*. De início duas pegadas de *mundoe* são mostradas, mas só uma passa pelo *bunyip*, que aparentemente se vira e persegue o *mundoe* restante, mas não consegue pegá-lo antes que a pegada alcance a linha da bacia cerimonial.

Os ritos desse local estranho, com sua tortura, mutilação e triunfo, sua selvageria e morte, eram realizados com o acompanhamento de sons estranhos. Havia o urro do rombo,* a voz do filho de Biame, avisando as mulheres e as crianças para fugirem para longe do vale dos terríveis segredos.

O uso do banho cerimonial e a simulação do sacrifício do candidato pelo fogo são próximos ao que seria visto nos ritos sírios de Tamuz. O ferimento no lado esquerdo do peito nos lembra da simulação de um ato similar em outros ritos, por exemplo, quando uma pedra afiada é posta contra o peito do iniciado Dervixe. Na Sociedade Hung o candidato ainda é ferido de leve no lado esquerdo do peito e no ombro.

É fácil explicar o que acontecia na mutilação do menino, caso choramingasse. Se ele se comportasse assim, revelaria para a concupiscente Grande Mãe que ela estava sendo enganada, ou seja, para acalmar as suspeitas dela a operação inteira deveria ser completada para que ela não descobrisse a fraude no caso dos demais iniciados. A penalidade de morte para extrema covardia é apenas uma consequência lógica da penalidade menor, pois se ele realmente despertasse a Grande Mãe, esta presenciaria o seu o fim.

---

*N.T.: Instrumento musical composto por uma tábua ou osso amarrado a um barbante que é girado para emitir som.

Naquelas pegadas do fantasma temos o início dos ritos que mais tarde se desenvolveram em uma narrativa completa da suposta jornada da alma depois da morte. Consideremos agora mais detalhes desses estranhos ritos.

"Sabe-se bem que os jovens da tribo foram iniciados aos primeiros estágios do Bora quando se tornaram adultos, e o templo primitivo no Vale Sagrado de Biame era um dos lugares onde esses ritos eram realizados. As bacias cerimoniais e sinais de totens eram inconfundíveis. Mas isso não quer dizer que esse era o lugar onde todos os mistérios Bora, compostos de três graus, eram realizados.

Esses graus são conhecidos entre certas tribos como o *Bunda*, o *Banjoor* e o *Barrang*, sendo a divisão final, deste último, chamada de *Turroine*. Essa é a revelação final e mais secreta. Nenhum homem branco já testemunhou ou foi capaz de saber um sussurro que fosse a respeito dele. Sabe-se que a provação existiu, e ainda existe, e seria uma cerimônia tão avançada que apenas alguns membros da tribo poderiam suportá-la.

Na medida em que os sinais mais recentes podem ser lidos no presente, é provável que esse rito final fosse celebrado em um lugar distinto, uma capela mais sagrada, por assim dizer, do Templo de Biame, e uma descoberta recente revelou a capela sagrada do grau Barrang.

Está localizada a um quarto de milha de Boranore, perto de uma voçoroca que conduz até abismos e ravinas cobertas pela selva.

Do outro lado da ravina, em frente a Boranore, há um terraço com penhascos, cuja borda, em certo ponto, é um espaço grande e levemente inclinado de pedra, bastante plano. É nesse espaço do terraço que parece ter existido a capela do Barrang.

Toda a pedra achatada se encontra coberta com entalhes aborígines. Isso não é incomum, e há muitos entalhes nesse distrito. Mas essa também tem características que até agora não foram encontradas em nenhuma outra parte. Elas têm um significado curioso e duplo; primeiro na controversa teoria de que os aborígenes australianos eram adoradores do Sol, e segundo, o fato de que esse povo primitivo parece possuir algum conhecimento de certos aspectos da Maçonaria.

Quanto a esse último fato, muitas particularidades significativas vêm se acumulando.

Há registros que comprovam que os primeiros exploradores, ao encontrarem tribos que nunca haviam visto um homem branco, foram saudados por sinais, não simples, mas complexos, peculiares ao ofício. Essa foi a primeira particularidade.

Outra está inserida em um incidente testemunhado acidentalmente e em segredo há cerca de 50 anos. É de certo modo uma digressão em relação ao sagrado Vale de Biame, mas de grande relevância, tanto do ponto de vista do saber maçônico quanto da adoração solar.

"Do topo da colina sobre Scrubby Creek, perto de Rockhampton, o silêncio da tarde foi rompido por uma torrente de palavras, como uma maldição. Depois de desmontar e amarrar meu cavalo a uma árvore, subi até o topo da colina. Prostrados em duas fileiras, voltados para o sol poente, havia um bando de aborígines. Na linha frontal, na base da colina, estavam os velhos e jovens guerreiros. Na frente de cada um deles estavam suas armas e escudo. A vinte jardas de distância estavam as lubras* e crianças, seus corpos escuros brilhando ao sol enquanto permaneciam ali em um misterioso silêncio. A intervalos curtos um dos velhos guerreiros falava com intenso fervor, sua voz crescente, elevando o tom.

À medida que os últimos raios iam sumindo, cada um deles pegou uma lança e se levantou, com a lança apontada para o sol do crepúsculo. Como que por um impulso comum, as lubras e as crianças caminharam em silêncio rumo ao acampamento. Ao sinal de um velho guerreiro, os jovens ergueram suas armas e entraram no mato.

O clímax era dramático e impressionante. Baixando as lanças, os veteranos levantaram as mãos acima da cabeça três vezes e em absoluto silêncio inclinaram o corpo três vezes. Então pegaram suas armas e partiram em fila única.

Naquela noite, no mesmo lugar, um ritual Kaipara foi celebrado, ao qual apenas os velhos e jovens guerreiros estavam presentes.

---

*N.T.: Mulheres aborígenes.

A posição do terreno do Kaipara era perto da entrada do 'Parque Caithness' e um exame cuidadoso do lugar nos deu uma pista, já que duas árvores possuíam marcas sagradas."

Essa é a segunda particularidade. Uma terceira, de interesse para os membros da Fraternidade, foi revelada quando se descobriu o Boranore, no Vale Sagrado de Biame, com suas bacias cerimoniais alinhadas de Leste a Oeste, e o *mundoe*, ou pegadas de fantasma, indo para o Sul, sendo *sete* o número real dos passos do Boranore.

Portanto, há três tipos bastante diferentes de evidências apontando para uma mesma direção. Um quarto tipo pertence a certos aspectos da descoberta mais recente ocorrida no mesmo local. Essas são porções dos entalhes, os quais são numerosos e variados.

Entre os desenhos mais comuns estão o canguru, que é evidentemente o totem dos Kamilrois ou de uma parte dessa tribo, e também, assim como um desenho parecido na rocha de Bora do outro lado da ravina, há aqui duas linhas paralelas, o infalível sinal do totem, cruzando a base da cauda do canguru. Também há *wallabies*, lagartos, um *burrawa* ou peru do mato, um coração, uma *warratah* com caule longo, um belo pássaro-lira ou pelo menos sua cauda, além de vários outros animais de interesse geral.

Além dos caracteres ordinários há alguns outros de interesse especial. Um deles é um bumerangue com seu ápice apontado para o sul, e outro é um triângulo, também com seu ápice apontado para o Sul.

No centro da pedra há uma longa bacia oblonga. Como as três bacias cerimoniais na pedra Bora, sua direção é de Leste para Oeste. Podemos afirmar com segurança que essa escavação foi feita para comportar o corpo de um homem com uma altura média de 1,80 metro, e parece a representação de um túmulo ou tumba, feito para uma cerimônia religiosa séria.

Deve ser mencionado que túmulos de rocha semelhantes existem no Burdekin em North Queensland.

Outros entalhes notáveis estão no declive da rocha em frente à ravina, na direção do Boranore. Eles representam algum tipo de criatura curiosa e grotesca que parece ter algum parentesco, embora seja de um desenho mais complicado, com o entalhe do Biame, Deus dos Kamilrois, no Boranore. Um ponto importante de semelhança entre os dois está na cabeça, cada uma tendo vários raios (ou antenas) se projetando da parte superior.

O quinto item, e de certo modo o mais interessante, é uma representação inconfundível do sol nascente. É circular e bem formado, com 13 raios se estendendo em um semicírculo de um dos lados, de modo geral se voltando para o Oeste, como seria o caso de um nativo olhando para o Leste e vendo os raios do sol nascente. Pelo que sabemos, essa é a primeira vez que um Sol foi encontrado, embora existam muitos entalhes representando a Lua.

Essa área sagrada era obviamente destinada a alguma cerimônia diferente e sem dúvida mais avançada do que o Boranore do outro lado da ravina. As figuras mais detalhadas de Biame endossam essa conclusão e há todo motivo para acreditar que essa seria a capela sagrada para o grau Barrang, com sua última e mais sagrada revelação da provação Turroine.

A figura do sol nascente, que não ocorre em nenhum outro lugar, é uma indicação ainda mais definitiva de que essa era uma capela diferente, indicando que nesse raro sinal estava o último segredo. É possível que para os homens da tribo que não tenham conseguido alcançar o rito final do Barrang, a estranha figura com os raios ou antenas na cabeça seria para sempre o Deus misterioso, Biame. Mas os homens escolhidos, finalmente iniciados no mistério mais sagrado de todos, aprenderiam o significado desses raios e os contemplariam em sua magnificência, simplificando-os no desenho do sol nascente, para depois entender o grande derradeiro segredo, que o grande Deus Biame, afinal de contas, não era outro senão o todo-poderoso Sol.

Isso é possível e provável. Nesse caso, de qual antiga e distante adoração solar teriam os aborígenes australianos diretamente herdado a lembrança de sua religião? E uma vez que tantos sinais e cerimônias estão integrados nela, fazendo sentido para os estudantes do conhecimento maçônico, uma perspectiva estranha e atraente de suposições é aberta, sugerindo que os dois mistérios inteiramente remotos e dissociados brotaram, em parte, da mesma fonte primordial. É um fato significativo que a figura de Biame esteja ao Leste, a posição exata onde um V. M. se senta, representando o "Sol na Aurora".

Além disso, existe a curiosa lenda do herói chamado Yoonecara, que partiu para a terra do sol poente para visitar seu grande ancestral, Biame. Ele precisou atravessar três áreas perigosas onde houve tentativas de interromper seu progresso. Por fim, atravessou um grande pântano usando uma ponte feita de um tronco e chegou a um belo vale, onde encontrou Biame em sua caverna. Foi generosamente recebido pela filha de seu grande ancestral e ganhou uma refeição, depois da qual Biame conversou com ele e o mandou de volta, acrescentando que era, e deveria continuar sendo, o único homem que voltou vivo da terra de Biame.[478]

Parece que encontramos nessa lenda a origem do grau relacionado com o que acontece aos homens depois da morte, com uma curiosa analogia às principais características do rito sírio revelado por Luciano.

Um dos sinais usados por esses iniciantes de Alto Grau é o S. de Rev. do A. R. Além disso, há uma cerimônia especial de iniciação para a formação de um curandeiro. Como esses homens presidem como Mestres as cerimônias pelas quais os meninos passam, está claro que em certo sentido esse "grau" corresponde ao de um M. I. Antes disso, contudo, consideremos mais alguns exemplos dos Ritos de Morte e Ressurreição australianos, que nos permitirão obter uma imagem mental mais nítida dessas cerimônias.

## O Túmulo e a Árvore

A tribo Murring, da costa de New South Wales, realiza a seguinte cerimônia: primeiro o curandeiro remove um dente de cada iniciado, usando para esse propósito um *cinzel* e um *martelo*. Portanto, talvez o uso desses instrumentos em uma Loja Maçônica não fosse apenas porque originalmente essas eram ferramentas usadas por Maçons Operativos, mas, como a régua de 24 polegadas, porque tinham uma parte definida na cerimônia. Uma testemunha ocular descreveu esses ritos da seguinte maneira:

---

478. Para mais detalhes ver Ward, *The Hung Society*, vol. II.

Por volta das 11 horas da manhã, os homens iniciados preparavam o solo cavando um túmulo. Então, lâminas de casca de árvore eram batidas até formarem fibras, e isso era usado para fazer mantos para seis homens que eram totalmente envolvidos neles, do topo da cabeça até as solas dos pés, cobrindo-lhes até o rosto. Quatro deles eram amarrados a uma corda, que era presa na nuca, e cada homem levava dois pedaços de casca nas mãos. Os outros dois homens não estavam presos aos quatro anteriores, mas se arrastavam junto a eles, apoiados em bengalas como se fossem velhos encurvados.

Então, outro homem[479] deitava no túmulo em decúbito dorsal com as mãos cruzadas no peito, e era colocada verticalmente sobre ele uma pequena árvore. As raízes ficavam sobre seu corpo e a parte superior dela se elevava alguns metros acima do nível do topo do túmulo. Este último homem era então coberto com gravetos, folhas e plantas.

Com tudo pronto desse modo, os iniciados eram levados para a borda do túmulo e um homem que pertencia ao Totem "Águia" se sentava em um tronco de árvore na ponta do túmulo cantando um triste hino fúnebre. Lentamente surgiam do mato dois velhos curandeiros, seguidos pelos outros quatro. Eles vinham em busca do túmulo de um curandeiro "supostamente" morto, isto é, um Mestre. Agora era *meio-dia*, e à medida que a procissão chegava ao solo sagrado, irrompia em uma solene invocação a Daramulin, um misterioso espírito que deveria matar os iniciados, para depois trazê-los de volta à vida.

De repente, a árvore começava a balançar de um lado para outro. A procissão que chegara ao túmulo iniciava uma dança selvagem, e quando o frenesi alcançava o auge, o homem "morto" jogava a árvore fora e, irrompendo do túmulo, começava a dançar na própria tumba, ao mesmo tempo apontando para certos artigos mágicos que levava na boca, supostamente recebidos do grande Daramulin.[480]

A árvore, claro, deveria abrigar a alma do homem morto, sendo impressionantemente análoga ao "ramo" de acácia. O agrupamento

---

479. Formando assim *sete* no total. Uma Loja perfeita.
480. A. W. Howitt. *Native Tribes of South East Australia*, p. 554-59

dos homens na procissão é semelhante ao modo como os Candidatos dos Estados Unidos fazem a jornada ao redor da sala na cerimônia do A. R.

Ritos similares ocorrem entre a maioria das tribos australianas, senão entre todas elas. Assim, os Toonghi fingem que os jovens são mortos pelo espírito Thuremlin, que posteriormente lhes restaura a vida. Sua voz é simulada pelo uso do rombo.[481]

Esse espírito mítico é o mesmo que Daramulun, que parece ser o espírito do Trovão e da Chuva. Deve ser lembrado que Vishnu tem como emblema o triângulo da água, enquanto o Deus da chuva na Nova Guiné traça um sinal significativo.[482]

Entre os Ualaroi se diz que os iniciados são mortos por um fantasma que, no fim, lhes devolverá a vida.[483]

A tribo Arunta afirma que um espírito chamado Twanyirika[484] entra nos corpos dos meninos assim que são circuncidados, levando-os então até a floresta, para depois serem devolvidos à tribo quando a ferida estiver curada. Essa variação é importante; ela mostra que o menino deve morrer quando é circuncidado e depois renascer. Ora, se a Grande Mãe recebesse seus direitos totais, o menino seria como Átis, teria morrido e, como ele, acabaria renascendo.

Entre os Unmatjera, os não iniciados acreditam que os meninos são mortos por Twanyirika e por fim ressuscitados,[485] sendo essa crença compartilhada pelas tribos Urabunna, que chamam o espírito de Witurna. Quando olhamos para a Nova Guiné, descobrimos que as crenças em relação a esse ponto se aproximam cada vez mais daquelas existentes na ilha.[486] O espírito se transforma em um monstro que come ou engole o iniciado, para depois cuspi-lo de novo. As tribos com essa história são os Binbinga e os Anula.[487]

---

481. A. L. P. Cameron. "Notes on some Tribes of New South Wales". *Journal of the Anthropological Institute*, XIV. (1885), p. 357 sq.
482. Ver ilus. op., p. 332 em *Freemasonry and the Ancient Gods*.
483. A. W. Howitt, "On Australian Medicine Men". *Journal of the Anthropological Inst.* XVI. (1887)
484. B. Spencer e F. J. Gillen. *Native Tribes of Central Australia*, p. 246.
485. B. Spencer e F. J. Gillen. *Native Tribes of Central Australia*, p. 342 sq., 498.
486. *Ibid.*, p. 498.
487. *Ibid.*, p. 366 sq., 373 e 501.

Agora vamos refletir a respeito do "Grau da Cadeira" de um curandeiro. Esses homens declaram que são transportados pelos espíritos, mortos, estripados, quando novos intestinos espirituais são colocados dentro deles pelos fantasmas. O local costumeiro de iniciação para esse rito é uma caverna, e as vítimas voltam dali atordoadas, sem dúvida, por causa da severa mutilação que sofreram. Também há, provavelmente, certa dose de teatro na pretensa ignorância em relação à sua vida anterior, pois supostamente são "recém-nascidos". Mas eles têm de fingir que não reconhecem ninguém, nem mesmo suas esposas, até que sejam reapresentados a elas pelo curandeiro-chefe.

Entre os Arunta de Alice Springs, o candidato a curandeiro e o futuro Mestre da "Loja" adentram uma caverna que é habitada por espíritos e conduz aos reinos dos mortos. Esse lugar seria um verdadeiro paraíso terrestre, e nos lembra bastante do lugar onde mora Biame na lenda dos Yoonacara. O candidato se deita na entrada e cai em um sono profundo. Então, um dos seus espíritos ancestrais vai até ele e enfia-lhe uma lança "espiritual" na nuca e através da língua, de modo que a prende no céu da boca. Em seguida, transpassa a cabeça da vítima com a lança, entrando por uma orelha e saindo pela outra. Esse golpe "o matará", e o espírito carregará seu corpo para o Paraíso, para depois abrir sua barriga e substituir os antigos intestinos físicos por entranhas espirituais, restaurando o candidato à vida.[488]

Sem dúvida, os "espíritos" são representados por curandeiros disfarçados, e deve haver um instrumento afiado que atravessa a língua do candidato, pois um buraco na língua, grande o bastante para inserir o dedo mindinho, é o "emblema" de um curandeiro devidamente instalado. A ferida é uma provável representação do sacrifício de uma parte da língua para os espíritos, e é interessante notar que Hórus, que representa Osíris renascido, aparece fazendo um curioso sinal. Tenho duas imagens de bronze do Deus fazendo esse sinal, que consiste em colocar o dedo sobre os lábios como para implicar um segredo, e no outro caso em apontar com o polegar sob a ponta do

---

[488]. B. Spencer e F. J. Gillen, *Native Tribes of Central Australia*, p. 523.

queixo como a sugerir a penetração de um instrumento afiado pela língua para pregá-la ao céu da boca.

Com o tempo, tal sacrifício poderia se transformar em uma penalidade que seria imposta a qualquer iniciado que ousasse quebrar o juramento de se manter segredo, revelando o que acontece "além do túmulo". De modo semelhante, a lança atravessada de orelha a orelha explicaria o significado de um sinal relacionado às orelhas, enquanto um sinal peculiar encontrado em muitos ritos de iniciação mostra o candidato colocando a mão direita no ombro esquerdo ou deixando-a alinhada à orelha. Um bom exemplo disso ocorre no vaso mexicano encontrado em Chama.[489] Alguns desses ritos envolvem o sacrifício de um dedo ou da articulação do dedo, evidentemente uma substituição para não cortar a mão inteira, e assim meus leitores perceberão como são pesadas as tarifas cobradas dos iniciados na Austrália. Outra estranha cerimônia consiste em caminhar sob um arco de bumerangues, colocado sobre um pequeno monte feito de terra na forma de um homem, que parece esticado como na forma de uma Cruz de Santo André.[490]

Entre os nativos da Ilha de Melville[491] as seguintes particularidades são de grande interesse. Vários meninos e uma menina eram iniciados juntos. Os candidatos eram banhados pelos homens mais velhos primeiro, mais tarde os homens saíam em procissão ao redor do "solo", e enquanto o faziam, dispunham a mão esquerda de uma maneira peculiar, como se protegessem os olhos da luz (embora estivesse chovendo). No fim, os meninos e a menina eram empurrados para uma pequena cabana, onde um grupo de homens representava uma tribo hostil que atacava a cabana com muito vigor, fingindo matar os iniciados, incluindo a garota. Em seguida, havia um cabo de guerra com uma estaca, do qual os iniciados "mortos" participavam. Então, um dos iniciados era conduzido ao redor da fogueira. No dia seguinte, um grupo saía em busca dos iniciados agora desaparecidos, incluindo a garota, todos sendo encontrados sob uma pilha de

---

489. Ver Ward. *Freemasonry and the Ancient Gods*, p. 334.
490. Ver *Ibid.* op., p. 354.
491. B. Spencer. *Native tribes of the Northern Territory* (1914), p. 69-109.

arbustos aos pés de uma árvore. Os buscadores expressam grande surpresa em encontrá-los ali.

Os detalhes citados são particularmente interessantes. Temos o "batismo" cerimonial, como entre os essênios e os Maçons Operativos. Temos um sinal peculiar, o ataque dos candidatos por um bando de vilões, morte, a alma arrastada pelo mundo inferior como se estivesse amarrada, uma jornada a pé pelo "Mundo Inferior", isto é, ao redor do fogo, e a ressurreição dos iniciados mortos cuja presença é revelada "por intermédio" de um arbusto. A proximidade desse rito com o culto da vegetação é indicada pelo fato de que "inhames" desempenham um papel muito importante na cerimônia, o que devia resultar em uma produção maior dessa planta pelo solo. A iniciação da garota mostra que aqui temos um rito primitivo misto de morte e ressurreição, uma característica bastante incomum, mas que é difundida nessa área. Também deve ser notado que os iniciados são investidos com certos colares cerimoniais em vários pontos da cerimônia.

Portanto, esse rito não somente representa a morte do candidato, mas também o que acontece com ele no Mundo Inferior antes de sua ressurreição. Sem dúvida, em certo sentido, ele representa o espírito do inhame.

Na iniciação de um menino na tribo de Port Essington, há pelo menos dois Graus. No primeiro Grau o iniciado precisa usar um cinto especial, lembrando-nos do cinto usado nos Ritos dos Dervixes, e usa também um tipo de cabo por onde é puxado, com uma longa extremidade que pende por suas costas. Depois, alguns dos homens que participam dessa iniciação caem como se estivessem mortos, sendo então cobertos com arbustos, para, no fim, se levantarem de novo.

O segundo Grau é menos interessante para nós e pode ser ignorado.[492]

Entre os Kakadu existe nada menos do que cinco Graus, chamados: 1) Jamba, 2) Ober, 3) Jungoan, 4) Kulori, e 5) Muraian. Desse último apenas homens relativamente velhos podem participar.

1) Em JAMBA, os meninos são banhados cerimonialmente; depois sua cabeça é coberta: mais tarde eles terão permissão de ver a

---
492. Spencer, *Ibid.*, p. 116 sq.

luz. Em seguida, uma restrição a certos tipos de comida lhes é imposta e os meninos são enviados para o mato. Muitos meses depois, são trazidos de volta. O Mestre das cerimônias bate em um tronco oco chamado "Jamba", e a maioria dos homens escondidos sob pilhas de grama assovia. Os meninos, cujos olhos agora estão cobertos, não podem identificar o ruído. Recebem, enfim, a permissão para ver, mas são alertados de que aquilo que estão vendo é segredo. Em seguida, vem um tipo de "obrigação", segundo a qual os meninos são exortados a manter várias coisas em segredo, e em troca são informados de que agora terão certos privilégios. Depois, os homens enterrados se levantam e dançam ao redor do solo. No dia seguinte, os meninos são investidos com braceletes e cintos especiais.

2) OBER. Mensageiros portando uma vara especial saem e convocam membros dos campos vizinhos para a cerimônia. Esse Grau trata de lendas dos ancestrais, de uma dança da serpente e coisas parecidas.

3) JUNGOAN consiste em várias cerimônias com o propósito de garantir boa caça. Em uma delas, dois homens que fingem ser cangurus são golpeados na cabeça e mortos simbolicamente. Sem dúvida, nessa cerimônia temos a contraparte para matar o Deus da Vegetação, mas aqui aplicado a esse espírito da vida animal.

4) KULORI lida com os inhames, os quais são chamados de kulori pelos nativos. Os iniciados são colocados em decúbito dorsal e cobertos com fatias de inhame, para, em seguida, serem levantados do solo pelo braço, em cerimônia. Na sequência, são colocados em uma cabana especial feita de ramos, e devem permanecer nela pelo resto do dia. Enquanto ficam lá, canções sobre o inhame e outros alimentos são cantadas, mas elas são tão antigas que os próprios nativos não sabem o significado das palavras que entoam. Essa cerimônia é idêntica àquela celebrada pela tribo da Ilha de Melville,[493] mas, deteriorada, perdeu vários toques dramáticos interessantes, como o ataque ao iniciado. A cobertura com inhames e o levantamento dos meninos mostra que ali são representadas a morte e a ressurreição do espírito do inhame.

---

493. B. Spencer. *Native Tribes of Northern Australia*, p. 121 sq.

5) MURAIAN. Essa é a cerimônia final e a mais importante da série inteira, correspondendo em parte à cerimônia final dos Arunta, que é chamada Engwura, embora seus detalhes não se relacionem diretamente com nosso assunto.

Durante muitas dessas cerimônias, quando o menino iniciado está em isolamento no mato, ele não pode falar nem mesmo ao seu guardião, exceto por sinais.[494] Aqui encontramos a origem da linguagem de sinais, que ainda sobrevive de uma forma bastante elaborada entre os iniciados da Sociedade Hung na China.

Entre a tribo Worgait, depois que o menino é circuncidado, dizem-lhe que não deve mais deixar uma mulher ver seus órgãos genitais, e um tipo de bolsa ou laço é feito para o pênis, ficando presa ao seu cinto. Esse incidente mostra a origem do sentido moderno da modéstia. Não deve ser permitido às mulheres perceberem o ludíbrio usado contra a Grande Mãe, para que denunciem o fato. Também sugere a origem da entrega cerimonial de um avental aos iniciados em outros ritos. A pequena bolsa contendo o *penek*, dada ao iniciado Dervixe, encontra-se a meio-caminho ao longo da evolução daquelas duas outras "vestimentas". Por mais interessantes e importantes que sejam as cerimônias australianas, agora não podemos devotar mais espaço a elas, e passaremos para a Nova Guiné.

### Nova Guiné – Dentro do Monstro

Será instrutivo vislumbrarmos a ilustração colocada ao lado da página 114 do *Freemasonry and the Ancient Gods*, que mostra o cinto de dança e o rombo que são entregues a um homem que conquistou seu Terceiro Grau na Nova Guiné. O cinto de dança, que substitui o modesto laço do selvagem australiano, obviamente se aproxima de um avental cerimonial, enquanto a ênfase colocada no umbigo sugere a origem do ponto dentro do círculo, ao passo que entre os povos mais evoluídos ele se tornou o símbolo do Sol e, em última instância, do Ser Supremo. Sua associação com certo sinal na Maçonaria, então, se torna compreensível.

---

494. *Ibid.*, p. 168.

Entre as tribos da Nova Guiné que vivem perto do Golfo de Huon e da Baía de Finsch há uma dramatização em que os iniciados são engolidos por um monstro, sendo a ferida da circuncisão o resultado de um arranhão causado pela fera quando os cuspia fora. Nesses ritos ocorre o uso de flautas, cuja importância nos ritos de Tamuz já foi notada. Como anteriormente já forneci um bom número de detalhes dessas cerimônias, agora uma breve menção a respeito deve ser suficiente.

Entre os Kai, uma cabana especial é erigida na floresta, lembrando o monstro horrível chamado Ngosa (Avô), sendo necessário que os iniciados entrem pela boca dessa criatura, cujos dentes são representados por rombos erguidos pelos homens, enquanto outros homens no seu estômago simulam seu rugido girando rombos. Ao entrarem na cabana, os iniciados são circuncidados e somente quando a ferida estiver curada é que são simbolicamente vomitados. Mesmo nesse momento, terão de manter os olhos fechados por um tempo e fingir que não compreendem o que aconteceu até que os mais velhos falam com eles.

O monstro da terra que os engoliu lembra os afrescos medievais representando o Inferno, ou o Mundo Inferior, onde ele é exibido como um monstro engolindo seres humanos.

Quando um homem realmente morre entre os Kai, acredita-se que sua alma adentrou o Mundo Inferior, cuja entrada é certa caverna de fantasmas, a oeste do Sattelberg, onde ele é julgado por um rei do Mundo Inferior, Tulumeng.[495] Aqui também vemos uma relação direta entre os ritos de iniciação e as crenças sobre o que acontece com um homem depois da morte. Também é significativo que a maioria dessas tribos da Nova Guiné sacrifique homens na consagração de uma nova "casa do Clube".

No lugar de um monstro, entre os tugeri é um grande gigante que mata os iniciados, restaurando-os depois à vida, mas em todos os casos a ideia subjacente é que o menino é morto como um *menino* e é ressuscitado como um *homem*. Talvez algumas das lendas medievais do mestre matando seu aprendiz não sejam verdadeiros

---

495. Frazer. *Balder the Bautiful* II, p. 239 sq.

assassinatos, mas cerimônias similares por meio das quais o menino é feito Mestre Maçom.

## Fiji

Em Fiji, a cerimônia é mais dramática e realizada em um recinto sagrado, dedicado aos espíritos ancestrais, que era chamado de Nanga, o qual tem forma oblonga e é composto de paredes baixas de pedra, mas aberto ao céu. Aqui os inhames exercem um papel importante, indicando a ligação estrita entre esses ritos iniciáticos e o espírito da vegetação. Inhames eram regularmente colocados como oferendas nesses Nangas, assim como os prepúcios dos iniciados, cujo significado a essa altura deve ser claro para meus leitores. Eles eram os substitutos dados à Mãe Terra em lugar do membro inteiro. O Nanga sempre possuía um *Sanctum Sanctorum* interno e a iniciação ocorria no início do ano de Fiji, que era em outubro-novembro.[496] Como preparação, as cabeças dos candidatos eram raspadas e suas barbas depiladas. Por quatro dias sucessivos eles seguiam em procissão solene até o Templo, prestando oferendas aos espíritos ancestrais. No quinto dia encontravam no chão uma fileira de homens "mortos", cujos corpos haviam sido estripados, de modo que suas entranhas estavam expostas e o sangue estava em toda parte. Na outra extremidade se sentava um sumo sacerdote, e os candidatos tinham de se arrastar de quatro até ele, passando sobre os cadáveres sangrentos. Com isso feito, eles permaneciam em fila diante dele. Subitamente ele gritava uma ordem e os cadáveres se erguiam em um salto e corriam para o rio, onde se banhavam.

Então, o sumo sacerdote se levantava e começava uma dança cerimonial durante a qual dizia, repetidas vezes: "Onde está o povo do meu recinto? Eles se foram para Tonga Levu? Eles se foram para o mar profundo?"

Em resposta um canto solene era ouvido, de início muito distante, mas se aproximando cada vez mais, e os homens mortos, assim restaurados à vida, marchavam de volta do rio limpos e com grinal-

---

[496]. Rev. L. Fison. "The Nanga or Sandstone Enclosures of Wainimala, Fiji" – *Journal of the Anthropological Inst.* XIV. (1885), p. 20 sq. B. Thomson, *The Fijians* (Londres, 1908), p. 146 sq.

das de flores, cantando um hino sagrado. Eles se perfilavam diante dos candidatos, e então seguiam com a refeição sacramental. Quatro anciões do Grau mais elevado entravam. O primeiro trazia um inhame cozido envolto em folhas, para não tocá-lo com suas mãos. O segundo trazia carne de porco, protegida da mesma maneira. O terceiro trazia uma taça cheia d'água, envolta com pano indígena. O quarto carregava um guardanapo de material similar. Cada noviço comia um pedaço do inhame e da carne de porco, bebia um pouco d'água e tinha a boca limpa com o guardanapo. Essa cerimônia não lembraria a alguns dos meus leitores outra semelhante? Por fim, o sumo sacerdote confiava aos iniciados um segredo inviolável, ameaçando-os com a vingança dos Deuses caso eles falhassem em mantê-lo seguro. Meus leitores ficarão felizes em saber que os intestinos e o sangue eram de porcos e não de homens!

Em muitas outras ilhas do Pacífico há cerimônias de morte e ressurreição. Na Ilha Rook, os meninos são supostamente devorados por um demônio, Marsaba, e na Nova Bretanha há uma sociedade chamada Duk-Duk. O Mestre, ou Tubian, ataca o garoto com força na cabeça com uma bengala, algo que o mataria. Ora, o Tubian, embora seja na verdade um homem, representa o papel de uma mulher, e então mais uma vez vemos que é a Grande Mãe que destrói os iniciados. Contudo, o Tubian traz a vida para eles, que nascem de novo "dela".[497]

Em Halmahera, uma ilha da Nova Guiné, parece não haver cerimônia de morte, mas em seu lugar há uma de renascimento.

Parte da cerimônia consiste em untar completamente os meninos com água vermelha ao "terceiro cantar do galo", o que representaria o sangue derramado no nascimento. Os meninos então correm para a floresta e se escondem atrás das árvores. O Mestre da cerimônia segue logo depois e *bate três vezes* em cada árvore que os garotos

---

497. R. Parkinson. *Im Bismarck Archipel* (Leipzig, 1887), p. 129-134.
Rev. G. Brown. *Journal of the Royal Geog. Soc.*, XLVII (1887), p. 148 sq. id. R.S. IX. (1887), p. 17.
H. M. Romilly, ed. (1887), p. 11 sq.
W. Powell. *Wanderings in a Wild Country*, p. 60 sq.

usam para se esconder. Contudo, os meninos não voltam até a noite, quando se banham e então podem comer.[498]

A relação de três batidas com uma cerimônia de renascimento é, sem dúvida, interessante. Na Ilha de Páscoa foram encontrados certos hieróglifos que contêm figuras de homens fazendo os mesmos sinais que aparecem no cinto de dança da Nova Guiné, e também outro sinal curioso encontrado entre os Yaos e alhures, que significa Preservar.[499] As cerimônias de morte e ressurreição que levam até a iniciação na fabulosa Sociedade Kakian, em Ceram, são talvez as mais curiosas de todas.[500]

Essa é uma sociedade secreta regular e sua loja na selva cerrada é uma construção oblonga. Ela é construída de um modo que exclui toda luz. Os iniciados são vendados e cada um fica aos cuidados de dois homens. Quando todos estão reunidos, o Mestre convoca os demônios e imediatamente é ouvido um ruído horrível feito por trombetas. As mulheres e crianças pensam que são os gritos penetrantes de demônios, e nessa balbúrdia os membros e os oficiais da Sociedade entram seguidos pelos iniciados, um por um.

À medida que cada um desaparece da vista dos seus parentes, um som de corte é ouvido e um grito terrível rasga o ar. Então, uma espada ou lança, pingando com sangue, perfura o teto da casa, o que significa que o menino foi decapitado. Assim que o instrumento da morte aparece, as mulheres começam a chorar pelas crianças assassinadas, as quais, na verdade, naquele momento estão sendo lançadas em uma abertura que parece a boca de um crocodilo, ou às vezes com o bico de um casuar. Então, é dito que o demônio os engoliu. Eles esperam no barracão por nove dias, enquanto escutam quase o tempo todo o choque contínuo de espadas e o som de trombetas, em suma, uma representação muito dramática dos sons do Inferno. São tatuados com o sinal da cruz, algo que não foi trazido do Cristianismo.[501]

---

498. J. G. F. Reidel. *Guella und Tobolenesen, Zeitschift für Ethnologie*, XVII. (1885), p. 81 sq.
499. Ver *Freemasonry and the Ancient Gods*, de Ward, *Op.*, p. 112.
500. Frazer. *Balder the Beautiful*, vol. II., p. 248.
J. G. F. Reidel, *De sluik-en knoesharigi passen tusschin Selebes en* Papua (Hague, 1886), p. 107-111.
501. Na Escócia, Cs. Ts. maçônicos são igualmente tatuados no pulso. Vi mais de um com essa marca.

Usando uma trombeta para simular a voz de demônios, o Mestre alerta os iniciados de que eles jamais deverão revelar os segredos da sua iniciação, sob pena de morte. Em seguida, eles são instruídos nas tradições e no código moral da comunidade.

Enquanto isso, seus parentes em casa estão chorando e lamentando-se, mas depois de um dia ou dois, chegam mensageiros, exaustos e enlameados, vindos do Mundo Inferior, e anunciam que os demônios concordaram em restaurar a vida dos rapazes. Esses mensageiros são os mesmos homens que antes agiam como guias, e assim seus deveres correspondem exatamente aos dos Diáconos da Maçonaria.

No *décimo* dia os meninos saem novamente à luz da aurora, cada um portando um cajado, que é considerado uma prova de que passaram pelo Mundo Inferior, lembrando-nos assim do Caduceu de Mercúrio e das varas entregues no A. R. Os candidatos devem fingir que são como criancinhas e que nem mesmo sabem comer sozinhos.

## África

Passemos agora para a África, onde existem várias sociedades secretas e ritos de iniciação. Quando um menino é circuncidado na África Oriental Britânica, ele faz o mesmo sinal que consta no cinto da Nova Guiné.[502] Entre os Bondeis, uma tribo que vive em Tanganica, ao lado de Pemba, o menino é figurativamente morto com uma espada e as entranhas de um pássaro são colocadas no seu estômago para que ele pareça estripado.[503] Meus leitores aqui se recordarão do modo como o infeliz escravo nas Filipinas era sacrificado para garantir uma boa colheita. Os Akikuyu da África Oriental Britânica fazem com que os meninos passem por uma dramatização de um renascimento de suas próprias mães.[504] Quando voltarmos à África Central, veremos um grande número de exemplos interessantes.

Os Bushongo, que habitam o Congo Belga, têm uma cerimônia mais interessante. O chefe supremo, cujo título era Deus na terra

---
502. Ver a ilustração *Op.*, p. 106, *Freemasonry and the Ancient Gods*.
503. Rev. G. Dales. "An Account of the Principal Customs and Habits of the Natives inhabiting the Border Country". *Journal of the Anthrop. Inst.*, XXV (1896), p. 189.
504. Frazer. *Balder the Beautiful*, II, p. 262.

(Chembe Kunji),[505] enviava os meninos que haviam alcançado a puberdade à selva para serem iniciados em túneis. Durante várias noites, nas horas da madrugada, os homens iniciados marchavam ao redor do acampamento onde eles estavam, girando rombos, cujo ruído os meninos pensavam que era o rugido de fantasmas. Depois de um mês o primeiro "ponto" ocorria. Os homens cavavam uma trincheira de três metros de profundidade e a cobriam com galhos e terra, formando assim um túnel de comprimento considerável. Em fendas, quatro nichos eram cortados nas paredes desse túnel onde homens devidamente disfarçados ficavam a postos.

O primeiro vestia uma pele de leopardo, o segundo os trajes de um guerreiro com faca na mão, o terceiro representava um ferreiro, com um forno e ferros em brasa, e o último usava uma máscara de macaco e segurava uma faca. Esses seres ameaçavam e apavoravam os candidatos enquanto percorriam o túnel escuro e saíam do outro lado.

Até agora vimos que os meninos eram levados para a selva e ouviam o sussurro de fantasmas. Isso significa que os não iniciados pensavam que aqueles haviam sido levados e mortos por fantasmas. O túnel claramente representa a jornada pelo Mundo Inferior, ou Hades e a passagem pelos seus quatro portais, devidamente guardados. Esse recurso aparece em muitos outros ritos civilizados, como aqueles que caíam na zombaria de Luciano, e até na O. R. E., embora talvez alguns membros dela não percebam isso.

O segundo ponto é um tanto similar. Um túnel baixo, de apenas 90 centímetros de profundidade, é cavado e varetas são enfiadas nele que se projetam através do teto, e no final há uma tigela cheia de sangue de bode. O Mestre diz aos candidatos que devem se arrastar de quatro pelo túnel. Lembrando do que aconteceu no primeiro túnel, eles naturalmente relutam em fazê-lo, e o próprio Mestre se oferece para ir primeiro para lhes mostrar o caminho.

Ele se arrasta ao longo do túnel e seu avanço pode ser seguido pelos candidatos pela maneira como as partes superiores das varetas balançam. Quando chega ao fim, ele esfrega o sangue por todo o corpo, mas os candidatos não podem ver isso, e assim, quando ele se

---

505. E. Torday e T. A. Joyce. *Les bushongo* (Bruxelas, 1910), p. 53.

arrasta para fora coberto de sangue e com o rosto para baixo, aparentemente morto, eles acham que realmente morreu por causa dos efeitos da travessia. Além disso, os homens iniciados declaram que o Mestre está de fato morto e solenemente o carregam para longe. Então os meninos são mais uma vez mandados a se arrastar pelo túnel, mas, apavorados, imploram para serem liberados, e depois de algum tumulto se combina a liberação deles mediante o pagamento de uma compensação composta de um punhado de búzios.

O terceiro ponto ocorre um mês depois, mas embora seja muito dramático, trata-se na verdade de um teste de coragem e não um "Rito de Ressurreição".[506]

Nosso maior interesse, porém, é pelas sociedades secretas. Os Poro de Serra Leoa costumavam levar homens para serem iniciados na selva. Diziam que haviam renascido de um demônio, enquanto o tocar de flautas formava um elemento importante nas cerimônias. Os candidatos faziam um voto solene e terrível de não divulgar os segredos da Sociedade e aprender uma linguagem secreta. Qualquer um que tentasse espionar a Loja seria morto. Mulheres não eram admitidas. Os iniciados depois usavam um cinto de samambaias trançadas.[507]

Os Soosoos da Senegâmbia têm uma sociedade do mesmo tipo, que os nativos efetivamente comparam com a Maçonaria. Ela é chamada Semo, tem terríveis juramentos e uma linguagem secreta. O iniciado supostamente tem sua garganta cortada e permanece morto por algum tempo, mas no devido momento é reanimado e admitido a participar plenamente dos segredos da Ordem.[508]

No Baixo Congo não só há ritos de puberdade como também várias sociedades secretas, duas das quais de grande importância. Essas só admitem adultos, e enquanto uma, Nkimba, é restrita a homens, a outra, Ndembo, é uma sociedade mista e pode ser considerada o tipo primitivo do qual tais ritos como os de Ísis e Elêusis evoluíram.

---

506. E. Torday e T. A. Joyce. *Les bushongo* (Bruxelas, 1910), p. 82sq.
507. John Matthews. *Voyage to the River Sierra Leone* (Londres, 1791), p. 82.
T. J. Alldridge. *The Sherbro and its Hinterland* (Londres, 1901), p. 124 sq.
508. Thos. Winterbottom. *An Account of the Native Africans in the Neighbourhood of Sierra Leone* (Londres, 1803), p. 137.

A Guilda Nkimba parece ter um lugar definitivo como uma forma primitiva da Guilda Comercial, pois os membros são especificamente instruídos que devem ajudar um companheiro de profissão em qualquer dificuldade. As informações mais exatas sobre as cerimônias deles são bem escassas, mas aqueles que desejarem ser membros devem girar e girar no mercado, até caírem tontos, do mesmo modo como é feito pelos dervixes dançarinos. Então, eles são considerados mortos e levados para a selva por membros da Guilda, aparentemente para serem enterrados. Na verdade, eles são levados para a casa da Loja e ali iniciados. Aprendem uma linguagem secreta e depois recebem uma roupa especial, e costumam ser caiados com argila branca. Às vezes, em vez de girar, uma droga é usada para causar a tontura.[509]

A Loja Ndembo[510] era aberta em ocasiões especiais, como por exemplo, durante uma epidemia, e o objetivo de entrar nela era obter um novo corpo livre de doenças ou do risco de uma infecção. Mulheres estéreis entravam para obter um novo corpo que permitiria que gerassem crianças.

Ndembo significa "salvo da influência do mal ou da feitiçaria" e outro nome usado para a sociedade é Nsi A Fwa, que significa "a aldeia dos mortos".

Os candidatos giravam até caírem tontos e eram levados pelos membros Ndembo presentes a uma casa na selva, onde deviam permanecer mortos por seis meses. No fim desse período era dito que haviam apodrecido, exceto por um osso, que era mostrado de modo pomposo para quaisquer parentes que perguntassem a respeito. Então, eles eram trazidos de volta à vida em um novo corpo, e, devolvidos a seus parentes, comportavam-se como bebês crescidos, que não sabiam de nada e agiam de modo irracional. Eles tinham uma "linguagem de bebê" própria e precisavam reaprender tudo. Havia três oficiais principais em Ndembo e eles abriam a Loja com uma oração bastante elaborada ou a invocação dos espíritos.

---

509. Dr. Bentley, *Pioneering in the Congo*, vol. I., p. 282 sq.
510. J. H. Weeks. *Among the Primitive Bakonga*, p. 172 sq.

## Os Três Principais Oficiais em uma Loja Ndembo

Havia cinco categorias e três Graus em uma Loja Ndembo:
1) O Mestre.
2) Os Oficiais.
3) Os membros mais velhos, iniciados em uma reunião anterior.
4) Iniciados que vieram voluntariamente.
5) Iniciados que foram convocados.

Os três Graus são representados pelos números 3, 4 e 5, mas os Oficiais e o Mestre também constituem, de acordo com o senhor C. L. Claridge,[511] dois Graus distintos.

Deve ser lembrado que uma Loja Ndembo ficava aberta para evitar alguma epidemia ou qualquer outro desastre que atingisse toda a comunidade, e caso não houvesse voluntários suficientes, os membros antigos (Grau 3) não hesitariam em convocar candidatos adicionais, batendo-lhes na cabeça e levando-os inconscientes até a Loja. Além do Mestre, havia dois oficiais particularmente importantes que, com o Mestre, parecem se aproximar da posição mantida pelos três Principais em um Capítulo do A. R., em vez do V. M., do 1º Vig. e do 2º Vig. em uma Loja Simbólica. Esse fato é indicado pela oração recitada por aqueles três antes de tentarem abrir a Loja.

Esta oração é para o feitiço Nkita, os Demônios da Destruição, os quais distorcem e pervertem as coisas e que são considerados responsáveis por pragas, etc.

Ela começa assim: "Ó, mistérios viventes, Nkita da Destruição, conchas[512] que nunca voltam suas faces para cima. Ó sacerdote, onde está a cura? Eu estava em dificuldade, agarrando todos os estrangeiros.[513] Ó Nlaza, não me mutiles. Sou teu filho com a liberdade da família[514]... Eu, inocente sem nada a confessar. Uma vez que tu irias me destruir, destrói teu próprio animalzinho... Eu sou o criador da Loja

---

511. C. Cyril Claridge. *Wild Bush Tribes of Tropical Africa.*
512. Os espíritos malignos, Nkta (uma palavra plural), supostamente vivem em conchas, e a menos que as bocas dessas conchas possam ser encontradas, é impossível destruir os espíritos ou expulsá-los de seus covis.
513. Isto é, convoque estrangeiros e obrigue-os a entrar na sociedade secreta, porque Nkita não vai prejudicar aqueles que forem seus membros, e assim a praga será detida.
514. Os principais lembram os Nkita que eles são irmãos de sangue e que assim não podem ignorar seus apelos ou prejudicá-los.

(Masamba), Ó Ndembo, teu Ndundu, o lutador. Eu sou Mvemba de Ndundu, aquele que dá à luz monstros.

Tu és Mfuma (o oco nas árvores), onde os porcos morrem, onde as cabras morrem como oferendas de paz, onde o porco é o guardador dos segredos (pecados), onde as aves são tão abundantes como suas penas (isto é, como oferendas). Ó Nkumbo e Ngazi! Ó Lubonga lua ngazi! Ainda que tua cadeira te tornes pequena como se estivesses morta, sentaremos nela cem vezes com bênçãos. Eu não dormirei faminto confiando em Mvemba e Nlaza. Aqui eu concluo. Que Nkita seja exaltado. É Imvemba..."[515]

Mais adiante em seu livro, o senhor Claridge aponta a notável semelhança que existe entre as antigas crenças da Babilônia e as dos nativos do Congo, e nessa oração há mais do que uma semelhança superficial nas frases com certos trechos da versão babilônica da lenda do Dilúvio. O senhor Claridge diz que cada um dos três repete essa oração de joelhos, com suas mãos atrás das costas; ele simplifica e explica o propósito disso da seguinte maneira:[516]

"Os três mencionados sofreram ou estão sofrendo algum infortúnio, necessitando da Ndembo aberta para benefício deles. Eles são culpados perante os Nkta (espíritos). Para remover essa culpa e o infortúnio, apelam aos Nkita. A primeira coisa a fazer é matar um bode – uma oferenda de paz, o expiador da culpa – Nkombo a Maboko. Depois disso têm o direito de alegar sua inocência. Eles imploram aos Nkita que contenham sua raiva. Já sofreram. Não é o bastante? É a vontade dos Nkita destruí-los de vez? Mvemba e Nlaza são ricos, poderosos, de bênçãos abundantes. Por que não compelir todos que estão do lado de fora a entrar e confiar em uma união tão poderosa, sobre a qual repousam uma centena de bênçãos?"

Devemos observar que todas as orações e oferendas feitas pelos nativos do Congo são direcionadas aos poderes do mal ou às fadas e espíritos elementais que presidem os elementos, florestas, etc., e às vezes, aparentemente, aos espíritos dos mortos – nunca a Deus. Contudo, eles acreditam que existe um Deus, o Criador, bom e generoso,

---

515. C. Cyril Claridge. *Wild Bush Tribes of Tropical Africa*, p. 284.
516. *Ibid.*, p. 285.

amoroso e justo, mas como Ele nunca lhes causará mal, não se dão ao trabalho de adorá-Lo.

Antes de deixar a África, parece desejável fornecer um sumário de um dos ritos mais importantes da iniciação de um menino na maturidade, que expressa claramente uma morte e uma ressurreição simbólicas. Assim, vamos concluir esta seção com um relato dos ritos Yao, jamais publicado em qualquer outro lugar.

## Os Ritos Yao

O Wa Yao, uma tribo Banto que habita uma grande área ao leste do Lago Nyasa, ainda observa todos os anos suas antigas cerimônias de iniciação (*unyago*). Esses ritos foram estudados pelo Major Sanderson, Oficial Médico de Saúde para Zomba, Niassalândia, que não apenas foi aceito pelos nativos como um iniciado, mas também admitido na Ordem zelosamente guardada dos *Amichila* ou "Mestres de Cerimônia".

Graças a seu interesse antropológico, o Major Sanderson pretende publicar uma monografia sobre esses ritos, mas ele generosamente me forneceu as seguintes notas, permitindo o uso de algumas de suas ilustrações como uma prova adicional à argumentação de que nossos Ritos maçônicos descendem das cerimônias iniciáticas dos nossos ancestrais primitivos.

Ele escreve:

"É impossível descrever de modo apropriado mesmo uma parte das cerimônias em poucas palavras, já que são extremamente elaboradas e ocupam um período de cerca de dois meses. Em ternos maçônicos, os ritos observados no último dia são do maior interesse.

Quando todos os meninos estão curados (depois da circuncisão), o Amichila (Mestre das Cerimônias) e seus assistentes prepararam uma série de desenhos (inyago); estes eram traçados no chão com uma farinha especial, depois de terem sido cuidadosamente modelados na terra. Eles variam em número e, até certo ponto, em personalidade, de acordo com o número de iniciados, com a quantidade de material fornecido e conforme a habilidade e preferência do M. C. Entretanto, alguns nunca são omitidos, variando apenas no tamanho da decoração dos arredores, e destes os esboços anexados aqui são modelos: eles foram desenhados com esmero e em escala, mas como a reprodução talvez seja alterada, devo mencionar que o *Namungumi*, por exemplo, tinha dez metros de comprimento.

As imagens se estendem formando uma linha, de Leste a Oeste. A primeira imagem, ou a mais Ocidental, será sempre *Namungumi* e a última sempre o monte *Ching'undang'unda*, ficando o assento do M. C. no Leste. A primeira representa um animal aquático com uma calda de peixe e decorada com mamas, que lembra muito a TA-URT egípcia; de cada lado há uma figura humana com braços levantados, simulando determinado sinal. Às vezes, perto dessa imagem, mas ocasionalmente no lado leste da linha, aparecem o *Crocodilo e a Lua*: a situação dessa imagem é sempre comentada de acordo com o caso – que 'nesse ano a Lua nasceu em Namungumi' ou 'em Ching'unda'. O Crocodilo e a Lua são sempre desenhados juntos e a concavidade do crescente é sempre voltada para a cabeça do crocodilo, que nos lembra a antiga concepção egípcia de um crocodilo abaixo do horizonte, gradualmente comendo a Lua Minguante. Isso não deve ser uma coincidência, e pode indicar uma origem comum.

Perto do monstro da água (ou 'mãe') há um buraco cavado na forma humana onde jaz um homem coberto com um pano, que responde perguntas ou canta. Às vezes, isso é substituído por uma câmara subterrânea oculta onde vários homens se escondem com um propósito similar. Em ambos os casos a imagem (ou localidade) é chamada de *Chiuta*, que não é uma palavra Yao, mas ocorre em idiomas vizinhos como um nome de Deus, especialmente como manifestado pelo arco-íris. Essa figura também tem braços levantados. Como chamou minha atenção, perguntei se as figuras são sempre desenhadas assim; a resposta foi: 'é claro, porque é um homem. Uma mulher teria os braços para os lados'.

Essa é outra imagem que representa os elementos masculino e feminino na natureza, tendo sido provavelmente construída como um meio mágico de conferir fertilidade para os iniciados (compare com a recorrência constante da palavra 'força' na Maçonaria, em relação especial com o emblema fálico de um pilar).

O *Ching'undang'unda* é, sem dúvida, a réplica da montanha sagrada tão comum na religião primitiva; o mastro em seu cume é notável porque evidentemente representa uma árvore. Deve ser mencionado que os Wa Yao têm uma tradição de que surgiram de uma montanha cônica chamada Yao, e a semelhança entre essa palavra e o nome do Deus fenício Iau, que era, acredito eu, um Deus da montanha, abre espaço para uma fascinante especulação.

Ao redor desse monte há um banco de cerca de 30 centímetros de altura, com o assento do M. C. no seu lado ocidental, indicado por um alongamento especial do desenho. Aqui ele marca cada iniciado na testa com farinha sagrada. Em solenidade, os iniciados percorrem o morro, geralmente por sete dias, no sentido contrário do Sol, como fazem os árabes.

Logo que iniciados passam de Oeste a Leste, alcançando a colina, diante deles há uma fogueira colocada entre dois mastros, pela qual deverão atravessar – uma óbvia cerimônia purificadora.

Nesse dia, ao longo de todas as cerimônias os meninos estarão cobertos da cabeça aos pés com mantos feitos de casca de árvore que os torna irreconhecíveis.

Como conclusão gostaria de mencionar que no primeiro dia, o ponto central da cerimônia é o solene rito de plantar a *lupanda*, de cuja preparação apropriada depende o sucesso de todo o *unyagoi* – nele, o M. C. faz um determinado sinal com um braço, enquanto a outra mão é colocada sobre o solo aos pés do monte *lupanda*."[517]

A narrativa acima foi reproduzida palavra por palavra, devendo eu agradecer ao Major Sanderson por fornecer essas informações antes da publicação desta obra; nem todos os antropólogos seriam tão gentis. Quando a monografia do Major Sanderson for publicada, será digna de estudo cuidadoso, pois contém muitos detalhes adicionais.

1) Verificamos que o Sn. S. de um C. M. e o sinal de D. e P. existem na África e mostramos que eles estão nos hieróglifos da Ilha da Páscoa, e que também podem ser encontrados na América Central. Do mesmo modo, os dervixes usam o mesmo par de sinais. Vemos, portanto, que esse par pode ser encontrado em todo o mundo. Isso é muito significativo.

---

517. Quanto àquele mastro no cume da colina artificial, caso ele caia durante qualquer parte da cerimônia, acredita-se que os iniciados morrerão.

2) As "pranchas de traçar" são mais importantes. Por assim dizer, se pegarmos as quatro essenciais e aquela da colina, obteremos um resumo dos nossos três Graus do Simbolismo e da jornada pelo Mundo Inferior.

Portanto, em certa medida, a prancha de traçar que representa a *Vesica Piscis* e o falo correspondem ao primeiro Grau ou o Grau do nascimento.

A Mãe Água é muito semelhante ao Preservador, que é o Deus da Água e, portanto, da Vida. Provavelmente, o Crocodilo e a Lua também estão relacionados ao Grau da Vida, enquanto o túmulo pode ter apenas um significado original, ou seja, que o Deus morreu, mas vive e nos responde, e por isso podemos esperar sobreviver à morte. A importância do apelo feito à Mãe Água pelas figuras menores, que parecem estar cortadas ao meio, e o sinal feito pelo "túmulo" não serão ignorados pelos meus leitores.

3) A Jornada ao redor da Montanha Sagrada, no sentido inverso ao do Sol, nos lembra da O. R. E. e do fato que os "Manes" vão no sentido O. S. L. N., além de mostrarem que os iniciados estão supostamente mortos e que ascendem, aos poucos, do "plano terreno" rumo ao céu e à abóbada dos Deuses.

4) A purificação pelo fogo e as duas Colunas serão de interesse não apenas a todos os maçons, mas interessarão ainda mais a todos os Rosacruzes. Isso também nos traz à mente várias cerimônias com o fogo, em particular aquelas entre os aborígenes australianos.

5) O mastro no cume do monte nos recorda o uso da "Árvore" no Monte Calvário, e a árvore dos ritos de Átis.

Por conseguinte, vemos que nesses ritos primitivos de Niassalândia encontramos um epítome de todos os Mistérios e da nossa própria Maçonaria, na qual incluo, de modo específico, alguns dos "Graus Superiores".

6) Quanto à declaração do Major Sanderson de que as figuras na "Prancha de Traçar da Mãe Água" e do "Túmulo" eram homens porque os braços estavam voltados para cima, enquanto que se fossem mulheres estariam voltados para os lados, gostaria de observar que na África Oriental Britânica, quando um menino vai ser circuncidado,

seus braços são segurados na posição representada nas imagens dos Yao. Contudo, o que é importante nesse ponto é que as mulheres se deitam sobre as costas com os braços voltados para o lado. Daí o significado da resposta de Wa Yao – "se fosse uma mulher, os braços estariam voltados para os lados" –, embora provavelmente não compreendam mais o motivo real disto.

### América do Norte

Entre os índios Vermelhos ainda há vários vestígios de ritos de morte e ressurreição, sendo que em dias de outrora eles eram ainda mais difundidos do que hoje.[518] Além disso, é sabido que eles têm um idioma de sinais completo por meio do qual as tribos que não conhecem os idiomas das outras podem, mesmo assim, conversar. Adicionalmente, possuem certos sinais secretos e "sagrados" conectados a seus ritos de iniciação que seriam logo reconhecidos por um maçom. Entre eles estão a Garra do Leão garra e cinco pontos, dois sinais da Rosa-Cruz, um sinal do M. E.* e outros.

Entre os Dacotas a cerimônia é a seguinte: durante quatro dias o candidato recebe um banho de vapor e depois é levado ao ponto escolhido, ficando ali de pé enquanto atrás dele estará um homem mais velho. O curandeiro ou Mestre se aproxima dele segurando uma bolsa de remédios na mão e aponta "para um ponto pintado no peito do candidato, no qual o *towan* (influência mágica) é descarregado." Depois disso, o homem que estava atrás empurra o candidato e ele cai "morto", sendo coberto com mantas. Os presentes dançam ao redor do cadáver cantando, o Mestre remove o cobertor e, então, "mastiga um pedaço de osso do Onktehi e o cospe sobre o candidato, e este começa a mostrar sinais de voltar à vida". Por fim, a vítima cospe uma pequena concha que é guardada com cuidado em uma bolsa e, em seguida, ele é restaurado à vida e reconhecido como um membro da Sociedade dos Curandeiros.[519]

---

518. Frazer, *Balder the Bautiful*, vol. II. p. 268.
H. R. Schoolcraft. *Indian Tribes of the United States*, III, 287 e V. 430.
*N.T.: Um dos Graus Crípticos.
519. G. H. Pond. *Dakota Superstitions*, collections of the Minnesota Historical Society for the year, 1867 (St. Paul, 1867), p. 35 sq.

Ritos similares ocorrem entre os índios Niska da Colúmbia Britânica, e quando um homem está sendo iniciado em certa sociedade secreta, a Olala, os membros fingem matá-lo com suas facas. Entretanto, na verdade eles cortam a cabeça de um boneco enquanto o homem sai dali em silêncio. Depois, o boneco sem cabeça é queimado de maneira solene, enquanto as mulheres choram pelo homem "morto". Por um ano o iniciado permanece oculto na floresta, e no final desse período ele volta à vila montado em um animal artificial.[520]

Entre os índios Toukaway do Texas, o iniciado é enterrado em um "túmulo" e desenterrado e devolvido à vida por um grupo de homens disfarçados de lobos.[521]

A mais interessante de todas essas cerimônias, no entanto, é a dos índios Carrier, quando iniciam um homem no totem "Darding Knife". Uma lança é disposta de tal modo que caso sua ponta de aço seja pressionada, no lugar de permanecer firme ela deslizará para dentro do fuste. O candidato enchia previamente a boca com sangue, e um membro pressionava a lança contra o peito nu dele, parecendo perfurar seu corpo. Assim, ele caía no chão como morto e da sua boca escorria sangue, fazendo com que parecesse que fora realmente trespassado.

Em seguida, um dos membros começava a entoar um hino mágico, cuja influência reanimaria lentamente o "homem morto".[522]

Tendo em vista esses ritos, meus leitores devem se lembrar de que no século XVI os mexicanos ainda sacrificavam homens como representantes dos Deuses. Entre eles havia um que representava Quetzalcoatl, o Deus que usava espigas de milho no cabelo, aquele que mais corresponde ao Preservador em outras terras. Muitas lendas curiosas são contadas sobre esse Deus, que de acordo com uma narrativa, foi morto por três dos outros Deuses. Ele também lutou contra um terrível gigante que o feriu no pé junto a uma queda d'água. Em *Freemasonry and the Ancient Gods*, há uma ilustração representando-o no momento em que estava ferido, usando milho

---

520. Franz Boaz em *Tenth Report of the North-western Tribes of Canada*, p. 49 sq., 58 sq.
521. H. R. Schoolcraft, "Indian Tribes of the United States". (Filadélfia, 1853-56). V. 683.
522. A. G. Morice. *Notes, Archaeological, industrial and sociological, on the Western Denes*, Transactions of the Canadian Institute IV (1892-3), p. 203 sq.

no cabelo e fazendo o Sinal da Preservação.[523] Depois de morto, ele se ergueu e novamente ascendeu até o céu, onde reina na brilhante estrela da manhã, Vênus, cuja chegada anuncia a aurora. Ele também fez o Sinal do Desespero, que é frequentemente associado ao Deus Moribundo.[524] É significativo, portanto, que todo ano um homem seja escolhido 40 dias antes da data do festival para representar esse Deus, passando a trajar sua gala, que incluía um cetro na forma de uma foice. Primeiro ele se banhava em um lago e depois se vestia com os trajes reais e divinos. No fim dos 40 dias, seu coração era arrancado do peito para depois ser devorado pelos adoradores.[525]

Quando nos voltamos para a América do Norte, encontramos vestígios definitivos de sacrifícios semelhantes, mas talvez seja das lendas que obteremos o mais nítido indício de seus significados originais. A maioria dos meus leitores conhece o grande poema de Longfellow, "Hiawatha". Embora o poeta tenha elaborado a história e incorporado nela lendas totalmente distintas, a estrutura é antiga e genuína, derivando basicamente de duas obras de H. R. Schoolcraft (1793-1864), *The Algic Researches* e *History of the Indian Tribes*.

Nesse épico, Hiawatha é um herói que ajuda os peles-vermelhas a dominar as forças da natureza, ensinando-lhes o plantio do milho. Para adquirir esse segredo, ele lutou quatro vezes com Mondamin, o Espírito do Milho, até matá-lo e enterrá-lo. No devido tempo, do túmulo emergiu um broto verde que cresceu até se tornar milho. Nessa história não há indicação que Hiawatha seja um "vilão", mais que isso: por ter subjugado o Espírito do Milho, ele é aquele que propicia bênçãos sobre seu povo. Além do mais, embora não exerçam papel nenhum na morte de Mondamin, é digno de nota que Hiawatha tenha dois amigos íntimos e que em uma de suas aventuras ele tenha sido engolido com sua canoa por um grande peixe, e sobrevivido a isso. Na sua derradeira luta com Pau-Puk-Keewis, assim como Taliesin, ele migra de um corpo para outro. Por fim, Hiawatha parte no seu barco rumo ao Oeste, navegando até o crepúsculo, como Baldur: –

---

523. Ward. *Freemasonry and the Ancient Gods, Op.*, p. 110.
524. Ver *Ibid.*, p. 110.
525. J. de Acosta. *The Natural and Moral History of the Indies* (Hakluyt Society, Londres, 1880), vol. II., p. 384-386.

Com fatos como esses diante de nós, podemos ter alguma dúvida de que entre os Índios Vermelhos os ritos de ressurreição eram intimamente misturados com a morte do Deus da Vegetação ou Fertilidade?

### Entre os Povos Civilizados

Por intermédio das narrativas de Apuleio sabemos que nos ritos de Ísis o candidato passava por algo semelhante à morte.[526]

Pelos Mistérios Órficos, sabemos que a morte e ressurreição de Dioniso era representada de modo dramático pelos cretenses,[527] enquanto que nos Mistérios de Elêusis havia o drama de Ceres buscando sua filha perdida, mas essa é outra forma de rito de Morte e Ressurreição.

Nos Ritos Mitraicos temos evidências exatas de que a dramatização de matar um homem[528] formava o tema central das cerimônias, ao passo que, é claro, o aspecto central do culto de Átis era uma representação dramática da morte e da ressurreição de Átis, que ocorriam na Hilaria, a respeito dos quais já nos referimos aqui.[529]

Desse modo, vemos que os ritos de iniciação de morte e ressurreição são difundidos pelo mundo todo e que, seja qual for a sua origem, à medida que os homens se desenvolviam, a oportunidade oferecida por esses ritos aos indivíduos mais espiritualizados era grande demais para ser perdida. Assim, com o tempo eles foram aprimorados em um meio de ensinar a certa e segura esperança da Ressurreição, propiciando uma oportunidade para inculcar ensinamentos morais mais elevados.

Em minha opinião, o fato mais estranho que emerge do estudo das crenças religiosas primitivas é que a religião específica da época raramente proclama um código moral mais elevado do que aquele seguido por seus adoradores. Até pelo contrário, ela tende a perpetuar costumes bárbaros que são repulsivos aos conceitos mais elevados de certo e errado, os quais vêm evoluindo. Desse modo, depois de ter executado uma série de sacrifícios humanos repulsivos, culminando

---

526. Apuleio. *Metamorphosis*.
527. Firmicus Maternus. *De Errore*, p. 84.
528. Franz Cumon. *Textes et Monuments figures relatifs aux mysteres de Mithra* (Bruxelas, 1896) e *Commodus*. 9.
529. S. R. Farnell. *Cults of the Greek States* (1906) III. 299 sq.

em um festim canibal, os sacerdotes do Antigo México pregavam um sermão solene inculcando um código moral mais elevado. Eles estabeleciam que seu rebanho devia ser gentil e caridoso, levar uma vida humilde e tranquila, abominar o mal e se apegar ao bem e, por fim, prevenia-os da condenação dos perversos no além, enquanto pintavam com idealismo as alegrias do Paraíso.[530]

Onde foi que o sacerdote mexicano aprendeu tais lições de moral? Certamente não da cerimônia abominável da qual acabara de participar. Isso não mostra que o Supremo Mestre de todos envia mensagens de luz até para seus filhos mais primitivos, levando-os assim de estágio em estágio ao Verdadeiro Conhecimento?

---

530. Frazer. *The Scapegoat*, 299.

# Capítulo XXI

# Cerimônias de Renascimento

Vimos que os Reis Divinos eram mortos regularmente e suas almas transferidas para o corpo de um sucessor. A maneira como essa transferência era realizada é de particular interesse para os maçons e, portanto, acrescentarei exemplos coletados de vários países, sobre os quais poucos comentários serão necessários.

Entre os Nias, uma tribo que habita as Índias Orientais, o filho de um chefe moribundo deve sugar o último aleento do seu pai.[531] Entre os índios da Flórida, caso uma mulher morra dando à luz uma criança, esta é mantida sobre o rosto dela para capturar sua alma.[532] Mesmo os romanos possuíam uma prática similar, pois quando um amigo estava morrendo eles capturavam seu último aleento com a boca,[533] e uma prática parecida existia em Lancashire em um período tão tardio quanto 1882.[534] Como devemos a Lancashire a sobrevivência de muitos interessantes Graus maçônicos, esse último fato se torna notável, pois é através de um processo semelhante ao modo pelo qual um Cand. é r. em nosso 3º Grau.

Em Uganda, um sacerdote precisava beber no crânio de um rei morto, e esse ato transferia para ele a alma real. Acreditava-se que, a partir de então, de tempos em tempos, o rei morto falaria por meio desse sacerdote o qual ele havia adentrado.[535] Esse costume nos lembra de

---

531. Frazer. *The Dying God*, 3ª ed., p. 199.
532. D. G. Brinton. *Myths of the New World* (Nova York, 1876), p. 270.
533. Sérvio em *Virgil Aen*. IV. P. 685.
534. Q. Harland e T. T. Wilkinson, "Lancashire Folklore". (1882), p. 7 sq.
535. Frazer. *Ibid*. p. 201, citando o Rev. J. Roscoe.

um costume anterior pertencente à Ordem maçônica dos Cavaleiros Templários, em que o Candidato bebia em uma caveira.

O povo Hausa da Nigéria do Norte tem muitos costumes reminiscentes da Maçonaria, entre os quais o uso da Garra do Leão e dos c. p. d. f. No reino Hausa de Daura, o antigo rei era executado assim que sua saúde decaía, e seu sucessor tinha que passar cerimoniosamente sobre seu cadáver.[536] Ora, em certa Loja Provincial um costume semelhante permanece em certo Grau Simbólico. É uma forma bastante difundida de encorajar a alma a renascer. Assim, os índios Huron consideram que uma criança que morre deve ter oportunidade de renascer o mais cedo possível, de modo que não enterram crianças jovens do mesmo modo que os adultos, preferindo colocá-las em um buraco perto de um caminho, para que o espírito possa entrar novamente no útero de uma mulher que por acaso passe por ali.[537]

A mesma ideia é encontrada entre as tribos do Baixo Congo, que enterram um corpo de uma criança pequena junto à cabana de sua mãe, esperando que sua alma logo entre novamente no útero dela e renasça, visto acreditarem que "a única coisa nova de uma criança é seu corpo. O espírito é velho e já pertenceu a alguma pessoa falecida ou poderia ser o espírito de uma pessoa viva." Nesse último caso a pessoa viva logo morreria, já que perdera a alma.[538]

No Norte do Congo, um oficial belga certa vez encontrou uma mulher de Bengala cavando um buraco na estrada. Ele estava inclinado a detê-la, até que seu marido explicou o motivo. A mulher queria reanimar o corpo do seu primogênito para que sua alma pudesse entrar nela e ela voltasse a ser mãe. Finalmente, ela descobriu o esqueleto, *levantou-o nos braços e o abraçou*, pedindo humildemente à criança morta que reentrasse nela. Alegro-me em dizer que o oficial sequer sorriu diante desse pequeno drama.[539]

---

536. Frazer. *Totemism and Exogamy*. II. 608.
537. *Relations des Jesuits*. (1936), p. 130, reimpresso de Quebec, 1858.
538. Rev. John H. Weeks. *Notes on some Custons of the Lower Congo People*. Folklore. XIX (1908), p. 422.
539. Th. Masui. *Guide de la Section de l'Etat Indépendant du Congo à l'Exposition de Bruxelles – Tervueren em 1897* (Bruxelas, 1897), p. 113. Sq.

Em Uganda, os Bagishu enterram bem perto dos beirais o corpo de qualquer um que deseje renascer na sua casa.[540] No norte da Índia, os bebês são enterrados sob o limiar das cabanas, para que possam renascer nas suas antigas mães,[541] e o mesmo costume é encontrado em muitas outras áreas da Índia. Em todos os casos isso é feito para facilitar um renascimento rápido.

Além disso, enquanto os hindus queimam os adultos que morrem, eles têm como regra enterrar os bebês, pois como os pequeninos tiveram uma vida tão curta na Terra, eles acham que deveriam ter uma chance de retornar o mais rápido possível.[542]

Há casos registrados na Índia de uma mulher estéril assassinando um menino para que sua alma entrasse nela. Para garantir que isso de fato acontecesse, a mulher geralmente se banhava sobre o corpo da criança, ou no seu sangue.[543]

Assim, vemos que a ideia de matar um rei-sacerdote para que sua alma possa entrar em outro corpo humano, talvez no do seu próprio assassino, está em conformidade com ideias primitivas de reencarnação e renascimento.

Contudo, temos registros de uma cerimônia extraordinariamente interessante que costumava ser realizada pela tribo indígena dos Attinoidarons quando desejavam transferir a alma de um guerreiro morto, de mérito notável, para um homem vivo, permitindo assim que a tribo mantivesse seus serviços. Algum tempo depois da morte do herói, eles escolhiam o melhor homem da tribo e, então, "com todos de pé, exceto aquele que seria ressuscitado, a quem deram o nome do falecido, e com todos abaixando muito as mãos, eles fingiam levantá-lo da terra, para indicar que estavam erguendo o grande personagem do túmulo e restaurando-o à vida na pessoa do outro, que depois se levantava e, após grande aclamação do povo, recebia os presentes oferecidos pelos outros". A partir de então, esse

---

540. J. B. Purvis. *Through Uganda to Mount Elgon* (Londres, 1909).
541. W. Crooke. *Natives of Northern India* (Londres, 1907), p. 202.
542. Frazer. *Adonis, Attis, Osiris*. 3ª ed., I., p. 94 sq.
543. W. Crooke. *Natives of Northern India*, p. 202.
*Census of India* (1901), vol. xvii. *Punjab*, parte I., p. 213 sq.

homem perde seu nome antigo e ganha o nome do herói morto. Uma cerimônia parecida também ocorre entre os Hurons.[544]

Mas o verdadeiro motivo do nosso problema se oculta no humilde rebento de acácia. Vimos que entre os judeus um ramo era usado para transferir a alma de Tamuz morto ao seu sucessor. Os povos primitivos sustentavam que depois do enterro a alma de um homem morto transmigrava para uma planta, que geralmente crescia no túmulo ou perto dele, e então a alma esperava nessa planta por uma oportunidade conveniente de voltar à vida mortal, adentrando o útero de uma mulher na forma de um minúsculo embrião. Essa crença é difundida na Austrália e na Nova Guiné, mas não está de modo algum confinada a esses povos primitivos. Também os Baganda acreditam que as almas dos mortos entram nas árvores, particularmente na bananeira, de modo que se a flor roxa da bananeira cair na cabeça de uma mulher solteira, ela acreditará que, apesar do seu estado civil, dará à luz uma criança.[545] Muitos outros povos pensam que uma mulher pode engravidar se comer uma fruta onde um espírito está alojado. Por exemplo, entre os eslavos do Sul, uma mulher estéril irá até o túmulo de uma mulher que morreu grávida e implorará para receber o que ela trazia no ventre. Então, comerá um pouco da grama daquele túmulo.[546]

Não obstante, a doutrina da transmigração das almas para plantas também era bem difundida entre povos muito mais civilizados. Entre os gregos ela era particularmente forte, e como esse povo adotou o culto modificado de Adônis, alguns exemplos de suas lendas podem ser interessantes.

Em um infeliz acidente, Apolo matou seu amigo Jacinto e como não conseguiu reanimá-lo, transformou-o na flor que tem o mesmo nome dele. Outro amigo seu acidentalmente matou um dos veados de Apolo, e esse sacrifício o perturbou tanto que ele definhou e morreu, fazendo com que Apolo o transformasse em um cipreste.[547]

---

544. J. F. Lafitau, "Moeurs des savages ameriquains" (Paris, 1724), II. 434.
545. Rev. J. Roscoe. *The Baganda* (1911), p. 126 sq.
546. F. S. Kraussn. *Sitte und Branuch de Sud-Slaven* (Viena, 1885), p. 531.
547. E. M. Berens. *Myths and legends of Ancient Greece and Rome*, p. 73.

Apolo amava a donzela Dafne, que sempre fugia dele, e quando Apolo estava prestes a capturá-la, ela implorou aos Deuses por auxílio, e foi transformada eu um loureiro.[548]

Hélio, o Sol, de início amava Clítia, deixando-a depois por Leucoteia, a quem seu pai, Oncamus, rei das terras orientais, enterrou viva como punição. Hélio, depois de tentar ressuscitá-la, salpicou seu túmulo com néctar e imediatamente brotou ali um arbusto de incenso. Clítia, incapaz de recuperar o amor de Hélio, jogou-se no chão de costas e se recusou a se mover. Por nove dias ela virava seu rosto para o Sol enquanto ele passava pelo céu, esperando que Hélio voltasse atrás, até que no décimo dia seus membros se tornaram raízes e ela foi transformada em um girassol.[549]

Nessa história, devemos notar que o rei que matou Leucoteia era rei das terras orientais e precisamos nos lembrar do local onde Hiram encontrou seu destino.

Muitos outros exemplos poderiam ser dados, mas em vez disso vamos concluir este capítulo com uma narrativa do que aconteceu com Eneias. Ele desembarcou na Trácia e estava prestes a fundar uma cidade quando tentou arrancar "um broto de folhas verdes" e o ramo quebrado verteu sangue. Ele arrancou um segundo broto da terra, que também sangrou. Uma terceira vez ele puxou outro ramo, e então uma voz gritou do solo e disse que era o espírito de Polidoro, assassinado, que estava falando. Esse homem fora morto pelo rei da Trácia e secretamente enterrado naquele local.[550]

A semelhança entre essa lenda e aquela associada ao rebento de acácia foi notada por vários escritores maçônicos, alguns dos quais chegaram a dizer que a lenda maçônica deve ter sido copiada diretamente dessa história. Todavia, não há nada que justifique esse pressuposto. O que esses escritores não entendem é que o homem primitivo, como já vimos, tinha o hábito de pensar que as almas dos mortos transmigravam para as árvores ou plantas que cresciam de

---

548. *Ibid.*, p. 74.
549. *Ibid.*, p. 63-64
550. Virgílio. *Aen.*, III. 1. 119.

seus túmulos. Então, se um homem fosse assassinado, seria surpreendente que seu fantasma denunciasse o fato a partir de uma árvore?

Mesmo na Inglaterra uma crença semelhante outrora existiu, e é demonstrada claramente na seguinte canção folclórica, ensinada hoje em dia como um jogo para crianças na escola.

### O Velho Roger Está Morto[551]

O velho Roger morreu e jaz na sua cova,
Jaz na sua cova, jaz na sua cova,
O velho Roger morreu e jaz na sua cova,

Hei! Hai! Jaz na sua cova.
Plantaram uma macieira na sua cabeça,
Na sua cabeça, na sua cabeça,
Plantaram uma macieira na sua cabeça,
Hei! Hai! Na sua cabeça.

As maçãs cresceram e caíram da árvore,
Caíram da árvore, caíram da árvore,
As maçãs cresceram e caíram da árvore.
Hei! Hai! Caíram da árvore.
Veio uma velha e colheu as maçãs,
Colheu as maçãs, colheu as maçãs.
Veio uma velha e colheu as maçãs,

Hei! Hai! Colheu as maçãs.
O Velho Roger se ergueu e bateu na velha,
Bateu na velha, bateu na velha.
O Velho Roger se ergueu e bateu na velha,
Hei! Hai! Bateu na velha.

Aí a velha fez lipeti-lopi,
Lipeti-lopi, lipeti-lopi.
Aí a velha fez lipeti-lopi,
Hei! Hai! Lipeti-lopi.

A alma do velho passara para a macieira e foi colocada em seu fruto, as maçãs; mas por que ele pulou da cova e bateu na velha? É óbvio: como era velha, não poderia gerar uma criança e, assim, ao

---

551. Mrs. F. Kirk, *Old English Games and Physical Exercises*.

levar as maçãs que portavam sua alma embrionária, ela roubava dele a oportunidade de renascimento. Caso fosse uma jovem capaz de ter filhos, duvido que ele a afastasse do túmulo.

No trecho sobre Taliesin entrando na bruxa vemos o mesmo princípio. Quando ela engoliu o grão estava engolindo a alma dele e, desse modo, engravidou. Como foi mostrado antes, a esposa perversa na história egípcia dos dois irmãos engravidou quando uma lasca da acácia entrou em sua boca, sendo o filho que ela pariu o irmão mais novo, cuja alma temporariamente descansara na acácia e por meio desse acidente conseguiu renascer.

Na história de Osíris, Ísis cortou o tamarisco e recuperou o corpo de Osíris e, em última instância, restaurou ao corpo a alma do Deus, que retornara para a árvore.

No caso de Tamuz, e depois de Hiram, a alma divina do homem morto fora transferida a seu sucessor ao se colher o ramo ou ao cheirá-lo, sendo o fator essencial nos dois casos o contato físico com a árvore para onde a alma migrara. Provavelmente, na lenda hirâmica original a acácia colhida teria falado e revelado a tragédia, assim como o arbusto fez com Virgílio, mas os revisores do século XVIII devem ter pensado que isso era "demasiadamente implausível" e assim ofereceram a explicação "prática" que temos agora. Desse modo, a ideia original foi obscurecida, pois colher a acácia não resultaria na descoberta do crime, embora permitisse a transferência da alma do Deus morto para um novo corpo humano.

Pelo que foi dito anteriormente fica claro que a doutrina da reencarnação não é, como muitos supõem, propriedade dos hindus e budistas. Pelo contrário, ela é universalmente aceita por todos os povos primitivos e era defendida pela maioria das nações do período clássico. Entre os aborígenes australianos é uma das poucas crenças da qual têm plena certeza, e chegam a identificar pessoas vivas como reencarnações de membros mortos da tribo. Essa identificação não se restringe à sua própria raça; pelo contrário, muitos homens brancos sofreram grande constrangimento ao serem "reconhecidos" como o parente morto de algum humilde nativo australiano.

O finado *sir* George Grey conta uma história comovente da sua própria identificação, por uma anciã aborígene muito suja, que alegou que ele era seu filho. A velha se aproximou manquitolando do grupo de exploradores, gritando "Sim, sim, na verdade é ele", envolveu-o com seus braços e soluçou de alegria por ter redescoberto o filho há muito falecido. Então, ela o beijou nas bochechas e lhe apresentou seus irmãos e irmã. Por fim, chegou um velho, o marido da mulher, que se considerou o pai de *sir* George. O que aconteceu em seguida merece ser contado nas palavras do próprio *sir* George.

"Meus irmãos e meu pai vieram e me abraçaram da sua maneira – isto é, lançaram seus braços ao redor da minha cintura, colocaram seu joelho direito contra meu joelho direito, e seu peito contra meu peito, e me seguraram assim por vários minutos." Ele concluiu dizendo: "Tenho plena convicção de que ela realmente acreditava que eu era seu filho, cujo primeiro pensamento ao voltar para a terra fora rever sua velha mãe".[552]

Podemos sorrir da velha aborígene, se quisermos, mas podemos definitivamente afirmar que ela estava errada? De onde viemos e para onde vamos ainda é um mistério, então é melhor copiar a atitude generosa de *sir* George e não fazer nada para ferir os sentimentos dos outros em relação a esse problema, mesmo que não concordemos com ele.

---

552. George Grey. *Journals of two Expeditions of Discovery in North West and Western Australia* (Londres, 1841), I. P. 301-303.

# Capítulo XXII

# A Permanência dos Antigos Símbolos de Adônis

É realmente incrível descobrir como os antigos símbolos de Adônis tenham permanecido na Maçonaria Especulativa moderna. Não seria difícil explicar a presença de um ou dois deles, mas quando encontramos um vasto número de símbolos e incidentes que sabemos fazer parte do culto de Adônis, e que ainda hoje são venerados por algumas pessoas, poucos de nós poderiam duvidar que nos chegaram a partir da fonte original.

Por exemplo, vejamos a Águia de duas cabeças de Kadosh. Sabemos que esse emblema está esculpido em Boghaz-Keui, que leva duas Deusas no dorso, as quais são parte da procissão do Deus Moribundo. Naturalmente, é fácil dizer que o Grau 33 é derivado de Frederico, o Grande, inspirado na águia dupla dos Hapsburgos. Esta, por sua vez, foi tirada dos Cruzados, que a copiaram dos Sultões Seljuk, que a adotaram porque a viram esculpida nas ruínas de edifícios hititas. Tudo isso soa bastante plausível, mas não explica por que Frederico colocaria em um Grau maçônico o brasão dos seus inimigos, os Hapsburgos. Notemos que não é a águia de uma cabeça do Império Romano, mas, sim, esse símbolo hitita de duas cabeças que se tornou o emblema do Concílio Supremo. Tampouco isso explica por que essa águia de duas cabeças deveria ser usada pelos Cavaleiros Kadosh, ou no Grau 30.

*Kadosh* é uma palavra síria que significa "sagrado", e era, como vimos, o título dos homens e mulheres sagrados dedicados a Astarte e Tamuz, o equivalente dos galli de Cibele. Esses homens eram detestados pelos zelosos adoradores monoteístas de Jeová e foram expulsos do Templo pelo rei Josias, ou seja, eram um anátema para a tradição judaica ortodoxa. Ainda assim, seu nome foi dado a um Corpo de maçons, cujo emblema equivale ao mesmo das Deusas gêmeas montando o Deus Moribundo no templo da rocha em Boghaz-Keui.

A combinação do nome e do símbolo é, assim, perfeitamente correta, e somos levados à conclusão de que ambos chegaram até nós, mas não foram reunidos por acaso no século XVIII por Frederico, o Grande. De fato, é muito duvidoso que Frederico tenha tido qualquer proeminência na formação do modelo atual do Rito A. e A., cuja organização parece derivar de fontes francesas em vez de germânicas, embora muito do material seja, sem dúvida, muito mais antigo do que a data em que os Graus foram combinados na sua série atual.

Do mesmo modo, encontramos a origem da "Garra da Águia" e da "Garra do Leão" nesse Templo esculpido na rocha, em Boghaz-Keui. A Garra da Águia tem um óbvio vínculo com a águia de duas cabeças, enquanto a Garra do Leão deriva da forma leonina do Deus Tamuz, o filho da Deusa-Leoa, Astarte. Em Boghaz-Keui vimos o Deus tanto em sua forma humana quanto na forma animal, e assim compreendemos como o Deus Leão, morto e renascido, por meio da sua pata de leão, poderia chamar a alma do seu sacerdote a partir de seu corpo mutilado, elevando-a até a vida eterna. Não há necessidade de ir até o Egito e forçar uma relação um tanto fantasiosa com o signo de Leão para a origem do nosso uso do nome. Na verdade, Rá era conhecido como o Deus na forma de leão, mas este não era ele, e sim o Deus Chacal, Anúbis, auxiliado por Hórus, que ressuscitava Osíris. Parece mais provável que os egípcios tenham tomado emprestado esse aperto de mão do culto sírio do que o inverso, embora, tendo em vista a sua ampla distribuição entre povos que nada sabiam a respeito do Egito ou da Síria, como os nativos americanos e os aborígenes australianos, não devamos acreditar que qualquer um desses grandes centros religiosos tenha se inspirado em um dos outros no momento. É igualmente provável que no Egito e na Síria ele tenha se desenvolvido de modo independente, a partir de alguma forma mais primitiva de iniciação.

O título tem, no entanto, uma clara ligação com Tamuz, o Deus Leão, e não com Anúbis, o Deus Chacal do Egito. Uma coisa é bastante óbvia, o nome da Garra do Leão não pode ser derivado do modo como o leão agarra sua presa, e isso mostra que deve se originar da época em que um homem-leão representava o papel do reanimador. Notemos que em um vaso encontrado em Chama, México, um dos principais oficiais que irá instruir o candidato veste a pele de uma onça, o emblema de Quetazlcoatl, que no México representa o Deus Moribundo. Tampouco podemos ignorar o fato de que, de acordo com as lendas, Vishnu, o Deus moribundo na Índia, certa vez assumiu a forma de um leão. Em relação ao nome da Garra da Águia, ela pode ter se originado de uma suposta similaridade com a maneira como as águias capturam suas presas, mas diante da presença da águia bicéfala em Boghaz-Keui, parece mais provável que ela derive daquele pássaro simbólico. Também não podemos esquecer daquela águia, que voa acima da cabeça do Deus babilônico que desce até o Mundo Inferior.

Em um primeiro momento, todas as nossas ferramentas de trabalho parecem dever sua presença em nossas cerimônias a seu uso por pedreiros, mas um estudo mais estrito do tema torna bastante duvidoso que elas tenham realmente se originado desse modo. O fato de serem ferramentas de pedreiro sem dúvida ajudou a perpetuá-las na Loja muito depois de sua origem ter sido esquecida e fez com que seu número aumentasse o máximo possível, produzindo um conjunto completo, mas quanto à origem, os seguintes fatos sugerem uma antiguidade bem maior.

Vimos que os aborígenes australianos usam um formão com o qual derrubavam um dente do candidato durante a iniciação: um dente sacrificado para salvar os outros. Esses aborígenes não constroem nem mesmo com madeira, e ainda assim podemos dizer que o martelo e o formão são ferramentas de trabalho de tal "loja". Mesmo o costume de bater para chamar à ordem encontra uma contraparte na cerimônia Jamba descrita nas páginas 268-269. O tronco oco que dá o seu nome ao Grau é repetidamente batido pelo Mestre.

O esquadro era o emblema de Nabu, o Deus arquiteto dos babilônios. Seu próprio esquadro é um tanto peculiar e consiste em um triângulo reto, 3 x 4 x 5.⁵⁵³ Em outras palavras, o velho segredo Operativo das três hastes. Ora, era esse Deus, representado pelo sumo sacerdote, que descia até o Mundo Inferior para resgatar dali Marduk, personificado pelo rei da Babilônia. Talvez não seja essa a verdadeira origem do esquadro? De qualquer forma, o esquadro tem sido amplamente reconhecido como o emblema da Justiça e, nos papiros egípcios, os juízes do Mundo Inferior eram representados sentados em esquadros. Por conseguinte, talvez a descida de Nabu para resgatar Marduk represente a descida do juiz justo para julgá-lo, e que o Deus que fora detido injustamente era então inocentado e libertado por Nabu.

Como nossas cerimônias derivam da Síria, essa sugestão merece consideração mais cuidadosa.

Quanto à régua de 24 polegadas, a explicação do seu significado parece agora extremamente fraca, pois não se usa uma régua para medir tempo. O propósito original era, sem dúvida, medir o candidato ou sua sombra, e quando isso era feito, a própria medida de algum modo receberia alguma parte do princípio vital do candidato, e se ela fosse subsequentemente destruída ou enterrada sob o fundamento de um edifício, o homem assim medido, de acordo com crenças populares, morreria. Assim, a medida tinha a finalidade de capturar a alma ou vida do candidato e mantê-la como refém para sua fidelidade. Uma medição semelhante também ocorria no Ritual da Sociedade Hung, que não alega ser constituída de maçons, e assim vemos que as quatro ferramentas maçônicas características têm uma origem bastante distinta do seu uso como ferramentas de trabalho. Até o lápis é apenas uma substituição da caneta do Deus registrador. Não está confinada à pena de Thoth, tão conhecida por todos os estudantes dos Mistérios Egípicios, mas também está presente no Ritual da Sociedade Hung.

Encontramos a origem das duas Colunas na Síria, e a descrição delas, como fornecida no Ritual, é mais próxima do que a verdade que agora representada na Bíblia. Já vimos que eram originalmente falos gigantes, e que os exemplos existiam do lado de fora de pelo

---

553. Para uma ilustração, ver a Lenda Babilônica da Criação, no Museu Britânico.

menos dois grandes templos de Astarte, ou seja, os de Pafos e Hierápolis. A respeito desta última é dito especificamente por Luciano que os pilares eram ocos, de modo que um sacerdote podia subir por dentro deles duas vezes ao ano. Além disso, Josefo nos diz que havia um falo ou pilar semelhante no templo de Melcarte, em Tiro.[554] Assim, não há dúvida do seu significado original, e de onde derivaram. A sugestão de que representam as duas estrelas polares pode ser descartada de imediato, pois não há estrela polar no Sul. Meus leitores podem se perguntar por que são necessários dois falos. Os falos simbolizam nascimento ou renascimento, e os dois falos postos nos dois lados da porta na extremidade Leste do Templo de Salomão representam os pilares da aurora, através dos quais Tamuz renascido deve passar. O fato de que esses pilares eram falos simboliza o renascimento ou ressurreição do Deus.

Aparentemente, os três vilões não estão presentes nas lendas sírias, tampouco aparecem na de Osíris. Este foi morto por Set e 72 cúmplices. Entretanto, no México descobrimos que foram três Deuses que tramaram a queda de Quetzalcoatl, e Hiawatha, que matou o Espírito do Milho, tinha dois companheiros íntimos, embora estes aparentemente não tivessem participado do ato da matança em si. Dessa forma, podemos suspeitar que nas lendas sírias semelhantes do Deus Moribundo havia três indivíduos que seriam os principais responsáveis. Talvez em um período mais tardio, quando a influência do culto estelar da Babilônia era mais forte, a turba anterior tenha sido substituída por três personagens específicos, representando os três signos do Inverno do Zodíaco. Contudo, é mais provável que tenha sido uma mistura do culto da Lua com suas três noites sem Lua; os três dias passados por Jonas e por outros iniciados dentro do monstro apontam claramente para essas três noites. Quando nos lembramos de que nas nossas cerimônias havia originalmente 15 conspiradores, que é metade de um mês lunar, parece mais provável que aqueles três que não se arrependeram representassem as três noites escuras, e que os 12 arrependidos representassem as 12 noites

---

554. Josefo, *Contra Apião*. I. 18, onde ele o chama de Templo de Júpiter.

da Lua Minguante. Os três vilões representariam então as três noites em que a Lua está invisível e, depois, ela reapareceria mais uma vez.

Não preciso lembrar meus leitores de que o Deus da Vegetação acumulou mitos que não lhe pertenciam, mas, sim, à Lua e até mesmo ao Sol. Os selvagens primitivos creem que a fertilidade do solo *aumenta* com a Lua Crescente e *diminui* com a Lua Minguante, portanto a mistura de ideias assim indicada é perfeitamente natural. Então, se houve três pessoas que participaram da matança do rei-sacerdote, o representante do Deus da Vegetação, quem seriam eles? Deve ser lembrado que Hiawatha e seus amigos não eram considerados vilões, mas que, pelo contrário, a matança do Deus do Milho pelo primeiro foi considerada um ato positivo. Tampouco os três Deuses mexicanos que causaram a queda de Quetzalcoatl eram considerados vilões, embora naquela lenda nossas considerações estejam voltadas para a vítima. A religião mexicana parecia estar evoluindo rapidamente quando foi interrompida pelos espanhóis, e caso permanecesse isolada, não há dúvida de que os três Deuses em poucos séculos se tornariam vilões.

Assim, não podemos deixar de suspeitar que esses homens, que teriam o dever de assassinar Hiram Abiff, não eram três operários, mas os maiores e mais ilustres indivíduos presentes. Seria um insulto ao Deus se o corpo no qual ele se dignou a habitar fosse destruído por mortais comuns. Somente reis e, se possível, reis-sacerdotes, poderiam realizar esse grande ato sacrificial. Se Hiram fosse um sacrifício de consagração, sabemos pelas narrativas na Bíblia que o próprio rei Salomão oferecia holocaustos no meio da Corte, isto é, no centro. Em outras palavras, as vítimas eram queimadas até cinzas no centro, e embora a Bíblia fosse muito cuidadosa em especificar[555] que as vítimas eram animais, pelo que já vimos há pouca dúvida de que pelo menos uma delas era um homem.

Sendo assim, sugiro que Salomão, rei de Israel; Hirão, rei de Tiro; e Adoniram, rei-sacerdote de Afca, no Líbano, tinham o honroso, doloroso, mas sagrado dever de libertar a alma divina de Abibaal, ou Hiram Abiff, pois isso explicaria por que Adoniram se distinguia

---

555. 1 Reis 8:64.

dos outros pelo título Adon, isto é, Senhor Deus, e também por que ele era considerado o sucessor de Hiram Abiff. De fato, a cerimônia, conforme executada em uma Loja, contradiz a história tradicional, pois não são os membros ordinários da Loja, mas seus três regentes, que realizam certa tarefa.

Ao considerarmos essa questão não devemos esquecer o fato de que a Bíblia diz que Hiram "fez toda a obra".[556] Isso mostra que ele foi morto na Dedicação, e não antes dela, e não significa que não tenha sido morto, afinal, como alguns sugeriram.

Devemos nos lembrar de que o homem primitivo não teme a morte como os homens da atualidade: nesse ponto todos os estudiosos concordam. Penso que o velho rei-sacerdote Hiram Abiff seguiu de boa vontade seu destino, feliz porque seu sangue consagraria o grande Templo que ele supervisionara por tanto tempo, e que planejou seu objetivo na vida desde que a coroa de Tiro passou para seu filho. Acredito que ele caminhou mais feliz para sua morte do que seus três amigos reais para a triste, mas sagrada, tarefa de liberar sua alma do corpo desgastado, habilitando-o a ascender àquelas mansões de onde toda bondade emana.

Não nos esqueçamos de que quando alguém maior que Hiram Abiff seguiu para sua morte, três regentes o julgaram. O sumo sacerdote, que entre os judeus na época era um tipo de rei, além de Herodes e Pôncio Pilatos. Já vimos que aqueles que planejaram sua morte pareciam deliberadamente ter seguido o procedimento que ocorria na representação dramática da morte de Tamuz, e não podemos duvidar que os três regentes que executaram seu papel o fizeram em imitação ao ritual de Tamuz. Com tais notáveis semelhanças diante de nós entre Hiram Abiff e Cristo, seria surpreendente que muitos maçons considerem a história como uma alegoria do Grande Mestre?

Seria bastante natural que posteriormente os três vilões substituíssem os três reis na lenda hirâmica. À medida que ideias mais humanas se desenvolveram, o sacrifício humano foi considerado abominável e, desse modo, substitutos tiveram de ser encontrados

---

556. *Ibid.* 7:40.

para purificarem a reputação do grande rei de Israel e de seus aliados. Todavia, nós, que vemos com mais clareza do que aqueles que fizeram a mudança, podemos inocentar Salomão de qualquer maldade nesse caso. Ele nada fez senão o que era costumeiro fazer, mas penso que no Eclesiastes já vemos a grande alma de Salomão assombrada pelos eventos trágicos nos quais ele, obrigado pela tradição, desempenhou seu papel.

## Capítulo XXIII

# Os Filhos da Viúva

De início, parece estranho que os maçons devessem chamar a si mesmos de "Filhos da Viúva", graças à circunstância "acidental" de que Hiram fora o filho de uma viúva. O fato parece demasiadamente desimportante para dar um subtítulo à Ordem, porém ali há uma pista de que certa vez o episódio fora reconhecido como de suprema importância.

Já mostrei que Tamuz deve ter sido o filho de uma viúva, pois originalmente o próprio ato de união que originava o filho resultava na morte do pai. O filho, por sua vez, morria no ato de gerar um sucessor, e assim nos tempos antigos a encarnação viva do Deus era sempre o filho real do representante morto do Deus.

Esse título permaneceu não somente entre os maçons, mas também nas lendas do Graal, nas quais Percival é chamado de "Filho da Viúva", e seria possível compilar uma lista de bom tamanho dos "Heróis da Demanda", também chamados de "Filhos da Viúva". Entretanto, talvez o fato mais notável de todos seja que os maniqueus eram conhecidos por esse título. Ora, essa seita gnóstica foi organizada por um persa chamado Mani, que tentou amalgamar o antigo culto dualista da Pérsia com o culto sírio de Astarte e o Cristianismo. A tendência dualista dos Templários já foi mostrada, particularmente simbolizada pelo seu estandarte preto e branco e o brasão de dois cavaleiros montando um cavalo. A maioria das seitas da Síria no período das Cruzadas, tanto maometanas quanto cristãs, eram também vigorosamente dualistas.

Entre esses gnósticos, Astarte era disfarçada sob os nomes Sophia e Achamoth.[557] Dizia-se que ela havia caído, e o Salvador

---
557. Rev. F. W. Russell, D.D. *Religious Thought and Heresy in the Middle Ages*,. p. 553.

substituía Tamuz para descer e resgatá-la, e com ela resgataria a humanidade. Nesses cultos a transmigração desempenhava um papel importante na purificação da alma, havendo ênfase considerável sobre os planetas, estrelas e seres angélicos. Não há dúvida de que essas seitas gnósticas, e, em particular, aquela fundada por Mani, teve uma influência muito maior sobre os Templários e sobre a Maçonaria do que a maioria dos estudantes parece notar, sendo que vestígios dos seus ensinamentos ainda podem ser encontrados na Maçonaria atual.

Visto isto, sob a perspectiva histórica, o título "Filhos da Viúva" é duplamente importante. Primeiro, ele confirma o ponto de vista de que nosso herói representa Tamuz ou Adônis e, em segundo lugar, sugere uma ligação entre a Maçonaria e o Maniqueísmo. De modo semelhante, as declaradas lendas templárias do Graal usam esse título para seu herói principal, e isso indica uma outra ligação. Como o Maniqueísmo era apenas uma tentativa de unir o antigo culto de fertilidade sírio com o Cristianismo, ainda vemos um fortalecimento do vínculo que une a Maçonaria e os Templários com a Síria.

Como todos os iniciados na Maçonaria representam Hiram e, portanto, Tamuz, é natural que ao assumir esse personagem, o iniciado também assuma o título de "Filho da Viúva", a original Astarte, e depois Astarte disfarçada como a Sophia caída. Nessa última forma o Candidato então se torna o representante do Salvador, que os gnósticos, como os cristãos ortodoxos, acreditavam ser o Cristo. Assim, com o passar dos anos, e por meio de um processo perfeitamente natural de evolução religiosa, se tornou, hoje em dia, bastante legítimo considerar o Candidato um humilde representante de Cristo, e o ensinamento da Maçonaria passou a ser uma alegoria mística do desenvolvimento do espírito do Cristo dentro de nós.

Considerada sob essa luz, as cerimônias de Iniciação ganham um significado mais profundo e mais sagrado. Elas não são mais uma reminiscência desgastada de cerimônias Mágicas Selvagens de um bárbaro povo semita, mas um Mistério, ensinando a profunda lição de que todo homem deve se sacrificar tanto no sentido místico e espiritual quanto no literal, como o fez Cristo, e que só assim cada um de nós poderá alcançar a Luz e obter a União com a Fonte do nosso Ser.

Assim, podemos ver o significado da forma peculiar como o Candidato é admitido à Loja e levado ao Altar. Ele vem como um sacrifício voluntário, e o S. P. de cada Grau enfatiza a mesma lição. Assim como Cristo se sacrificou, o mesmo deve ser feito por todo Candidato, e no Terceiro Grau a maneira de avançar do Ocidente para o Oriente enfatiza o modo como Cristo morreu na cruz.

Contudo, o Cristianismo, assim como o Judaísmo tardio, ensina que Deus não deseja a morte de um pecador, e sim que ele se arrependa e viva. O sacrifício exigido por Deus não é o nosso corpo, mas a entrega das nossas vontades à Sua orientação, e certamente é isso que a Maçonaria tenta nos ensinar, pela palavra e pelo símbolo, caso tenhamos os olhos para ver.

Se entendi direito os fatos, Hiram não foi assassinado por canalhas que desejavam extrair algum segredo dele. Ele se submeteu a um sacrifício voluntário, consagrando sua vida à tarefa à qual devotou seus anos finais. Essa tarefa foi a construção de um Templo para a glória de Deus e, de modo semelhante, cada maçom é chamado a devotar a sua vida à construção e consagração de um Templo que não será feito com a as mãos, mas será eterno nos céus. Na medida, e apenas nesta medida, que ele consagrar a si mesmo, poderá com justiça ser chamado de:

"Um Filho da Viúva".

# Capítulo XXIV

# Por Que Hiram Abiff Representa Adônis e Não Osíris

Osíris é a única possível alternativa para Adônis como a forma original do nosso herói, e os motivos pelos quais rejeito as alegações em favor daquele augusto personagem constituem o tema principal deste capítulo. Antes de discutirmos essa questão, porém, parece desejável responder a uma pergunta que provavelmente surgirá na mente de mais de um dos meus leitores. A pergunta poderia ser colocada da seguinte maneira: "por que a história, como foi contada, não seria correta; por que passar horas desenterrando a história de Tamuz tentando identificá-lo com nosso herói?".

Considero incorreta a história a nós colocada pelas seguintes razões:

1) O objetivo dos vilões não pode ser o que foi definido nesta história. Hiram lhes disse que os segredos de um M. M. eram conhecidos por apenas três pessoas no mundo e, por conseguinte e pelos motivos já expostos no capítulo XVIII, não teriam serventia prática para eles.

2) Qual era o segredo que eles buscavam? Maçons Especulativos afirmam que era uma palavra que, consequentemente, nunca mais poderia ser transmitida. Como uma alegoria, tal ideia é excelente, mas, como história, é obviamente absurda. E a perda tampouco parece ter alguma importância prática, pois de acordo com a lenda o Templo foi concluído depois do crime. Além disso, embora o rei fosse pedante a ponto de se recusar a confiá-la a outro, pois não tinha uma terceira pessoa para auxiliá-lo no processo, ainda assim ele a enterrou em um local onde poderia mais tarde ser redescoberta, talvez por não maçons.

Maçons Operativos declaram que o segredo era um certo segredo profissional, mas nesse caso, por que todo aspirante precisaria aprender esse segredo, isto é, cada Terceiro M. M. nomeado (ou regente) deve ser morto de forma dramática para que seu sucessor o receba? Sugiro que aqui se encontre a chave. A palavra perdida é um sinônimo para a Alma Divina de Tamuz, que só pode ser transferida ao seu sucessor pela morte do corpo do seu antigo proprietário, mas apenas se o homem que herdou o Ofício, e com ele a alma Divina, realizasse a matança, como no caso de Nemi. Sem dúvida, era assim originalmente, mas quando a matança passou a ser considerada um assassinato, a ideia de que aqueles que participaram dela se beneficiariam com o crime se tornou repugnante, causando o surgimento dos três vilões.

Do ponto de vista prático, um segredo profissional genuíno parece ser mais tentador do que um inaplicável método de provação, e nesse ponto a história Operativa parece ser bem mais plausível. Justamente, plausível é a questão. O esquadro do Deus arquiteto da Babilônia, Nabu, era formado por três hastes que compunham um triângulo reto, e como esse fato explica sua aceitação geral como o emblema de um arquiteto, poderemos mesmo acreditar que em toda essa massa de trabalhadores empregados no Templo apenas três homens, isto é, três reis, conheciam um segredo tão importante? Se a história dissesse que os vilões foram descobertos espionando Hiram e os outros enquanto usavam as hastes, poderíamos levar essa possibilidade a sério.

Contra essas versões obviamente tardias da lenda temos uma série de fatos significativos.

1) A natureza generalizada do culto de Tamuz no próprio distrito onde ocorreu a tragédia.

2) A natureza peculiar dos nomes dos homens empregados.

3) O fato de que uma espiga de milho seja o real significado de uma das Palavras de Passe[558] e que encontramos esse mesmo símbolo

---

558. N.T.: Dito de outro modo, no Segundo Grau. Conforme o padrão inglês, diz-se que o A. é "passado" para a outra Col., tornando-se um C. O termo utilizado no Brasil é "elevado".

associado a vários outros ritos de mistério de morte e ressurreição nas terras vizinhas, como em Elêusis na Grécia, no Egito, etc.

4) A prática generalizada do Sacrifício Humano de Consagração.

5) O modo como os Candidatos são levados para dentro da Loja mostra que eles deveriam representar um sacrifício.

6) Todos os SS. PP. são formas de realizar tais sacrifícios.

7) O rebento de acácia mostra que a alma foi transferida.

8) O fato de que ainda existiam ritos públicos e secretos de Tamuz centenas de anos depois, ritos que efetivamente ocorreram no Templo.

9) Que nesses Ritos um drama de morte e um ramo desempenhavam papel significativo.

10) Que o local do Templo fora o local de um santuário de Adônis, e que depois de concluir esse Templo Salomão construiu um para Astarte, próximo a ele.

11) Que Hirão de Tiro era um homem-Deus representante de Adônis, assim como Adoniram.

12) O fato comprovado de que tais homens-Deuses e reis-sacerdotes precisavam morrer de modo violento.

13) Que o pai de Hirão de Tiro era chamado, não por um nome pessoal, mas por Abibaal, pai do Deus, isto é, Hiram, e que o arquiteto chamava a si mesmo de pai de Hiram.

14) O caminho que o arquiteto seguiu formava a cruz vermelha da consagração e os representantes de tais Deuses da Vegetação eram pendurados em cruzes ou árvores.

Muitos outros pontos foram mencionados, mas esses já são suficientes para mostrar que embora a forma tradicional da lenda torne o motivo do crime inadequado, o motivo para o sacrifício de um rei-sacerdote era, de acordo com as crenças correntes, avassalador.

Voltemos agora a Osíris. O *glamour* do Egito parece confundir os olhos de muitos estudiosos competentes, mas está na hora de pensar com calma, sob a luz fria da razão. O mundo é cheio de representantes do Deus Moribundo, e quase todos eles parecem ter evoluído de um espírito da vegetação, e à medida que os homens se tornaram agricultores, esse espírito passou a ser considerado o Deus do Milho.

A natureza amplamente difundida desse "culto de fertilidade" é uma grande vantagem para o antropólogo, já que permite juntar a natureza fragmentária dos registros do que ocorreu em vários povos de diferentes épocas, e ajuda a compreender os princípios subjacentes a certas cerimônias. Nesse ponto da nossa pesquisa, entretanto, é necessário isolar o que é universal nesses cultos, e o que é peculiar a cada um, e é aqui que o Egito deixa de ser um bom candidato.

Osíris e Tamuz são, ambos, Deuses do Milho, então certa semelhança superficial entre os dois pode ser esperada, mas poderemos ter certeza de que o próprio Osíris é originário do Egito? Trinta anos atrás a pergunta logo teria sido respondida de modo afirmativo, mas hoje em dia os arqueólogos começam a ter suas dúvidas. Parece, de fato, haver uma quantidade crescente de evidências mostrando que o Osíris original era semita, e que fora trazido para o Nilo por invasores semitas nos dias anteriores da primeira dinastia. O que está claro sobre o Egito é que um tom muito definido foi dado à sua religião em uma data bastante antiga, e esse tom, uma vez adotado, persistiu até o fim.

Na Síria, por outro lado, o culto de fertilidade se desenvolveu segundo suas próprias linhas, e apesar de certa quantidade de intercâmbio cultural, permaneceu bastante distinto até a queda de Roma. Além disso, enquanto o Egito e Osíris passaram para o limbo das coisas esquecidas, Astarte e seu culto continuaram a exercitar uma profunda influência sobre o Islã e o Cristianismo até o fim das Cruzadas. Embora o último domínio de Osíris, Filas, tenha caído no século VI, e a antiga fé tenha perecido, ainda descobrimos que no século X d.C., Tamuz, sob o nome de Tâ-uz, ainda era pranteado todos os anos na Síria.

Além disso, vimos que esse culto estava estabelecido em Roma, sob o nome de Cibele, em 200 a. C., permanecendo até o período da conversão do Império, tendo assim ampla oportunidade de ser incorporado nos Ritos dos Colégios Romanos, enquanto o culto de Ísis só ganhou espaço no tempo dos Césares.

Acima de tudo, em cada ponto e detalhe nossa tradição está ligada com a Síria e não com o Egito, exceto por um fragmento de uma palavra do Arco e, assim, não podemos de modo arbitrário e sem exibir bons motivos, deixar de lado uma parte tão importante da tradição a nosso bel-prazer. Algum de meus leitores poderá apontar algo nos Graus do Simbolismo que possa ser encontrado no Egito e não no culto sírio? Duvido muito.

Não há nada no Egito que represente o Kadosh ou a Águia Bicéfada, cuja origem encontramos em antigos resquícios hititas; e entre os próprios judeus os dois pilares que correspondem, não à narrativa bíblica, mas àqueles construídos do lado de fora dos templos em Hierápolis e Pafos, não têm a mesma forma que o Tat ou Obelisco do Egito. Por outro lado, o falcão que simboliza uma parte tão proeminente do culto egípcio, representando Ísis, e assim por diante, não aparece na Maçonaria, onde o único pássaro é aquela significativa águia de duas cabeças.

O malhete do Mestre é o machado de Sandan; então por que compará-lo com o hieróglifo que significa "Neter" ou "Deus" no Egito? Osíris não porta o machado, mas o mangual, que não exerce papel algum na Maçonaria. Mais significativo de tudo isso é o fato de que os 42 juízes não aparecem em parte alguma da nossa tradição. Esse era um dos temas centrais do culto egípcio, mas se considerarmos a Síria, não temos vestígio algum deles. Cerimônias elaboradas associadas à criação da múmia são o fundamento do culto de Osíris, mas não apresentam nenhum vestígio no nosso Ritual. Por outro lado, os sírios não mumificavam seus mortos. Em suma, sugiro que os estudiosos tentaram identificar Hiram com Osíris porque eles tinham à mão uma narrativa bastante completa das cerimônias egípcias, e sabemos pouco sobre o culto de ressurreição da Síria. Todos os pontos de similaridade entre os dois cultos podem ser livremente admitidos. Eles podem até ter se influenciado mutuamente, mas o fato notável é que em nenhum ponto encontramos quaisquer características maçônicas no culto egípcio que não existam no culto sírio, enquanto de fato encontramos características maçônicas neste último que não são egípcias. Mais importante de tudo são estes dois fatores: 1) Nossa tradição vem da Síria e não do Egito, que sequer é mencionado pelo nome. 2) Há uma linha contínua de conexão entre o antigo culto da Síria e a Idade Média, enquanto que a tradição egípcia foi completamente rompida no século VI d.C.

Se nos voltarmos para os Altos Graus, encontraremos a mesma situação. Luciano descreve três conjuntos de inimigos que precisavam ser vencidos dentro do estômago da baleia, e na O. R. E. é preciso passar por três Guardiões antes que o viajante chegue à torre do descanso. Há três véus no Excelente Mestre e há três recintos no Rosacruz. Se compararmos essas simples divisões com o complexo Mundo Inferior do Egito, veremos imediatamente que nossa tradição vem da Síria, com sua concepção mais simples, e não do elaborado sistema que por milhares de anos persistiu nas margens do Nilo.

Enfim, como este livro já mostrou em detalhes como várias partes da nossa lenda e Ritual vieram da Síria, indicando também que entre as seitas e sociedades secretas da Síria ainda existe um sistema paralelo, do qual sequer encontramos um simples vestígio no Egito atual, no próximo capítulo indicaremos nossas linhas de conexão com a Síria: linhas estas que não nos levarão às margens do Nilo.

CAPÍTULO **XXV**

# A Descendência Histórica e a Permanência do Culto de Adônis

As linhas que unem o antigo culto de Tamuz ou Adônis com a Maçonaria moderna foram indicadas em vários pontos deste livro, mas aqui vamos juntar essas diversas vertentes.

Em primeiro lugar, vimos que Hiram Abiff foi um Sacrifício de Consagração na conclusão do Templo, e que foi oferecido porque era um rei-sacerdote, que devia servir de santuário para a Alma Divina do Deus da Fertilidade ou do Milho, Tamuz.

Depois, em segundo lugar, esse culto do Deus Moribundo gerou descendentes. Uma ramificação, a de Cibele e Átis, migrou para Roma 200 anos a. C. Outra antiga ramificação chamou o Deus da Fertilidade de Dioniso e alcançou a Grécia bem cedo, passando para Roma no devido tempo, onde o Deus passou a ser conhecido como Baco. Esses dois cultos tinham um Rito de mistério secreto assim como cerimônias populares.

Em terceiro lugar, na própria Judeia havia vestígios do desenvolvimento de um mistério interno similar, que foi denunciado por Ezequiel cerca de 580 a. C.

Em quarto lugar, logo após essa data os judeus foram levados em cativeiro para a Babilônia, onde devem ter visto o drama do mistério babilônico de Morte e Ressurreição de Marduk, e também a terrível realidade daquele criminoso que por cinco dias reinava como rei, para então ser crucificado ou enforcado em uma árvore.

Em quinto lugar, a influência dessa versão babilônica do Deus Moribundo é mostrada no novo festival de Purim que os judeus estabeleceram algum tempo depois do seu retorno do Cativeiro. Nesse festival, Marduk é provavelmente representado por Mardoqueu, Ishtar por Ester, e o rei criminoso por Haman. Era costumeiro pendurar figuras de Haman em uma árvore ou em uma cruz, sendo que os judeus às vezes usavam uma cruz, o que foi proibido pelos imperadores cristãos tardios, já que os cristãos consideravam tal ato uma zombaria da crucificação. Depois eles queimavam a figura de Haman, um costume que permaneceu na Alemanha até o fim do século XVIII. O caráter original de celebração da fertilidade dessa festa é provado pela natureza licenciosa e ébria do festival, no qual as mulheres trocavam de roupas com os homens, um procedimento proibido pelo código mosaico.[559]

Em sexto lugar, no século II a. C. os judeus possuíam um misterioso Deus da Fertilidade, Sabázio, fato utilizado como desculpa para expulsar os primeiros judeus que chegaram em Roma.

Em sétimo lugar, durante o mesmo período ouvimos falar pela primeira vez nos essênios, que parecem ter sido uma seita reformada do culto da fertilidade, e que operou um Rito de Mistério secreto com certas afinidades com a Maçonaria, e que perdurou até o século IV d. C.

Em oitavo lugar, o antigo culto de Tamuz foi adotado e modificado pelos gregos, que renomearam o Deus como Adônis e, depois, foi difundido amplamente por todo o Império Romano. Até invadiu o Egito e competiu com o culto de Osíris, sobrevivendo em Alexandria até o século V d. C.

Em nono lugar, descobrimos que durante os anos iniciais da Era Cristã os Colégios Romanos dos Arquitetos conviviam com Cultos de Mistério de Morte e Ressurreição derivados do antigo culto de Tamuz. Sabemos, a partir da sua "prancha de traçar", que eles trabalhavam com um ritual de morte e ressurreição, e que o fato se reconfirma em uma escultura de pedra no seu Templo em Pompeia. Ali podemos ver esquadro, compasso, martelo, cinzel e outras

---

559. Frazer. *The Scapegoat*, p. 360 sq.

ferramentas de trabalho, além de uma urna funerária voltada para baixo, um símbolo bem conhecido da morte.[560] Esses homens pintaram o S. S. de um C. M. em um dos seus afrescos, e decoraram as paredes do seu Templo em Pompeia com triângulos entrelaçados.

Em décimo lugar, uma das suas Lojas sobreviveu à queda de Roma em Comacina, tornando-se a ancestral dos Pedreiros Comacinos do início da Idade Média.

Em 11º lugar, os Comacinos esculpiram o S. S. de um C. M. em Ravello, na Catedral de Coire e em Peterborough, e em Coire também esculpiram o S. de D. e P. e uma S. da Rosacruz. Deles descendem os maçons modernos.

Contudo, existe uma segunda linha de conexão que sem dúvida fortaleceu o lado definitivamente semítico do nosso Ritual no fim do período Comacino, infundindo-lhe uma nova vida. Veio de certas seitas semignósticas e através dos Templários. O próprio culto de Tamuz ainda estava vivo e ativo no século X d. C. na Síria, e nesse período surgiu uma série de seitas muçulmanas heréticas. Todas elas tinham como característica a encarnação do Espírito Divino no líder da Ordem, e os ritos secretos de iniciação. Também havia várias seitas gnósticas, versões alegadamente cristianizadas do culto de Tamuz, entre os quais a dos maniqueus, que eram chamados de "Filhos da Viúva". Essas também possuíam Ritos secretos de Iniciação.

Nessa massa de sociedades secretas, todas mais ou menos derivadas do antigo culto de fertilidade sírio, surgiram os Cruzados, que trouxeram de volta as formas arquitetônicas da Síria para a Europa, como o arco com ponta, e costumes asiáticos nas roupas e modos.

De modo mais específico, vimos que os Templários se envolveram profundamente com pelo menos uma dessas sociedades secretas, os Assassinos, e em última instância foram perseguidos porque possuíam um Rito secreto de Iniciação que a Igreja considerava herético. Esse rito incluía um ritual de morte e ressurreição, e alguns dos seus ensinamentos estão nas lendas do Graal, em que se tenta defendê-lo e explicá-lo.

---

560. Foto em posse do autor.

Nessas lendas do Graal identificamos a matança anual de um rei, os golpes na cruz, a lança de Marduk, a cabeça de Adônis, a castração e assim por diante, enquanto o herói, Percival, é chamado de "Filho da Viúva". É óbvio que a maioria, se não todas, das aventuras na Demanda ocorrem no Mundo Inferior, enquanto os Cavaleiros viajam rumo ao castelo do Graal – a cidade de Deus.

Assim como em Luciano, aqui encontramos duas pontes, uma levando ao Inferno, a outra ligando o Paraíso ao Céu e, subitamente, nos lembramos de que enquanto não há pontes nos ritos egípcios, elas existem na Maçonaria: os exemplos sendo a Cruz Vermelha da Babilônia e a Ordem Real da Escócia.

Sabemos que muitos maçons eram Irmãos serviçais na Ordem Templária, e que existe uma persistente tradição Templária na Maçonaria e, portanto, não podemos ignorar esse segundo vínculo com o culto de Adônis. Os Templários foram atacados em 1307 e, durante o século XIV, a organização internacional que conhecemos como os Comacinos entraram em colapso diante da maré crescente do nacionalismo. Por volta de 1375, os maçons passam a ser chamados pelo título inglês "Maçom Livre"* e, na mesma data, surgiu a primeira das Antigas Obrigações.

Também sabemos que há um grupo inteiramente distinto de maçons, os maçons de Guilda, os Sindicatos, cujos representantes modernos são os chamados Operativos. Os últimos ainda tinham em 1834 um ritual truncado, que aos poucos abandonaram, mas uma ou duas Lojas Operativas ainda existem, que trabalham com um interessante Ritual onde a *tragédia* é representada como um *drama anual*, e não como uma cerimônia de Iniciação.

Os Maçons Livres eram mais parecidos com os arquitetos modernos, e sua especialidade era a construção de Igrejas, daí a diminuição da sua importância depois da Reforma. Se não houvessem começado, por volta de 1640, a admitir um grande número de Especulativos, eles teriam sido extintos. Em vez disso, ganharam uma nova vida, realizando um trabalho útil e novo, quando se organizaram sob a Grande Loja em 1717.

---
*N.T.: No original, *Freemason*.

O quadro de Guercino, que agora está na posse do Capítulo do Supremo Arco Real da Escócia, mostra que essa nova Grande Loja não inventou a lenda, mas simplesmente a herdou. Eles trabalharam a lenda não como um drama, mas como uma Iniciação, e um detalhe parece ter sido mantido mais perto da forma da tragédia original do que foi feito pelos Operativos, ou pela história tradicional. No capítulo anterior, expliquei por que penso que o Mestre não foi morto por três trabalhadores comuns, mas por três reis, e mostrei como o Ritual dos Especulativos dá suporte a esse ponto de vista.

Nossa longa tarefa terminou. Seguimos um longo caminho de volta até a rubra e sombria aurora do homem que conduz até o Mestre e, ao encontrá-lo, viajamos de volta pelas eras seguindo para o Oeste, até que a jornada termina na Londres moderna. Quando começamos nossa tarefa, como acontece com o A., deixamos o Ocidente e seguimos para o Oriente, apenas para nos encontrarmos diante de uma terrível tragédia, a visão de um rei-sacerdote Moribundo de Adônis e, assim como o M. M., voltamos o rosto para o Ocidente. Viajando do Oriente, seguimos os passos do Mestre sempre rumo ao Ocidente, e vimos como ele levou a bandeira da Maçonaria pela Europa e através do oceano, até as costas da América.

Como paramos no final da nossa jornada, percebemos que encontramos o segredo no centro, na cripta oculta, sob o Altar do Sacrifício, no centro do Templo do Rei Salomão. Contudo, em nossa viagem descobrimos muitas lições valiosas. Vimos uma sinistra cerimônia mágica se transformando no curso das eras em uma alegoria da imortalidade, e o viajante que começou como um antropólogo volta como um místico, que encontrou o caminho da verdadeira Iniciação.

Assim, do mesmo modo como Hiram provou ser nosso guia e condutor, em mais de um sentido, parece permissível terminar esse trabalho com uma pergunta cuja solução deixarei aos nossos leitores. O nome Hiram parece intimamente associado à palavra grega Hermes, o Mensageiro dos Deuses, o Condutor dos Mortos pelo Mundo Inferior e símbolo da inteligência mais elevada. Não mostraria essa relação que os gregos, que aceitaram o ensinamento órfico muito antes do período clássico, que celebraram os Mistérios de Dioniso e adotaram e helenizaram o culto de Adônis, pudessem ter derivado não somente o nome Hermes, mas toda a concepção daquele Deus, de Hiram Abiff? Aquele que na sua própria pessoa divina descera ao Mundo Inferior seria, entre todos os homens e Deuses, o mais adequado para guiar outros por entre as sombras daquele vale além do mundo, que nos leva até as Mansões da Beatitude.

Caro leitor, na próxima vez que estiver comendo uma humilde fatia de pão, faça uma pausa por um momento e pense naquilo que devemos a "uma espiga de milho". No plano material, devemos ao milho a evolução de toda a civilização no Ocidente. Ao milho devemos o desenvolvimento da doutrina da ressurreição, a esperança que sustentou milhões na hora da tristeza, da angústia e da morte. Pois esses homens morreram bravamente e sem hesitação, porque trabalharam de modo incessante em todo o curso de suas vidas. Acima de tudo, a isso devemos o mais sublime e exaltado ensinamento dos Mistérios, por meio do qual o místico aprende o segredo da jornada de retorno para Deus, de onde ele veio.

Então, Irmão, a Espiga de Milho não será apenas um vazio Shibboleth, mas um símbolo acima de todos os símbolos, e você também compreenderá a profunda comoção que permeou a alma do iniciado em Elêusis quando, no ato culminante do Mistério, lhe fora mostrada uma Espiga de Milho.